BOLETINHOS

Copyright © 2023 by Alan Soares

O selo Seguinte pertence à Editora Schwarcz S.A.

Grafia atualizada segundo o Acordo Ortográfico da Língua Portuguesa de 1990,
que entrou em vigor no Brasil em 2009.

CAPA E PROJETO GRÁFICO Carol Rossetti & Gabriel Nascimento
ILUSTRAÇÕES Carol Rossetti
COMPOSIÇÕES TIPOGRÁFICAS Gabriel Nascimento
PREPARAÇÃO Julia Passos
REVISÃO TÉCNICA Victor Vaccaro
REVISÃO Renata Lopes Del Nero e Marise Leal

Dados Internacionais de Catalogação na Publicação (CIP)
(Câmara Brasileira do Livro, SP, Brasil)

Soares, Alan
    Boletinhos : Como virar adulto sem surtar / Alan Soares. — 1ª ed. — São
Paulo : Seguinte, 2023.

    ISBN 978-85-5534-229-5

    1. Dinheiro – Administração 2. Economia doméstica 3. Educação finan-
ceira 4. Finanças pessoais – Planejamento 5. Gestão financeira 6. Investimentos – Planejamento 7. Organização – Métodos I. Título.

22-136852   CDD-374

Índice para catálogo sistemático:
1. Educação financeira : Educação de Jovens e Adultos   374

Henrique Ribeiro Soares – Bibliotecário – CRB-8/9314

Todos os direitos desta edição reservados à
EDITORA SCHWARCZ S.A.
Rua Bandeira Paulista, 702, cj. 32
04532-002 — São Paulo — SP
Telefone: (11) 3707-3500
www.seguinte.com.br
contato@seguinte.com.br

SEGU1NTE

BOLETINHOS

COMO VIRAR ADULTO SEM SURTAR

ALAN SOARES

SIM, este livro pode conter verdades difíceis de engolir,

mas garanto que vai ajudar MUITO na sua

JORNADA PELOS

BOLETINHOS

SUMÁRIO

Introdução (à vida adulta) — 11

Saúde financeira dos recém-adultos — 11

Prazer, Boletinhos! — 13

Este livro não é um tratado, é um diálogo — 15

1. Como chegamos até aqui? — 21

Senta que lá vem história — 21

Hiperinflação: afinal, como nossos pais sobreviveram? — 22

Plano Real: por essa ninguém esperava — 26

Crise: por essa a gente já esperava — 28

Somos adultos com uma lombar de idoso e uma carteira de adolescente — 30

2. Como vai você? — 33

E o seu dinheiro? — 33

Dever de casa: trazendo ordem ao caos — 35

3. Sol em Virgem: Organizando a sua grana — 43

Planilhas! (Calma, vem sem medo) — 43

Regra dos 50/30/20 — 49

Objetivos (realistas, tá?) — 51

4. Lua em Capricórnio: Economizando na prática — 55

Lar, doce lar — 56

Brusinhas — 62

Lanches — 65

Rolês — 68

5. Ascendente em Libra: Equilíbrio é tudo! — 73

Nem oito nem oitenta — 74

A tal da estabilidade financeira 77

O peso das dívidas 79

Não é só sobre dinheiro 80

6. Virei adulto, e agora? 83

O que você quer ser quando crescer? 84

Profissão: estudante 87

Currículo 88

Morando sozinho 93

Chega de miojo 97

Cozinhando com Boletinhos 101

Prazer, imposto de renda 106

Autenticado em duas vias 111

7. Investimentos (calma, não pule este capítulo) 119

Leia com carinho e sem medo 119

Por que choras, poupança? 121

Passo a passo incrivelmente detalhado 125

Aposentadoria (sim, já) 130

O ousado chegou 131

8. Para onde vamos? 139

Breves devaneios sobre as novas gerações 140

9. Caneta na mão! 147

Diagnóstico financeiro 147

Planilha Virginiane 153

Média de gastos 155

Partiu economizar 157

Objetivos pé no chão 158

Orçamento revisado 160

Querido diário 162

VAMOS

COMEÇAR?

EU DO DIA 6
ATÉ O DIA 4

partiu festinha nessa sexta?

miga, festinha só dps do dia 5

INTRODUÇÃO (À VIDA ADULTA)
Saúde financeira dos recém-adultos

Mesmo sabendo que um dia ela chega, nunca estamos de fato preparados para uma vida de currículos, faxinas no domingo à tarde e boletos — principalmente os boletos! Levanta a mão quem já chegou à idade adulta totalmente preparado, sabendo lidar com as contas e nunca ficou com cara de interrogação ao ler as indecifráveis siglas de bancos. Se é o seu caso, parabéns! Este livro provavelmente será inútil para você. Mas se você sentiu que eu estava descrevendo a sua vida de cabo a rabo, venha comigo nesta jornada.

Já adianto que não será fácil, mas evitá-la só vai causar mais arrependimentos. Querendo ou não, o dinheiro faz parte da vida de todos nós, e é (quase) impossível viver sem pensar nele. O problema é que a maioria dos recém-adultos por aí só dá alguma importância para o assunto quando percebe que já está com a conta no vermelho e ainda não chegou nem na metade do mês. Há grandes chances de você já ter vivido essa experiência algumas vezes, né? Eu vejo isso à minha volta o tempo todo. Os recém-adultos são muito parecidos com os recém-nascidos: também precisam, de alguma maneira, aprender a caminhar com as próprias pernas.

A educação financeira no Brasil, principalmente dos millennials e da geração Z, nunca foi um assunto bem resolvido. Somos recém-adultos sem ninguém para nos ensinar a andar. No fundo, o Boletinhos era algo que eu mesmo gostaria de acompanhar. Um perfil que falasse diretamente comigo, na minha linguagem, nos meus termos, sobre as dores da minha vida. A maior parte dos jovens com vinte e poucos anos ainda não sabe o que é taxa Selic nem acompanha o índice Dow Jones. A preocupação costuma ser se o dinheiro da passagem vai durar até o fim do mês, se vai dar para viajar no próximo Carnaval, ou quanto é preciso ter para finalmente alugar um apartamento.

Eu sentia que economia era assunto de "adulto", de gente que tinha um emprego estável há vinte anos, com casa própria, filhos para sustentar, que fazia declaração de imposto de renda todo ano. Que economia se resumia ao que mostravam na TV quando a cotação do dólar subia sabe-se lá quantos por cento e o barril de petróleo estava avaliado em não sei quanto. No fim das contas, descobri que economia é MUITO mais do que isso. É um fenômeno humano, cultural e social. O que realmente faz a economia do mundo se movimentar é o que as pessoas pensam e fazem. O barril de petróleo que me desculpe, mas eu e você somos índices econômicos muito mais relevantes do que ele.

O dinheiro não passa de um acordo que (quase) todo mundo aceitou. Eu pago você com esses dez reais, que hoje em dia compram x pães na padaria, que usa o valor para comprar y kg de farinha de uma distribuidora que paga z pela hora de trabalho dos funcionários, e assim por diante. Você só aceita vender seu trabalho por dinheiro porque acredita que ele vai te dar poder de compra depois. E, assim, todos selamos o acordo. Dinheiro é também uma questão de fé, de confiança mútua. Quem diria!

E são esses vários dez reais que passam de mão em mão que movimentam e fazem a economia acontecer. Só depois de entender isso, eu percebi que esse era um assunto para mim, sim. E para todo mundo.

Prazer, Boletinhos!

E foi por conta dessas inquietações que surgiu o Boletinhos, um projeto que eu criei em 2019 para um trabalho da pós-graduação e que acabou virando um perfil no Instagram com uma comunidade que cresce a cada dia. Eu nunca tive a pretensão de fazer algo que atingisse tantas pessoas Brasil afora. Mas aconteceu. E que bom!

Decidi colocar como capa deste capítulo o primeiro post do Boletinhos no Instagram. Acredito que resume bem o que me levou a criá-lo. Eu estava cansado de chamar meus amigos para sair e eles já terem torrado todo o salário na primeira semana. Eu via que os jovens estavam com o nível de estabilidade financeira abaixo de zero. De lá pra cá, o assunto começou a aparecer mais tanto nas redes sociais como nas rodas de conversa. Novos criadores de conteúdo foram surgindo, e o papo sobre grana está aos poucos deixando de ser um completo tabu e gerando novos diálogos. E é assim que trocamos experiências, conhecemos caminhos possíveis e, mais importante ainda, percebemos que não estamos sozinhos nesse mar de dúvidas financeiras.

Por trás do Boletinhos estou eu, Alan, um recém-adulto que teve a sorte de crescer com uma mãe que o ensinou a ter uma relação saudável com o dinheiro. E vale ressaltar que uma relação saudável não é sinônimo de abundância. No meu caso, muito pelo contrário. A dona Gislaine nunca foi rica, mas jamais deixou faltar nada de necessário em casa. E isso à custa de muito trabalho duro. Ela chegava a fazer jornadas de mais de doze horas por dia, até mesmo nos fins de semana. E, mesmo que não estivéssemos próximos o tempo todo, eu era (e ainda sou) muito conectado à minha mãe. Essa conexão, imagino, existe porque ela me ensinou muito, e essas coisas vão ser parte de mim para sempre. Quando eu queria algum brinquedo, e ela me dizia que naquele mês não ia ser possível, mas que no Natal daria um jeito, eu percebia que nós não podemos ter tudo o que queremos na hora que queremos. E está tudo bem. Hoje, para mim é natural planejar uma compra para o futuro e saber quanto preciso economizar para chegar lá, tendo consciência das coisas de que precisarei abrir mão. Afinal, ou você vai para festinhas todo fim de semana ou vai para o Caribe no fim do ano. *Choices!*

No entanto, eu sei que a minha relação com dinheiro é uma exceção. E é por isso que o Boletinhos existe: para levar educação financeira ao maior número de pessoas possível — mas não só isso. Os boletinhos são só uma parte das nossas preocupações, não é mesmo? Novas rotinas, responsabilidades, decisões, carreira, burocracia, imposto de renda... Tudo isso vem no pacote da vida adulta, e este livro existe para ser um aliado nessas questões, de um jeito leve, bem-humorado e sem ditar regras. Ah, e isso já me leva para o próximo tópico...

Este livro não é um tratado, é um diálogo

A expressão "sem ditar regras" é muito importante para mim. Eu não sou o dono da verdade. Ninguém é. Apesar de o dinheiro se basear em números, vou dizer algo que pode ser surpreendente: ele não é uma ciência exata. Na verdade, é muito mais de humanas! Por um simples fator: as pessoas. Somos nós que damos vida ao dinheiro. Sozinho, ele não passa de pedaços coloridos de papel e números abstratos.

Lembre-se:

O DINHEIRO É UM MEIO, E NÃO UM FIM

Dito isso, eu enxergo este livro como um diálogo, assim como trato todas as redes sociais do Boletinhos. O mais importante aqui é fazer você pensar sobre dinheiro — e pensar de verdade, com bastante senso crítico. Além disso, compartilho dicas que fazem sentido para mim e que podem fazer sentido para você também — mas se não fizerem, é só adaptar à sua realidade, e vê se não esquece de me contar depois o que você modificou nessas sugestões todas. É essa a ideia por trás da proposta de estabelecer um diálogo — fazer de um jeito que todo mundo possa sair da conversa com mais conhecimento.

Na tentativa e no erro, eu encontrei uma linha que me pareceu bem lógica (considerando também as formas nada lógicas com que a nossa mente absorve informação) para organizar os capítulos deste livro. A gente começa engatinhando, para depois andar, e só então pensar em correr. Mas como eu já disse, aqui não tem muito esse negócio de regras, então sinta-se livre para ler na ordem que quiser. Se as coisas não estiverem fazendo muito sentido, volte duas casas. Se eu estiver chovendo no molhado para você, não faz mal partir para o capítulo seguinte. Cada um está em uma etapa diferente da jornada. Talvez você já tenha sua vida financeira superorganizada e está mesmo a fim de aprender macetes para economizar grana, ou então já quer entrar no mundo dos investimentos. Só você vai saber se ainda está engatinhando ou se já sabe dançar *stiletto*.

No primeiro capítulo vamos falar um pouco sobre o contexto do Brasil e o que aconteceu nas últimas décadas para que tudo estivesse do jeitinho que está hoje. Mas, calma, eu juro que vou manter os pés no chão e focar no que realmente importa: entender o que isso tem a ver com a nossa vida.

Depois, a gente começa a pensar no seu dinheiro propriamente dito. O primeiro passo é alinhar o Sol em Virgem e entender como você pode (e deve) organizar a vida financeira, o quanto antes. Depois, um pouco de Lua em Capricórnio não faz mal a ninguém. Economizar aqui e ali é essencial para se manter dentro do orçamento e conseguir guardar uma grana tanto para aqueles objetivos que estão ali no mês que vem quanto os que só estão previstos para daqui uns (às vezes muitos) anos. E os astros se completam com um bom ascendente em Libra. Afinal, equilíbrio é tudo nessa vida.

Depois de colocar ordem na casa, temos um capítulo todo especial dedicado à vida adulta, em que vamos além do dinheiro. A ideia é ser quase como um pequeno manual de sobrevivência na vida adulta. Vamos falar desde mercado de trabalho e currículo até como fazer um arroz soltinho.

Aprendeu a andar com as próprias pernas? Então é hora de começar a dançar. Por isso escrevi um capítulo superlegal sobre… investimentos. Calma! Eu juro que não é esse bicho de sete cabeças que você está pensando.

Por fim, vamos conversar sobre o futuro. Eu penso muito no que as próximas gerações vão fazer com o dinheiro do mundo, quais serão suas prioridades e como vão se relacionar com a educação financeira de um modo geral.

Mas, claro, um livro do Boletinhos não estaria completo sem um espaço para você começar a pôr em prática o que leu aqui. As últimas páginas são feitas justamente para serem riscadas e rabiscadas com sua própria realidade financeira. Tem uma tabela para ser preenchida por você e um espaço para outras anotações. Enfim, não preciso explicar muito, é só passear pelas páginas e rapidinho você verá tudo que eu deixei por lá.

NÃO EXISTEM BOLETINHOS QUE SE PAGUEM SEM EDUCAÇÃO

1

COMO CHEGAMOS ATÉ AQUI?
Senta que lá vem história

Era uma vez uma princesa chamada Economia, que vivia em um reino distante chamado Brasil. Ela passou por muita coisa naquelas terras, mas o conto de hoje é sobre uma maldição que caiu sobre ela, chamada Hiperinflação. Desde então, a princesa nunca mais foi a mesma...

Não preciso dizer que, na prática, essa história não foi nenhum conto de fadas. Pelo contrário, as coisas ficaram tensas por aqui (não que já não estivessem, né?). E até o pessoal nascido a partir dos anos 1990 — assim como eu —, que não viveu a temível hiperinflação da década de 1980, com certeza já ouviu histórias dessa época.

Hiperinflação: afinal, como nossos pais sobreviveram?

Eu me lembro que, na minha casa, os meus avós iam todo começo de mês no supermercado fazer o famigerado "rancho". Eles compravam tudo que seria necessário para o mês inteiro. Nessa época, no início dos anos 2000, já não havia necessidade disso, mas velhos hábitos nunca morrem, e vinte anos antes eles tinham se acostumado a receber o salário e correr para os hipermercados. Lá, encontravam centenas de outras pessoas que também haviam acabado de receber seu suado dinheirinho. Essa pressa toda não era à toa. Acontece que, durante o período de hiperinflação, o preço das mercadorias no Brasil subia de forma drástica todos os dias. Ou seja, se você não garantisse tudo no dia de pagamento e deixasse para fazer compras lá pelo dia 15, por exemplo, talvez não conseguisse adquirir nem metade das coisas com o mesmo valor. Aliás, nem era preciso esperar dias para isso acontecer. Enquanto você estava lá no mercado, naquele empurra-empurra, os funcionários passavam com a maquininha de etiquetas remarcando os preços, sempre para mais. E seguiam assim até a madrugada.

Por isso eu também não estranhava o freezer extra na cozinha de casa. Ele era essencial para conservar toda aquela comida durante um mês inteiro. Hoje em dia, morando sozinho e fazendo minhas próprias compras no mercado, eu mal consigo me ver comprando coisas para a semana inteira.

Mas para a gente entender melhor o que é a hiperinflação e como ela chegou nesse estado, antes é preciso entender o que é inflação.

Inflação é a alta generalizada dos preços

Ok, mas essa frase não nos diz muita coisa, não é mesmo? Por isso, em vez de falar em siglas monetárias e índices XYZ, acho muito mais fácil (e mais divertido) dar exemplos com maçãs. Imagine que você está numa ilha onde existam milhões de maçãs por todos os lados. Ora, nesse caso, qualquer um pode descolar uma, não é? Até várias. Você dificilmente vai conseguir trocar alguma coisa pelas suas maçãs. A outra pessoa vai olhar e pensar: "Pra que eu quero isso, já tenho um monte". No entanto, se você for um dos poucos na ilha a ter uma laranja, aí o jogo já muda. Provavelmente as pessoas — enjoadas de tanto comer maçãs — vão querer fazer uma troca com você. Alguém pode chegar e te oferecer dez maçãs por uma laranja. Aí outro pode chegar e cobrir a oferta com vinte. E assim por diante.

Com dinheiro, funciona mais ou menos desse jeito. Quando tem muita grana rodando por aí, ela passa a ter menos valor. E, economistas — não me joguem pedras! —, eu sei que o sistema monetário é bem mais complexo que isso, mas foi uma simplificação justa, não acham?

DITADURA

SARNEY [1985-1990]

COLLOR [1990-1992]

ITAMAR [1992-1994]

FHC [1995-2002]

LULA [2003-2010]

Na economia, se o reajuste generalizado dos preços passar de 50% ao mês, já é hiperinflação. Em março de 1990, a inflação chegou ao seu ápice, atingindo 80% (ou seja, em um único mês, o preço das principais mercadorias quase dobrava). Nesse mesmo ano tomou posse o primeiro presidente escolhido pelo povo, depois de mais de vinte anos de ditadura militar e cinco anos com um presidente (ou melhor, vice) eleito indiretamente. O escolhido foi Fernando Collor de Mello, mas não ia demorar para o arrependimento bater à porta das pessoas. Vou pular as polêmicas dos marajás e da cascata e ir logo para o que nos interessa: o que ele fez com o nosso dinheiro? No caso, o dinheiro dos nossos pais e avós, quando muitos de nós nem éramos nascidos.

Collor assumiu a presidência em 15 de março de 1990, o mesmo mês em que a inflação chegou ao seu auge. Dois dias depois, qualquer jornal que você abrisse estampava a mesma notícia: Collor bloqueia o dinheiro da população. Isso significava que o valor que a galera tinha no banco já não podia ser sacado totalmente. É como se naquela nossa ilha imaginária ele apreendesse as maçãs de todo mundo e deixasse apenas cinco para cada um. A ideia era que menos maçãs circulassem e, assim, elas se tornassem mais "raras", o que faria seu valor aumentar — se eu só tenho cinco maçãs e alguém quer comprar minha laranja por quatro maçãs, eu vou ficar com quase o dobro do que eu tinha! Bem, isso na teoria... O limite de saque era 50 mil cruzados novos, o que daria uns 5500 reais hoje. Dá para imaginar a cara do povo quando viu isso, né? E pior, a medida foi decretada para valer por dezoito meses! Se isso já não bastasse, ele ainda congelou preços e salários. Já os custos de luz, telefone e transporte público só aumentaram.

Após o decreto, os bancos ficaram fechados por três longos dias. Quando reabriram as portas, a multidão que tentava sacar dinheiro era tanta que você com certeza não gostaria de estar no meio. Isso só fez com que o tiro saísse pela culatra e a economia afundasse ainda mais.

Os bancos não tinham dinheiro suficiente para dar conta de tantos saques ao mesmo tempo (todo mundo queria as suas cinco maçãs em mãos, mas a fazenda não conseguia colher tantas assim em tão pouco tempo). Muita gente ficou sem sua grana. Como consequência, pararam de consumir, e as vendas no comércio despencaram. Teve gente sendo demitida, negócios indo à falência. Tudo era uma bola de neve que crescia cada vez mais, até que o presidente teve que voltar atrás e liberar o dinheiro do pessoal. Mas isso não significa que melhorou muita coisa.

Plano Real: por essa ninguém esperava

A princesa só iria se livrar da maldição anos depois, em 1994, depois do impeachment de Collor e com a chegada do Plano Real, fazendo menção ao nome da atual moeda brasileira que substituiu o antigo cruzeiro.

Sabe aquela pergunta que a gente faz quando é criança: "Por que o governo simplesmente não imprime mais dinheiro?". Bom, você já descobriu a resposta? Realmente, não é tão óbvia assim. Inclusive, esse foi um dos grandes erros do governo nas cinco tentativas frustradas de reduzir a hiperinflação. Tinha muito, mas muito dinheiro circulando por aí.

No início da década de 1990, o Brasil tinha tantas maçãs que mal dava para ver o chão da ilha. Os planos do governo para frear a inflação se resumiam a proibir as pessoas de cobrar mais do que dez maçãs por uma laranja ou de pegar as próprias maçãs que tinham guardadas. Nenhum deles deu certo.

Até que, em 1994, saiu a notícia de que seria lançado um sexto plano econômico. A galera olhou para isso e pensou: "Eu já vi esse filme", aí não botou muita fé. Pelo contrário, aquele medo de que as poupanças fossem confiscadas só se intensificou. Mas o Plano Real tinha uma diferença: ele deu certo. Isso se deve a inúmeros fatores, e já avisei que não quero entrar em detalhes econômicos que vão fazer você pegar no sono. O que importa é que ele foi um sucesso e freou totalmente a hiperinflação daquele momento. Dá até um alívio olhar para este gráfico, não dá?

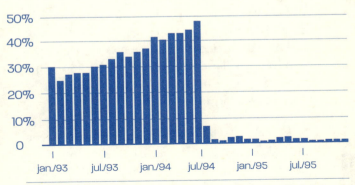

Fonte: Instituto Brasileiro de Geografia e Estatística (IBGE): Variação do índice de preços ao consumidor em relação ao mês anterior.

Isso impactou a renda das famílias brasileiras, mas não só. Após um controle inflacionário no governo presidido por Fernando Henrique Cardoso, o governo Lula implementou políticas econômicas que tinham como principal objetivo reduzir a desigualdade no país. E funcionou! Regiões e municípios que estavam esquecidos havia séculos pelo governo federal receberam mais atenção. O percentual de cidadãos que viviam na pobreza caiu de 26%, em 2002, para 13%, em 2010, e seguiu caindo até 2014, quando chegou a pouco mais de 8%, segundo dados da Fundação Getulio Vargas (FGV). As regiões Norte e Nordeste foram as que mais reduziram a desigualdade social.

Crise: por essa a gente já esperava

Estava muito bom para ser verdade. Já era possível sentir o cheiro da crise vindo de longe. A galera já estava havia muitos anos gastando sem pensar no amanhã, vivendo como se o apocalipse de 2012 fosse real. Aí veio o choque de realidade. Que, na verdade, só surpreendeu quem se negava a ver a chegada da crise.

Nos Estados Unidos, os gringos pegavam dinheiro emprestado com os bancos a torto e a direito, principalmente para financiar suas casas. Só que muitos acabaram não conseguindo pagar a dívida. E como terminou essa história? Os endividados se deram mal quando os bancos chegaram para cobrar; os bancos se deram mal quando não receberam a grana de volta — e a maioria deles foi à falência. O mercado imobiliário se deu mal quando as pessoas pararam de comprar e vender casas; o país se deu mal ao ver seus principais mercados em crise; os parceiros comerciais dos Estados Unidos se deram mal por tabela. Ou seja, basicamente todo mundo se deu mal. E, em 2008, vimos finalmente chegar a crise no mundo, e pouco depois nas terras brasileiras.

E isso a gente sente no nosso dia a dia, mas também nas desigualdades que existem fora da nossa bolha. Em 2016 (atualizado em 2018), o jornal *Nexo* publicou uma matéria interativa que convidava o leitor a digitar o seu salário e o comparava ao dos outros brasileiros. O chocante é que, se você tem um salário de 1200 reais, já ganha mais do que metade do país. Isso aí, 50% dos brasileiros vivem com menos de 1200 reais por mês. E o choque cresce de forma progressiva, porque quem ganha 2 mil reais recebe mais do que 80% da população. Com 3 mil reais mensais, você já recebe mais do que 90% do povo. Se isso não é desigualdade, eu não sei o que é. E pior: chega a ser irônico uma pessoa que ganha 1200 reais fazer parte da "metade mais rica", considerando os custos de alugar um apê, comprar uma cesta básica e andar de ônibus. O preço médio do aluguel na cidade de São Paulo, por exemplo, chegou a R$ 3421, segundo o relatório de junho de 2022 do Imovelweb.

Neste momento, as gerações que nasceram depois de toda aquela loucura de hiperinflação e passaram a infância numa economia que estava bombando tiveram que se acostumar a uma nova era de vacas magras. É aquele ditado, né: aceita que dói menos, bebê. Só que não bastava aceitar, era preciso criar novos hábitos. E, como já nos mostraram nossos avós e seus freezers enormes, velhos hábitos são difíceis de mudar.

*Somos **adultos** com uma **lombar de idoso** e uma **carteira de adolescente***

Muitos desses jovens chegam à vida adulta sem receber educação financeira. E não por culpa dos seus pais. A intenção, na época, foi nobre. Eles não esperavam que aquele pesadelo dos anos 1990 fosse voltar e não queriam aquela infância de recessão para seus filhos. Além disso, raramente recebemos algum tipo de educação financeira nas escolas. Mas em algum momento as responsabilidades e os boletos chegam, quer a gente esteja preparado ou não.

Felizmente, falar sobre dinheiro e consumo está deixando de ser um tabu e se tornando, aos poucos, mais comum. E já era hora de repensarmos os nossos hábitos. Sair do shopping carregado de sacolas deixou de ser glamoroso e passou a ser preocupante. Eu vejo a galera à minha volta genuinamente tensa com a situação, querendo uma vida menos consumista. O problema está em como fazer isso. A maioria não sabe nem por onde começar. Então, um bom jeito é pelo próximo capítulo deste livro. 🙂

VC ESTÁ OLHANDO PRA SUA PRÓPRIA FATURA?

2

COMO VAI VOCÊ?
E o seu dinheiro?

Não precisa nem responder, pois já imagino a resposta. Mas para além do "putz, tô sem grana" ou do "ai, ai, eu preciso de um aumento", você já parou para pensar no próprio dinheiro? E eu quero dizer pensar a fundo sobre a sua vida financeira: os detalhes, as ações do dia a dia, em que pontos daria para melhorar, o que está fugindo do seu controle, quais são suas próximas metas e o que você precisa fazer para atingi-las? Se ainda não pensou, dá uma pausa na leitura, senta num lugar bem confortável e faz isso. Vai lá. Eu espero.

Eu sei que muita gente só pulou a minha pausa e veio direto para este parágrafo. Mas se não é o seu caso, parabéns! Você está começando a entender que a saúde financeira só vem se o seu dinheiro for encarado de frente e se você entender melhor os seus hábitos. Quer uma segunda chance? Então vai lá, para um pouquinho e pensa nessas coisas. Eu estarei no mesmo lugar quando você voltar.

Quem foi foi. Quem não foi sempre pode ir mais tarde. (Eu entendo se você estiver lendo no ônibus ou no intervalo de almoço, mas promete para mim que vai pensar no assunto?)

Dever de casa: trazendo ordem ao caos

Como eu já disse, o primeiro passo para uma vida financeira saudável é entender o próprio dinheiro. Se você já refletiu sobre aquelas perguntas que eu fiz na p. 33, está na hora de algumas tarefas práticas.

A primeira coisa a fazer é olhar para o passado. Pegue os extratos e as faturas dos últimos três meses. O ideal é que seja no papel mesmo, porque vamos precisar rabiscar, contornar, anotar, e tudo isso fica mais fácil à moda antiga do que na telinha do celular. Pode imprimir numa folha e pegar três canetinhas, uma de cada cor, e uma caneta ou lápis. Com tudo pronto, é hora de começar a rabiscar. Olha para cada linha do extrato, cada coisinha em que você gastou mesmo que seja um real, e vai escrevendo do lado em qual destas categorias a compra se encaixa:

•**Gastos fixos:** o dinheiro do aluguel, a conta de luz, o transporte do dia a dia, a mensalidade da academia, ou seja, tudo aquilo que vem todo santo mês na sua conta, mesmo que o valor seja variável.

•**Gastos especiais:** um celular novo (ou uma parcela dele), uma passagem de avião, um tênis que você achou no brechó, um cacto superfofo que você deu de presente para o mozão, enfim, todas as coisas que não são recorrentes. Comprou uma vez e pronto.

•**Gastos livres:** aqueles lanchinhos no meio da tarde, a festinha que seus amigos te convidaram para ir no fim de semana, a casquinha de sorvete a que você não consegue resistir toda vez que vai ao shopping. Todos os gastos que não são fixos, mas fazem parte do seu cotidiano.

•**Investimentos:** se você já está conseguindo investir um pouco do que ganha, que boa notícia! Nesta categoria vai aquela grana que você depositou na poupança e outros investimentos de renda fixa ou variável. Marque de preferência numa cor diferente. As demais categorias a gente quer reduzir, mas esta a gente quer só aumentar.

Fixo...	$ $ $
Fixo...	$
Livre..	$ $
Especial....................................	$ $ $
Investimento...............................	$
Fixo...	$
Especial....................................	$ $ $

Com todos os gastos dos últimos meses devidamente categorizados, vale também comparar quanto você tinha na conta depois que o salário caiu e com quanto ficou até o dia antes de receber o próximo. Se você é autônomo, pode somar tudo que ganhou durante o mês e subtrair todos os gastos do mesmo período. Aqui, na teoria, é a parte mais fácil. É só fazer A menos B. Já na prática talvez seja mais difícil e te dê alguns gatilhos. Mas, acredite, logo logo você será ingatilhável, meu amor.

O próximo passo é cheio de cores para a galera já ir ficando mais felizinha. Pegue as canetinhas ou canetas marca-texto e separe uma cor para cada um desses objetivos:

CORTAR
REPENSAR
ECONOMIZAR

Cortar este mês	$
Reduzir 50%	$$$$
Economizar luz	$$
Reduzir 10%	$$
Cortar de vez	$$$
Economizar $$	$$$$$
Cortar	$
Reduzir metade	$$$$

Tem sempre aquelas coisas, em especial dos gastos livres, que a gente consegue cortar perfeitamente bem da nossa vida. O lanche na cantina da faculdade pode ser dispensado, sua saúde agradece. Se você se planejar, dá para levar alguma coisa de casa mesmo. Aquela bebida que você comprou no bar da festa também merece um belo corte. Beba o que você tem que beber em casa, num esquenta com a galera, e vá para a festa com o bolso tranquilo.

As coisas que não tem como cortar talvez possam ao menos ser repensadas. Você não precisa parar completamente de pedir delivery, mas também não precisa fazer isso toda noite, né? Deixa para pedir só no sábado à noite, e nos outros dias encoste a barriga no fogão. Cozinhar é tão "nossa, agora sou adulto de verdade". E a balada no fim de semana? Pode se limitar a uma sexta-feira por mês. Ninguém vai morrer por causa disso. E as roupinhas? Pode ser uma peça por mês, se você não abre mão disso.

A terceira cor vai para as coisas que não dá para cortar nem repensar, mas dá para economizar. Tipo a conta de luz. Você não precisa viver no escuro nem viver com luz acesa dia sim, dia não. Mas pode (e deve) reduzir o consumo de energia. Alguns minutinhos a menos no banho já poupam ao mesmo tempo luz e água. Não esqueça de apagar as luzes ao sair de um cômodo, afinal ninguém aqui é sócio da companhia elétrica. Também dá para economizar nas compras do mercado: só de comparar preços você já pode salvar uma baita grana.

DATA	DESCRIÇÃO	DEPÓSITO	SAQUE	SALDO
	SALDO INICIAL			1.000,00
01/01	CHEQUE COMPENSADO	560,00		1.560,00
05/01	BOLETO ENERGIA		120,00	
06/01	BOLETO CONDOMÍNIO		600,00	
06/01	BOLETO BRUSINHA		180,00	
08/01	DÉBITO iLANCHES		28,00	
09/01	BOLETO INTERNET		250,00	
10/01	DÉBITO iLANCHES		36,00	
12/01	ALUGUEL		800,00	
15/01	DEPÓSITO DINHEIRO	140,00		-314,00
15/01	TRANSF. CONTA	550,00		236,00
15/01	BOLETO iLANCHES		52,00	
16/01	PIX COLEGUINHA		18,00	
18/01	PIX CANTINA		15,00	
19/01	SALDO			151,00
20/01	BOLETO CELULAR 2/3		812,00	
21/01	PIX RESTAURANTE		63,00	
22/01	TRANSF. CONTA	900,00		176,00
23/01	PIX XEROX		5,00	
24/01	BOLETO BRUSINHA		20,00	
25/01				

Agora, seu extrato já deve estar bem colorido e rabiscado. Que cor predomina nele? Se for a de cortar, já temos um diagnóstico: seu dinheiro está indo pelo ralo com um monte de coisas desnecessárias. Se tem várias linhas na cor de repensar, já sabe, né? Velhos hábitos são difíceis de mudar, mas com esforço tudo é possível. Se você tem muito a economizar, o caminho é estudar e pesquisar para gastar seu dinheiro de forma bem consciente.

E ainda tenho mais uma tarefa para você, mas é mais um hábito a ser adquirido, na verdade: anote seus gastos, sempre. Pode ser até uma bala na padaria. Tudo deve ficar registrado. Por sorte, hoje você não precisa depender do caderninho para isso. Para quem gosta do bom e velho método manual, vá em frente. Mas para quem é mais adepto do digital, tem apps maravilhosos que "anotam" todos os seus gastos por você, como o Guiabolso, o Mobills ou o Organizze. E existem vários outros — basta dar uma pesquisada, perguntar para os amigos, ver uns vídeos que comparam um e outro. O importante é ter esse controle financeiro e estar ciente de cada centavo que sai do seu bolso. Ah, e se você optar pelo app não esqueça de conferi-lo de tempos em tempos. É tudo uma questão de costume.

Agora, consciente dos seus hábitos financeiros, está na hora de organizar tudo e receber umas faturas bem menores nos próximos meses.

COMO DIVI-DIR OS SEUS GASTOS

3

SOL EM VIRGEM:

ORGANIZANDO A SUA GRANA

Planilhas! (Calma, vem sem medo)

Chega a dar um frio na espinha da galera de humanas. Mas eu juro que as planilhas estão aqui muito mais para ajudar do que atrapalhar a sua vida. Eu tenho um prazer na alma só de ver no final tudo bem organizadinho, cada coisa no seu devido lugar. É aquela sensação de quando você toma vergonha na cara e arruma todas as roupas que estavam amontoadas em cima de uma cadeira no seu quarto, e aí você se anima e resolve colocar ordem em todo o guarda-roupa e, quando dá por si, está revirando caixas que não mexia há anos. No fim do dia, com a coluna te matando de dor, você vê que tudo valeu a pena e se sente em paz ao olhar para o seu quarto — agora irreconhecível.

Uma planilha bem organizada, com nomes para cada categoria, cores, fórmulas automáticas, uma distribuição bonitinha é tudo para mim! Eu me pego fazendo planilhas para praticamente tudo na minha vida, de tanto que gosto. Sei que talvez você não compartilhe do mesmo sentimento que eu, nem tenho a pretensão de fazer você sair desta leitura amando o Excel, mas quero fazer com que as pessoas percam um pouco desse medo e aprendam a usá-las como aliadas na hora de se organizar, principalmente nas finanças.

Para começar, eu criei uma planilha que carinhosamente chamei de Virginiane. Ela está disponível no perfil @boletinhos do Instagram — ou você pode acessar diretamente no QR code ao lado. Nela, é só preencher com o seu salário, e as fórmulas mágicas fazem todo o resto, dividindo o quanto você deve gastar (idealmente) em cada coisa, e fornecendo outras informações supermassa sobre o seu dinheiro.

Como eu sou bem legal com vocês, resolvi adaptar a Planilha Virginiane para este livro. Não é tão digital e cheia de fórmulas como a original, mas continua tão fácil que você vai adorar preencher.

O primeiro passo é o mesmo, e o mais simples de todos: anotar o seu salário. Se você é estagiário, CLT, funcionário público ou qualquer outra modalidade de renda fixa, que chega igual todo mês, não tem mistério nenhum. É só colocar o seu salário líquido na tabela. Se você é autônomo (*a.k.a.* freelancer) e tem uma renda mensal que sobe e desce, pode fazer uma média dos últimos meses.

Só você tem como saber quantos deve levar em conta. Talvez você seja freela há um ano, e faz mais ou menos a mesma quantidade de *jobs* desde então. Se for assim, calcule a média de um ano mesmo. Ou talvez você já esteja nessa vida há uns cinco anos, mas há dois meses fechou parceria com um cliente novo que paga uma grana bem mais alta. Nesse caso, faz a média com o último bimestre.

QUANTO EU GANHO NO MÊS

Com essa etapa resolvida, é hora de dividir o seu salário em categorias de gastos. Aqui, eu já fiz o cálculo com um salário de mil reais. Assim, se você ganha 2 mil reais, por exemplo, é só multiplicar esses valores por dois. Se ganha 1500 reais, multiplica por 1,5. Quem ganha 1250 reais, multiplica por 1,25, e assim por diante.

QUANTO DEVO GASTAR EM CADA COISA		
Gastos que tenho todo mês	55%	R$ 550
Educação (cursos, livros etc.)	5%	R$ 50
Gastos especiais (tipo um celular novo)	20%	R$ 200
Aposentadoria (sim, já)	10%	R$ 100
Gastos livres (QUALQUER coisa)	10%	R$ 100

Deu para entender, né? E não se preocupe, porque vou deixar aqui também a Planilha Virginiane em branco para você preencher com os valores do seu salário:

QUANTO DEVO GASTAR EM CADA COISA		
Gastos que tenho todo mês	55%	R$
Educação (cursos, livros etc.)	5%	R$
Gastos especiais (tipo um celular novo)	20%	R$
Aposentadoria (sim, já)	10%	R$
Gastos livres (QUALQUER coisa)	10%	R$

Mas, como eu sempre digo: é preciso ser cuidadoso com essas tabelas e olhar para elas de forma crítica e com bom senso. Elas funcionam mais como um norte, não como uma regra. Adapte-a para a sua realidade! Se você ganha mil reais, mas paga seiscentos de aluguel, será impossível manter os gastos fixos em 55%. Já se você ainda mora com seus pais e não gasta nem 10% do que ganha nesse tipo de coisa, a minha dica é pegar o que "sobra" dos gastos fixos e investir. Daqui a alguns anos você vai me agradecer por isso.

Não vou falar muito sobre cada categoria, porque já exploramos isso no capítulo anterior, mas é importante comentar que aquele item de educação, apesar de ocupar só um pouquinho do seu orçamento, é muito importante.

É claro que gastos como mensalidade da faculdade não entram nisso. Eles vão para gastos fixos. Essa categoria é mais voltada para cursos de férias, aulas on-line, livros (como este que você está lendo). Qualquer coisa que aumente seu conhecimento. Isso não só vai te fazer bem, como também vai acabar fazendo com que você ganhe mais dinheiro. Qualificação e pesquisa podem aumentar cada vez mais seu valor como profissional, além de fazer você pensar cada vez mais fora da caixa.

A aposentadoria está ali para que você separe sempre uma graninha para investir. E, nesse caso, investir a longo prazo. É um dinheiro que você não deve mexer por muuuito tempo. Basicamente, até se aposentar. Não vou entrar nos detalhes sobre investimento, porque reservei um capítulo todinho só sobre isso.

E os gastos livres são um orçamento dedicado para que você gaste com qualquer coisa. Qualquer coisa mesmo, sem culpa, sem julgamentos. É muito importante tanto para a saúde financeira quanto para a saúde mental ter uma grana separada para gastar sem preocupações. Quer comprar uma blusinha que você nem estava precisando? Vai lá e compra! O importante é se manter dentro do orçamento e ser feliz.

A nossa próxima parte da Planilha Virginiane é o "custo 100". Ele é basicamente um cálculo de quantas horas você precisa trabalhar para ganhar cem reais. O cálculo é um pouquinho mais complexo, mas vem comigo que vai dar tudo certo. Se considerarmos que você trabalha, em média, 22 dias úteis por mês e oito horas por dia, é só seguir este cálculo:

$$\text{SALÁRIO} \times 13 = \underline{\hspace{2cm}} \div 12 = \underline{\hspace{2cm}}$$
$$\div\ 22 = \underline{\hspace{2cm}} \div 8 = \underline{\hspace{2cm}}$$

Calma, com um exemplo vai ficar mais fácil. Vamos pegar aquele salário de mil reais:

$$1000 \times 13 = 13\,000$$
$$13\,000 \div 12 = 1083$$
$$1083 \div 22 = 49$$
$$49 \div 8 = 6{,}12$$

Ok, agora é só dividir 100 por esse resultado:

$$100 \div 6{,}12 = 16 \text{ horas}$$

Esse é o seu custo 100. Você trabalha em média dezesseis horas para ganhar cem reais.

Tá, mas e para que serve isso? Justamente para você se colocar em perspectiva e entender o valor real do SEU dinheiro, e não apenas o preço das coisas. Só você trabalhou para ganhar a sua grana, então só você pode saber se vale a pena ou não comprar algo por determinado preço. São as suas horas de vida que estão em jogo. Quando olhar para uma mochila linda chamando por você na vitrine da loja e vir um grande duzentos reais estampado ali, precisa parar e pensar: "Esta mochila vale 32 horas do meu trabalho?". Não existe resposta certa ou errada. Só você pode saber. (Mas, claro, não esqueça do seu orçamento e das outras contas que tem para pagar — talvez a resposta aqui seja sim, e mesmo assim você não tenha essa grana para gastar!)

A tabela original ainda tem outras partes, mas o mais importante nós já conseguimos ver aqui. Montando orçamentos (adaptados à sua realidade, sempre), você consegue ter uma noção muito melhor do seu dinheiro e do que fazer com aquelas informações que nós coletamos no dever de casa do último capítulo.

Regra dos 50/30/20

Você já deve ter ouvido falar da regra dos 50/30/20. Se não ouviu, com certeza ainda vai ouvir. Por isso, achei importante trazer essa polêmica para este livro. Como qualquer regra financeira, ela não deve ser levada tão ao pé da letra. Serve apenas como um guia, bastante genérico, de como organizar melhor o seu orçamento. Você nunca irá encaixar a sua grana direitinho nela. É praticamente impossível. Então relaxa e não se cobre tanto para ter essa vida financeira perfeita (que, aliás, não existe, viu?).

Quem gasta metade do que ganha com coisas que nem se lembra mais de ter comprado nem se compara a quem gasta 90% do salário mas está feliz em usar essa grana para pagar a suada mensalidade da graduação, o aluguel que lhe deu uma vida independente, a viagem com que sonhou por mais de dez anos.

A regra dos 50/30/20 serve para nos ajudar a dividir melhor os gastos. Assim, 50% do que você ganha seriam destinados a gastos fixos essenciais, como moradia, transporte, mercado etc. Já 30% são para itens de desejo, como cinema, viagem, festa. E os últimos 20% seriam para sua reserva de emergência ou investimentos, enfim, a parte mais difícil (risos).

Deu para entender por que eu repito que devemos ter cuidado com essas regras? Para muita gente, guardar 20% do que ganha é uma loucura sem tamanho. E com razão, na verdade, pois é muita grana para um trabalhador que ganha um, dois, três salários mínimos. Só os custos com a casa, o busão, a comida e os itens básicos do dia a dia já acabam com mais da metade da renda mensal. Para um Brasil que não está acostumado a poupar, 5% de dinheiro guardado e investido já é uma vitória e tanto!

Mas eu também não quero que você olhe com maus olhos para essa e outras regrinhas que possam aparecer no seu caminho. O negócio é ter senso crítico e saber tirar o melhor delas. A gente sempre aprende coisas novas questionando como estamos organizando e gastando o nosso dinheiro todos os meses. Tentar comer uma porção de salada por dia pode parecer pouco, mas faz uma enorme diferença a longo prazo. Chegar um pouquinho mais perto dessas porcentagens financeiras também.

Objetivos (realistas, tá?)

Com o dinheiro organizado, está na hora de dar um objetivo para ele, em especial para aquela grana que você está investindo. Só guardar por guardar pode até funcionar para algumas pessoas, mas para a maioria isso não dura nem dois dias. É preciso ter objetivos bem definidos para que economizar tenha um real sentido na sua vida. Se você guarda uns duzentos reais e não sabe nem por que está fazendo isso, é só uma questão de horas para torrar tudo em um passeio no shopping.

Objetivos a curto, médio e longo prazos são o que dá valor ao seu dinheiro. Naquela grana guardada todo mês você enxerga a sua viagem para a praia no fim do ano, o carro novo que você vai se dar de presente quando fizer 25 anos ou a casa na praia que vai curtir quando se aposentar.

E sabe quem é a única pessoa que pode definir esses objetivos? Isso mesmo: você. E só você. Eu não tenho nem como ajudar. Você também pode querer muito comprar uma moto, ou quem sabe não tenha nenhuma vontade de aprender a dirigir e prefira andar de bike em Amsterdam. Pode ser que você seja do tipo que quer casar e fazer um festão, ou talvez nem mesmo passe pela sua cabeça um namoro sério, e tudo que você quer é uma decoração industrial para o seu apê. Você pode querer fazer faculdade de gastronomia, ou quem sabe só comer em todos os restaurantes da Índia. Como eu disse, eu não tenho mesmo como ajudar você nessa tarefa. Cada um vai ter seus próprios objetivos. O importante é que você saiba quais são eles. E, por favor, que sejam planos realistas.

Sabendo disso, podemos ir para o próximo passo. Nesse, sim, eu posso dar alguma ajuda. Antes de sair guardando dinheiro para seja lá qual for a sua meta, precisamos calcular quanto irá custar. Tente englobar todos os custos que envolvam o seu objetivo. Se é uma viagem internacional, tem que calcular o valor da passagem, do visto, do passaporte (se você não tiver), da hospedagem, do transporte lá fora, das refeições, das lembrancinhas para a galera que vai ficar aqui sofrendo com suas fotos no Instagram etc. Tudo tem que ser levado em conta. Se é um carro, tem que pensar em quanto ele custa na tabela Fipe, quanto você vai gastar com a burocracia, com possíveis reparos, IPVA, com gasolina durante o ano, revisão etc.

Eu sei que ser realista às vezes parece um banho de água fria. Mas, *hello*, a realidade não está nem aí se a água está congelando. As coisas são como são. E quanto antes a gente aprender a sentar e encarar os fatos, menos vai sofrer. Não adianta se iludir pensando que para alugar seu primeiro apê basta juntar a grana do aluguel e tá tudo certo. Tem condomínio, IPTU, mudança, móveis, louça, talheres, copos, parafusos, pregos, canos... Cada coisinha que a gente nem sonha que vai ter que comprar.

Ok, eu também não quero destruir os seus sonhos aqui, tá? É só para que todo mundo coloque os pés no chão. E, uma vez calculado o valor certinho desse seu objetivo, é hora de pensar em um prazo para torná-lo realidade. Quem sabe daqui a um ano... Quanto você vai ter que economizar todo mês, durante doze meses? É viável? Se for um negócio fora da casinha, bora pensar num prazo mais realista. Talvez dois anos já deem uma aliviada no cálculo, e nem é tanto tempo a mais para esperar.

Quando você já sabe quanto vai precisar economizar todo mês, fica mais fácil separar seus orçamentos e, principalmente, ter aquela força de vontade na hora de economizar uma grana toda vez que o salário cair na conta. Mas é importante ter em mente que, para conseguir algumas coisas, você vai precisar abrir mão de outras. Não dá pra ter tudo nesta vida. E esse "abrir mão" nem sempre é fácil. Na real, é sempre o mais difícil, né? Por isso, é claro, eu reuni algumas dicas de como economizar na prática, no seu dia a dia, em pequenas coisas. Bora para o próximo capítulo!

EXISTE ROLÊ FORA DO SHOPPING

4

LUA EM CAPRICÓRNIO:
Economizando na prática

Com Capricórnio no mapa astral, estamos seguros de que economizar não vai ser uma tarefa muito difícil. Antes de mais nada, o importante é ter um pensamento econômico. Parece um papo meio místico, de poder do pensamento e tal, mas não é, não. É uma parada bem prática mesmo. Precisamos mudar nossa mentalidade de consumo. Ponto-final.

Se a gente não começar a encarar as coisas de uma maneira diferente, nada vai mudar. Vamos continuar achando normal uma blusinha custar 150 reais, um hambúrguer de cinquenta reais, e ver muitos $$$$$ na fatura do cartão. Só quando a gente se propuser a pensar diferente, entender que o nosso consumo precisa diminuir e que dá para pagar menos nas coisas (às vezes com um pouco mais de esforço e criatividade) é que vamos conseguir de fato gastar menos todo mês, todo dia.

Para ajudar nessa jornada, eu colecionei algumas dicas ao longo da vida, que separei aqui em cinco categorias: casa, roupa, comida, lazer e demais gastos.

Lar, doce lar

A economia começa em casa, não é mesmo? Então o primeiro passo é olhar para os custos que temos debaixo do nosso teto e pensar em alternativas para gastar menos todos os meses. Muitas vezes a gente nem sabe o custo que a nossa própria casa dá para a gente. Isso vai da energia elétrica até todas as decorações que você viu no Pinterest e quer também.

Antes de mais nada, vamos às dicas para quem acabou de dar *match* com a primeira casinha e está de mudança, encarando a vida de quem vive só pela primeira vez. Saiba que você provavelmente não sabe nada ainda. A maioria das coisas a gente vai aprendendo na marra mesmo. O primeiro choque deve ter sido na hora de pesquisar imóveis e descobrir que eles são bem mais caros do que você imaginava. Sem falar no valor do condomínio e do IPTU, com que você provavelmente nem contava ainda. Taxa pra lá, taxa pra cá. Mas então a mudança é feita (não sem desembolsar o valor do frete) e você está finalmente na sua própria casinha. Dois segundos depois percebe o tanto de coisa que ainda falta comprar, as pequenas obras que quer fazer, os reparos necessários que você não viu quando foi visitar o imóvel com os olhos deslumbrados pela janela ampla e arejada da sala.

Com um colchão no chão e uma geladeira herdada dos pais, é hora de pesquisar preços até não poder mais. É sério, muita gente acaba se jogando na primeira loja que encontra só porque está morrendo de pressa de ver o apê todo mobiliado. Mas não adianta se afobar e acabar pagando duas, três vezes mais pelas coisas. Lembre-se que a internet está aí para que você possa fazer tudo isso sem sair da sua casa nova. Compare tudo, olhe em sites, apps e grupos de móveis e eletros usados, pergunte para a galera se eles não sabem de alguém que queira vender um sofá massa por um preço em conta. Além de economizar, você ainda decora sua casa com coisas únicas e cheias de história.

E, por falar em decoração, sempre tem alternativas para tudo o que você vê de lindo no Pinterest. Absolutamente tudo! É só procurar no Google por "parede de cimento queimado barata", "estante industrial barata", "quarto Pinterest barato"... Enfim, basicamente tudo tem a sua versão de baixo orçamento. E, em geral, essas alternativas envolvem DIY, o bom e velho faça você mesmo. Sabe aquela sensação de ver uma coisa que você fez com as próprias mãos ficar pronta e linda? Se joga nessa felicidade. Nem tudo precisa ser feito do zero. Às vezes algum móvel ou item de decoração que você tem só está velhinho e feio, e basta um toque de criatividade para virar uma peça maravilhosa na sua sala.

Aliás, é sempre bom lembrar: apoie artistas locais. Que tal comprar umas artes dos seus amigos (ou vizinhos de cidade) talentosos para colocar na parede?

Móveis usados também podem ser uma boa pedida! Lembrando que usado não é sinônimo de estragado, sujo ou malcuidado. Com uma boa curadoria e disposição, você encontra verdadeiras raridades, coisas que muitas vezes não estão mais nas lojas e que podem dar um toque único de personalidade para a sua casa — ainda por cima gastando menos. E mesmo aqueles móveis que parecem não ter salvação podem só estar precisando de um estofado novo ou uma pintura para ficarem novinhos em folha. Só é bom lembrar de colocar tudo na ponta do lápis e comparar valores, porque isso pode ser uma economia em alguns casos, mas também pode sair mais caro do que um móvel novo em outros. Vale a boa e velha máxima de sempre pesquisar bem antes de comprar qualquer coisa.

Outra dica massa para decorar gastando pouco é a iluminação. Se montar uma iluminação legal, com pontos de luz estratégicos, você nem precisa de muita firula para o cômodo ficar mais bonito do que cenário de novela. Aquelas lâmpadas de filamento são um pouquinho mais caras, mas umas duas na sua sala já fazem toda a diferença. A mesma coisa vale para plantas. Aquela samambaia toda espalhafatosa na estante pode ser o suficiente para decorar seu apê.

Você não precisa de muito para fazer uma decoração linda

O PRINCIPAL

é a

CRIATIVIDADE

E por falar nas coisas que você ainda precisa comprar para a casa nova, é importante dar uma olhada nas etiquetas dos equipamentos elétricos. Às vezes aquela geladeira está mais barata, mas gasta energia como se não houvesse amanhã. Por isso, procure etiquetas que tenham classificação A, e olhe também quanto o aparelho consome por mês — o consumo é medido em quilowatt-hora por mês (kWh/mês). Para entender esse número, é só pesquisar no Google por *kWh + a companhia de energia da sua cidade* e descobrir o preço que eles cobram (varia de município para município). Por exemplo, digamos que o valor do kWh/mês na sua cidade seja cinquenta centavos, e a sua geladeira consuma cinquenta quilowatt-hora por mês, isso significa que só a geladeira vai custar uns 25 reais na conta de luz. Sabendo do consumo elétrico de cada coisa, você já pode entender como reduzir esse gasto fixo.

Eu separei aqui alguns valores médios de consumo elétrico das coisas que a gente tem em casa. Lembrando que isso varia de acordo com o produto e com o município:

Chuveiro elétrico....................................R$ 3,60 por hora
Micro-ondas...R$ 1,12 por hora
Ar-condicionado....................................R$ 0,96 por hora
Secador de cabelo.................................R$ 0,96 por hora
Notebook..R$ 0,07 por hora
Lâmpada incandescente........................R$ 0,05 por hora
Lâmpada fluorescente...........................R$ 0,01 por hora
Lâmpada de LED....................................R$ 0,005 por hora

---

Ou seja, se você toma todos os dias um banho de quinze minutos, deve gastar uns 27 reais todo mês só com o chuveiro elétrico. Se demora mais do que isso, a conta só aumenta. Da mesma forma, se você dorme com o ar-condicionado ligado a noite toda, vai gastar uns oito reais por dia, ou seja, mais ou menos 270 reais por mês, só em ar-condicionado. Vamos supor que você use aquelas lâmpadas antigas incandescentes, se tiver dez espalhadas pela casa e deixar todas ligadas à noite, já são cinquenta centavos por hora. No fim do mês, somando tudo, você tem uma conta de luz bem recheada. Então, bora mudar alguns hábitos de consumo? O bolso e o planeta agradecem!

Bateu aquela vontade de ir morar sozinho amanhã mesmo? Calma! Eu sei que é superlegal ter o próprio cantinho, mas do ponto de vista econômico pode ser uma péssima ideia. Você vai ter gastos bem elevados que não tem morando com a família. Será que seu bolso está pronto para esse passo? Ou será que rola ficar mais alguns anos debaixo do teto dos pais, enquanto junta dinheiro, se estabiliza no trabalho e deixa tudo certinho para a mudança? Eu sei que a pressa é grande, mas você ainda vai ter muitos e muitos anos para morar só, então não precisa ser tudo para ontem. E não se baseie nos seus amigos e colegas. Se o fulano saiu de casa com dezoito anos, a sicrana alugou um apê com vinte anos, tudo bem. Como diriam as mães: você não é todo mundo. Se for para sair de casa para passar aperto e não ver nem a cor do salário, melhor pensar duas, três, dez vezes antes. Claro que cada caso é um caso. Mas se for tranquilo continuar por mais um tempo na casa onde você está, não tenha pressa.

Brusinhas

Elas podem até ser irresistíveis, mas quase sempre são compras desnecessárias para a sua carteira. As gerações contemporâneas têm uma relação um tanto quanto particular com a moda. Essa galera cresceu em meio a uma cultura pop que mudava de tendência toda semana, o que criava um estado de emergência, em que um look nunca é o bastante. Quem nunca viu um jovem abrir um armário lotado de camisetas, calças, jaquetas e tênis e falar: "Afe, não tenho roupa pra sair". Segundo uma matéria do *Valor Econômico*, as pessoas consomem, em média, 60% mais peças do que há quinze anos, e cada item é mantido no armário por metade do tempo de antes. São 500 bilhões de dólares perdidos todo ano com roupas que vão direto para o lixão, sem chance de serem recicladas.

Esse consumismo chegou a um ponto insustentável até para a própria geração que tanto alimentou a indústria da moda. Hoje, aos poucos, o pessoal está abrindo os olhos para essa situação caótica e está dando chance a brechós, trocas de roupas e uma estética mais minimalista.

A maior parte das dicas que eu tenho para dar aqui aprendi com o meu namorado, o Allan (sim, temos o mesmo nome), então nada mais justo do que dar os devidos créditos a ele e a todas as conversas que já tivemos sobre o assunto. Longe de ser uma futilidade, falar de moda é discutir cultura, consumo e boa parte do futuro da natureza. Ele me apresentou o maravilhoso mundo dos brechós — mas o brechó raiz, com roupas realmente baratas, e não camisetas usadas a cinquenta reais. Eu também tinha preconceito com roupa de segunda mão, mas é que não sabia como consumir de maneira alternativa, sem a comodidade das araras separadas por categorias, com peças da estação que estão bombando no Instagram.

De fato, é preciso se acostumar e aprender a comprar nesses lugares. As peças não vão pular na sua cara, vestidas em um manequim na vitrine do shopping mais próximo. Tem que garimpar. Muitas das minhas roupas favoritas estavam embaixo de uma montanha de camisas. Mas o esforço vale a pena, porque pagar um real na mesma camiseta que ficou por três anos numa loja de departamento custando sessenta reais é uma satisfação sem tamanho.

Outra coisa importante na hora de comprar em brechós é repensar nossa relação com tendências. O Allan sempre me disse que quando a gente encontra nosso próprio estilo, as peças se tornam atemporais. E é verdade. Talvez a cor da estação seja laranja, mas se as suas cores preferidas são rosa e verde, e você entende o seu próprio estilo, não vai importar a cor estampada em todas as vitrines. Assim, o seu armário combina 100% com você em qualquer época do ano.

E, por falar em combinar, outra dica é saber com o que as peças do seu guarda-roupa combinam. Às vezes você amou uma blusa que viu numa loja, comprou e nunca conseguiu usar, porque ela não fica bem com nada que você tem em casa. Por isso, mais uma vez, é importante conhecer o próprio estilo. E isso não quer dizer se limitar. Pelo contrário, é ter liberdade para montar looks com peças diferentes, que você sabe que vão ficar perfeitas em você, e não comprar aquela calça nada a ver que você só gostou porque ficou linda no look do manequim. Comprar de forma inteligente também é uma forma de economizar.

Mas, pensando em economia, também não posso deixar de falar que a gente não precisa de roupa nova todo mês. Muito pelo contrário. Roupa é para ser um gasto especial, um negócio que você consome de vez em quando, com planejamento. É quase como comprar uma tinta nova para pintar a sala. Você não faz isso todo mês e ainda pensa bastante antes de ir à loja. Eu sei que para muita gente é difícil enxergar as roupas desse jeito, mas você precisa repensar o seu consumo de moda para ontem!

Ok, só para não começar radicalizando, vamos pelo menos diminuir os gastos com brusinhas? A primeira tarefa que eu vou passar para quem ainda consome roupa como se fosse água é reduzir o gasto pela metade. Se nos últimos três meses você deixou uma média de cem reais nas lojas, agora só vai poder gastar cinquenta. Daqui a três meses, o valor cai para 25 reais. E assim por diante, até que esse consumo deixe de ser um hábito e se torne uma compra sazonal. Aí sim você vai conseguir se planejar e economizar para comprar quando for realmente necessário.

A segunda tarefa é procurar brechós baratos na sua região. Os mais bagunçados costumam ser os melhores. Têm pilhas e pilhas de roupas (literalmente) e custam menos do que você pode imaginar. Vale a pena tirar um dia para visitar vários e ir mapeando onde estão os mais promissores.

Por último, tente também fazer aquela troca gostosa com os seus amigos. Eles sempre vão ter peças super estilosas que não usam mais e que vão ficar ma-ra-vi-lho-sas em você. Marque um dia para todo mundo se encontrar e levar as peças que não gosta mais, assim você ao mesmo tempo se livra das roupas que só estavam ocupando espaço no guarda-roupa e ainda volta para casa com looks novos, de graça.

Além dessas tarefas práticas, acho que o principal você já pegou, né? Repensar a sua relação com as roupas e com a necessidade de comprar peças novas é uma missão urgente, não só para o seu bolso, mas também por vários outros motivos.

Lanches

Não, eu não vim aqui dizer para você comer menos. Eu mesmo amo comer, então jamais faria isso com você. O que eu vim dizer é para comer melhor. E não me refiro à tabela nutricional (se bem que a gente também deveria dar mais atenção a ela), mas ao bolso mesmo. Gastar menos com comida não significa passar fome. Pelo contrário, às vezes dá até para comer mais gastando menos.

A primeira e principal dica é: aprenda a cozinhar. Se você ainda não sabe, está na hora, meu bem. Você não faz ideia do quanto dá para economizar aprendendo o básico de culinária. Não precisa fazer curso nem nada para cozinhar um arroz e refogar uns legumes. Tem um milhão de receitas na internet (e algumas até aqui neste livro, no capítulo "Chega de miojo"), e são um ótimo ponto de partida para quem não sabe nem fritar um ovo. Eu, particularmente, não sou muito adepto de receitas. Prefiro cozinhar no meu próprio feeling, com meu próprio tempero. Mas para a galera que ainda está queimando todo arroz que tenta fazer, nada melhor do que alguém dizer exatamente quantas xícaras de água colocar e por quantos minutos deixar o fogo aceso. Aos poucos, você vai pegando o jeito e sentindo o prazer que é fazer a própria comida.

Uma pizza congelada pode até parecer mais barata do que comprar todos os ingredientes para fazer um PF em casa, mas em pouco tempo você acaba enjoando e, sem saber cozinhar, apela para o delivery. Aí, meu bem, é que mora o perigo. Você começa com um pedido aqui, outro ali, e quando vê está pedindo todo dia. Assim não há orçamento que dê conta.

Só de cozinhar o próprio jantar de vez em quando e não pedir delivery todas as noites, sua organização financeira fica muito mais equilibrada. Deixe para pedir comida naquela sexta preguiçosa.

E, por falar em preguiça, a gente sabe que é muito mais cômodo almoçar fora todo dia, mas também é muito mais pesado para a sua conta-corrente ou para o seu VR. Então aproveita que você está começando a fazer o próprio jantar e já faz o dobro da quantidade para montar a marmita do dia seguinte. Eu sei que a comida requentada no micro-ondas não compete com aquele prato quentinho do restaurante, mas você não precisa levar todos os dias a refeição de casa, se não quiser. Uma sugestão é reservar as sextas-feiras para almoçar fora. Isso já ajuda muito no orçamento. E se você ganha vale-refeição, pode até pensar em trocar pelo vale-alimentação e usar essa grana no mercado — vai aliviar também as contas de casa.

Com almoço e jantar resolvidos, precisamos falar do elefante na sala: os lanches. É pão de queijo de manhã, rissole de tarde, café com pastel assado no intervalo da faculdade. Assim não dá, né? Eu e os nutricionistas vamos concordar que esses hábitos precisam mudar urgentemente. Levar uma banana de casa para matar aquela fome da tarde é muito mais nutritivo e barato do que ir no mercadinho comprar um salgado + refrigerante. Já aproveita e leva um cafezinho passado em casa numa térmica para dividir com os colegas. Dá até para combinar que cada um fique responsável por um dia da semana. É só pensar um pouco além da comodidade que você consegue guardar a fortuna que está gastando sem perceber. Ou melhor, espero que tenha percebido pelo menos na hora de calcular cada salgadinho comprado nos últimos meses. Que tal somar tudo e ver quanto gastou em lanche? Vai ser uma surpresa, eu garanto.

Rolês

Sextou? Sextou! E eu jamais viria aqui dizer que não pode sextar. Só que não precisa voltar para casa falido toda vez que for em um rolê, né? Se você parar para somar o carro da ida, a cervejinha do esquenta, o lanche para não passar fome na madrugada, a segunda rodada de cerveja, outro carro para ir até a balada, o ingresso superfaturado, os drinks caríssimos, a grana do *after*, o carro da volta... Não tem saúde financeira que aguente!

E isso só para citar esses rolês noturnos. Porque aqueles passeios de sábado à tarde no shopping, em que você passa em três lojas diferentes e sai com uma sacola de cada, mais o lanche na praça de alimentação, a sessão de cinema com pipoca extragrande, a casquinha de sorvete de sobremesa, o transporte... Só aí você já deixa uma boa fortuna para trás.

E o problema maior é que a maioria das pessoas só conhece rolês que giram basicamente em volta do consumo. Vamos reunir os colegas? Happy hour no pub gourmet. Vamos num *date* com o *crush*? Restaurante com uma conta de três dígitos no fim da noite. Vamos rever a galera? Festa cara que nem mesmo é *open bar*.

Além de reduzir o número de rolês no mês, a ideia é também pensar em coisas diferentes para fazer, que custem pouco ou, quem sabe, nada. Pode até parecer muito hippie, mas vai dizer que ir a um parque e passar a tarde sentado na grama com a galera não é da hora? Ou quem sabe reunir todo mundo para beber em casa, com *nachos* e guacamole. Pensar fora da caixa vai te fazer economizar muito dinheiro e ainda se divertir mais do que nos rolês que está todo mundo fazendo.

Você já experimentou turistar na sua própria cidade? Conhecer lugares aonde nunca foi, ou então revisitar pontos em que nunca prestou muita atenção? Um rolê de arquitetura, museus, arte, paisagismo, parques, pontes... Olha que chique! Quando a gente se permite, a cidade vai nos levando de um lado para outro e, quando perceber, já anoiteceu e você não quer nem ir para casa. No fim do dia, pode até passar num bar e beber uma cerveja comendo batata frita. De novo: eu não estou aqui para proibir você de gastar dinheiro. Só quero que o faça com mais consciência. Depois de um dia inteiro de economia, um barzinho ainda cabe perfeitamente no orçamento.

Outro rolê muito massa é ir ao teatro. Tem gente que já teve mil e uma oportunidades, mas nunca pilhou de ir. Não sabem o que estão perdendo. Além de ajudar os artistas a pagar os próprios boletinhos, você facilmente encontra peças por preços muito mais acessíveis do que qualquer sessão de cinema no shopping. Então, que tal olhar o que está em cartaz na sua cidade e juntar os migos para ir todo mundo junto?

Tá, mas e a baladinha no fim de semana? Vai continuar, é claro. Só que não precisa ser todos os fins de semana, né? Uma ou duas vezes por mês, no máximo, já tá de bom tamanho. O fígado agradece também. E por falar em bebida, a melhor coisa é fazer um esquenta antes de

entrar na festa. Você bebe gastando menos e não precisa pagar cinquenta reais nos drinks da balada. E não esqueça: hidrate-se! Essa dica não tem muito a ver com dinheiro, mas acho importante lembrar.

5

ASCENDENTE EM LIBRA:
Equilíbrio é tudo!

A balança do signo de Libra vai servir aqui como nossa guia para uma vida financeira equilibrada e sem extremos. Se por um lado não queremos que você entre na vida adulta criando dívidas infinitas, com medo de olhar a fatura, gastando mais do que ganha e sem a menor ideia do que está fazendo com o seu dinheiro, por outro também não é nosso objetivo buscar uma vida de privação e de renúncia a tudo que é bom na vida para chegar à velhice com o colchão cheio de grana e sem ter realizado suas metas. O dinheiro não é um fim, mas um meio e, como tal, serve para nos ajudar a atingir nossos objetivos. Ele não existe para ficar trancado a sete chaves em um cofre enquanto você passa perrengue e vontade todos os dias.

Por isso, vamos falar um pouco sobre a difícil tarefa de encontrar esse ponto de equilíbrio e como se aproximar da estabilidade financeira.

Nem oito nem oitenta

Eu espero que a esta altura do livro você já tenha definido pelo menos um ou dois objetivos realistas para fazer com o seu dinheiro. Se ainda não o fez, volte na p. 51, na parte "Objetivos (realistas, tá)", em que falamos sobre a importância de traçar metas e prazos. É só assim que o dinheiro ganha vida e deixa de ser apenas um número na conta-corrente que você não pensaria duas vezes antes de gastar por impulso. Com objetivos claros, você sabe que, ao tirar o dinheiro das suas economias, o prazo para concretizar o seu plano vai ficar cada vez maior. Aquela viagem que era para acontecer no final do ano começa a ser adiada todo mês.

Isso significa que você não pode viver o presente e que só deve se preocupar com o futuro? De jeito nenhum! É exatamente por isso que a grana que você guarda é diferente daquela disponível para gastar no dia a dia. Sem essa separação, a gente acaba indo para um dos dois extremos: ou guardamos quase tudo o que sobra e não nos permitimos nem mesmo pedir uma pizza numa sexta à noite, ou gastamos tudo em um fim de semana e os nossos planos para o futuro que lutem.

Então, lembre-se de sempre começar o mês dividindo seu salário. Uma parte, obviamente, vai para pagar as contas, outra vai para os gastos diários, outra vai para os gastos do futuro — e aqui podemos separar em três: curto, médio e longo prazos — e, idealmente, uma parte ainda vai para a aposentadoria e outros investimentos — ou para a reserva de emergência, que deve somar pelo menos três meses do seu salário, se você tiver carteira assinada, e pelo menos seis meses da sua renda habitual, se você for autônomo (a prioridade é sempre completar essa reserva, e só então começar a fazer outros investimentos). Essa separação não pode ser feita lá no final do mês com o que sobrou, porque tem grandes chances de não sobrar nada! E é claro que as despesas essenciais podem acabar comendo quase toda a nossa renda, mas a questão aqui é se atentar aos gastos não emergenciais que não estavam previstos. O delivery que passou do limite no último mês, os cinco ou dez reais de cada viagem naquele aplicativo de carona que somados dão quase uma passagem de avião, aquele espremedor de laranja semiautomático que você viu no anúncio e não podia deixar de comprar por nada neste mundo...

Diminuindo o ritmo e olhando com racionalidade para as nossas compras por desejo, percebemos que muitas delas só fizeram os nossos objetivos futuros ficarem mais distantes sem necessidade. Por isso é essencial estabelecer uma data para o que queremos. Por exemplo, se o seu objetivo a curto prazo é tirar a carteira de motorista, calcule desde já todas as despesas que vai ter para isso: o valor das aulas teóricas e práticas, do simulador, dos exames, das provas (vale até guardar um adicional para se não passar de primeira, algo que é supernatural), e demais gastos burocráticos. Feito isso, coloque uma data realista para começar o processo. Digamos que seja daqui a um ano, quando estão previstas as suas férias. Ok, então temos doze meses para juntar essa grana. Agora é hora de dividir o valor total por doze e saber o quanto guardar todo mês.

Vamos considerar que o valor total será 2400 reais. Então é necessário guardar duzentos reais por mês. Se esse for um valor muito alto e a carteira de motorista não for uma prioridade tão grande, talvez seja o caso de esticar um pouco o prazo. Mas se você fizer questão de manter a data, então pode conferir as condições de parcelamento, sem problemas. Só não esqueça de checar os juros e de parcelar pelo menor número de vezes possível. Uma opção poderia ser pagar metade à vista e parcelar a outra metade, juntando cem reais por mês até lá. Se esse cálculo for realista para o seu caso, então é só equilibrar esse gasto futuro com os atuais, e assim você não precisa abrir mão de tudo o que gosta agora nem desistir de tirar a sua tão sonhada carteira de motorista.

E isso vale para qualquer objetivo. A ideia é encontrar o ponto de equilíbrio entre o prazo máximo e a média de gastos cotidianos (depois de reduzir aqueles que não são tão necessários, é claro).

A tal da estabilidade financeira

Favor não confundir com ficar rico. Nossa meta aqui não é atingir a riqueza (se chegar lá, ótimo, mas primeiro vamos manter os pés no chão). Estabilidade financeira não diz respeito a quanto você ganha, mas a quanto suas finanças estão sob controle e dentro do planejado, sendo observadas de perto por você e com o equilíbrio que a gente vem falando tanto.

Claro, isso não significa que qualquer pessoa pode ter estabilidade financeira independente da renda. A gente vive em um país extremamente desigual, e infelizmente boa parte do povo brasileiro precisa se sustentar com menos de um salário mínimo. De acordo com uma pesquisa levantada pelo IDados em 2021, 34,4% dos trabalhadores recebe até um salário mínimo. Não tem como falar para economizar 10%, 15%, 20% da renda quando só o aluguel e as contas mais básicas já esgotam praticamente tudo o que a pessoa recebe por mês. Nesse contexto social, estabilidade financeira não é uma tarefa apenas individual, é principalmente do governo.

Dito isso, e sem nunca ignorar o contexto em que vivemos, vale o questionamento: o que é estabilidade financeira para você, para a sua vida? Talvez para alguns seja conseguir guardar 10% do salário todo mês, mas para outros pode ser sair do vermelho e quitar as dívidas. O importante aqui é entender suas prioridades e fazer tudo dando um passo por vez.

Se hoje você gasta mais do que ganha, mas no planejamento que fizemos lá atrás diagnosticou que poderia gastar bem menos, então sua estabilidade vai chegar quando as contas se equilibrarem e você conseguir fechar o mês no zero a zero.

Se você já fecha o mês no zero a zero, então sua estabilidade vai estar muito mais focada em sair dessa situação e passar a ter um dinheirinho guardado que cresça a cada mês. Nesse caso você precisa estabelecer uma meta de quanto conseguiria juntar e entender o que é preciso fazer para chegar nesse valor, como cortar gastos desnecessários, economizar em algumas contas, pesquisar opções mais baratas na hora das compras etc.

Agora, se já está sobrando uma graninha, a estabilidade financeira vai ser traçar objetivos e conseguir manter o equilíbrio dos gastos dali em diante. E isso é que nem alimentação equilibrada: não é só por um ou dois meses, mas um hábito para a vida toda!

O peso das dívidas

A gente sabe que a balança dificilmente vai ficar equilibrada se no lado negativo temos um monte de dívidas acumulando e fazendo peso todos os meses no nosso orçamento. O número de brasileiros endividados chegou a 79% em 2022, segundo levantamento da Conferência Nacional do Comércio (CNC). Isso significa que a cada dez pessoas no nosso país, oito têm dívidas. Dessas, 29% têm contas em atraso. Dá para ver que a situação não tá nada fácil, né? Mas vale ressaltar que ter dívidas não significa estar com as finanças fora de controle. Um empréstimo ou parcelamento bem planejado pode ser muito bem-vindo, desde que a balança esteja equilibrada.

Mas, afinal, o que são dívidas? Nada mais do que o compromisso de pagar determinado valor num prazo estipulado. Em caso de atraso, o endividado passa a ser inadimplente (e aí, sim, a coisa começa a ficar feia, porque os juros podem transformar uma parcela baixa em um verdadeiro monstro monetário, além do risco de sujar o seu nome na praça). Dessa forma, toda vez que você compra algo e parcela em vez de pagar à vista, está criando uma dívida; e exatamente o mesmo acontece quando se faz um financiamento para pagar carro, casa ou faculdade. Por isso, a dívida em si não é um problema. Muitas vezes não temos como esperar juntar toda a quantia necessária para comprar algo à vista — e em alguns casos o parcelamento pode até valer mais a pena mesmo. Se há uma baixa de preços no mercado, por exemplo, é melhor aproveitar o momento do que esperar alguns meses e acabar pagando mais caro.

A dívida só se torna algo prejudicial às suas finanças quando ela compromete o orçamento que você estipulou. Acabar se perdendo nesse planejamento é muito fácil, porque às vezes deixamos de acompanhar a nossa fatura do cartão de crédito todos os dias, optando por tomar o susto todo de uma vez, lá no fim do mês. Se esse é o seu caso, é importante que você comece a anotar as compras parceladas — seja no papel, numa planilha ou em algum aplicativo, o que funcionar melhor para você. Tenha em mente o orçamento que você estipulou para cada categoria de gastos e fique atento para manter o valor das dívidas dentro do seu limite mensal.

Não é só sobre dinheiro

Estabilidade não é só sobre dinheiro. Aliás, dinheiro aqui está longe de ser o nosso real objetivo. Ele só faz sentido se nós temos onde gastá-lo, seja hoje à noite ou daqui a cinquenta anos. O que importa não é o prazo, mas que o dinheiro serve para a nossa vida — e não a nossa vida que serve ao dinheiro. Por isso faço questão de repetir que o nosso rolê não é sobre enriquecer, mas ter controle sobre a própria vida financeira e conseguir pagar os boletinhos sem surtar.

Falando nisso, estabilidade e saúde financeiras estão muito ligadas à saúde mental. Não tem como colocar a cabeça no travesseiro e dormir tranquilo se você não sabe como vai fazer para pagar a conta na segunda-feira que vem. A prioridade de se organizar e de manter o dinheiro sob controle é ficar em paz com o próprio bolso, poder comprar algo que queira muito sem culpa e sem pensar que vai ter que se virar amanhã para pagar. É saber quando vai ser possível chegar a tal objetivo, sem precisar apertar tanto o cinto a ponto de ficar sem fôlego.

Conforme o controle financeiro vai se incorporando à sua rotina, o dinheiro deixa de ser uma preocupação que perturba suas noites de sono e se transforma em uma tarefa normal, assim como trabalhar, estudar, tomar banho, escovar os dentes, lavar roupa etc. Continuar ignorando essa tarefa e ficar adiando o dia de finalmente sentar e montar seu planejamento só vai causar ansiedade e estresse. E, depois de começar, você vai ver que é algo muito mais tranquilo e intuitivo do que parece. Só tem que dar esse pontapé inicial, porque a sua carteira não vai se organizar sozinha!

Depois disso, você vai se olhar no espelho e contemplar a tranquilidade de quem tem a saúde financeira em dia e não tem mais medo de ver o saldo da conta no fim do mês, que não recusa todo rolê que surge depois do dia 15, que sabe exatamente quanto dinheiro tem no bolso e o usa com racionalidade para comprar coisas e experiências com que sempre sonhou. Chega a dar uma paz de espírito, né? Então, bora começar de vez essa jornada pela vida adulta?

PRA QUE COISAS DA VIDA ADULTA VOCÊ NÃO ESTAVA PREPARADX ?

ATÉ TER QUE APRENDER NA MARRA

6

Virei adulto, e agora?

Aquela ansiedade por completar dezoito anos logo, conquistar mais liberdade e independência, fazer o que você quiser sem pedir autorização dos pais. Tudo isso é ótimo, mas vem com novas responsabilidades e tretas da vida adulta que muitas vezes a gente nem imaginava.

Tenho que pagar imposto de renda? Como usar o cartão de crédito? E o tal cheque especial, o que é? Minha lista de mercado precisa ter algo além de miojo e refrigerante? Essas são só algumas dúvidas que começam a surgir na cabeça do jovem adulto, e são coisas que a gente costuma ir descobrindo na marra. Mas felizmente este é um livro de boas-vindas à vida adulta, e por isso mesmo vamos passar por essas e outras questões para deixar o caminho mais leve e claro na sua jornada.

Então, antes de mais nada, vamos começar pelo começo: como você vai ganhar dinheiro?

O que você quer ser quando crescer?

É realmente muita pressão querer que uma pessoa de dezoito anos (ou até menos) decida que carreira quer seguir pelo resto da vida. A boa notícia é que não precisa ser para sempre! Você pode entrar em um curso técnico, profissionalizante ou superior agora, mas pode muito bem resolver trocar no meio do caminho, depois de se formar ou até já com anos de carreira. Muitas pessoas mudam de profissão e ficam muito felizes com essa decisão. Portanto, não se sintam tão pressionados.

Dito isso, é importante ter em mente quais são seus gostos e habilidades. Por exemplo, você é mais de humanas? Adora desenhar, escrever, debater questões sociais e filosóficas? Ou é apaixonado por exatas e se dá muito bem com números, fórmulas e vive assistindo a documentários sobre astronomia? Pode ser também que você seja mais das biológicas, adore animais, ecologia e já tenha maratonado todas as temporadas de *Grey's Anatomy*.

Independente da área, é legal pesquisar quais profissões estão ligadas às suas preferências, levando em conta as suas possibilidades no momento. Talvez uma faculdade não seja viável agora, mas não tem problema, pois existem ótimos cursos técnicos que vão te dar uma formação e abrir portas no mercado de trabalho. Minha mãe, por exemplo, fez um curso técnico em enfermagem e exerce até hoje a profissão que ama. Eu fiz faculdade de comunicação, mas antes disso tinha passado no vestibular para cinema — o problema é que era para uma faculdade particular, e nós não tínhamos condições de bancar a mensalidade. Felizmente, depois consegui ingressar numa universidade pública.

Isso é para mostrar que fazer um curso superior não é uma regra, e você consegue sobreviver sem ele. Mas se tem isso como objetivo, saiba que também é para você, sim. A universidade não é só para os filhos da elite. Claro, o caminho pode ser mais difícil para quem não tem tantos privilégios, mas não desista antes de tentar. Inclusive, tem algumas maneiras de facilitar esse caminho:

• **ProUni:** é um programa do Ministério da Educação (MEC) que oferece bolsas de estudo integrais ou parciais para você estudar em uma universidade particular. Para se candidatar, precisa fazer o Enem e comprovar renda de até 1,5 salário mínimo por membro familiar para bolsas integrais, ou até três salários mínimos para bolsas parciais.

• **SiSU:** se você quer concorrer a uma vaga em uma universidade pública, o SiSU é outro programa do MEC que facilita seu ingresso em uma instituição de ensino superior. Mais uma vez, é preciso fazer o Enem para se inscrever. Os alunos com as maiores notas concorrendo a determinada vaga serão selecionados.

•**Fies:** diferente do ProUni, o Fies não é um programa de bolsas, mas de financiamento. Ele serve para você ingressar em uma instituição de ensino superior privada sem ter que desembolsar o valor integral logo de cara. Vale se informar sobre os detalhes no portal do programa e entender como ele pode se aplicar à sua realidade: <portalfies.mec.gov.br>.

•**Financiamento direto com a instituição:** além do Fies, também existem programas de financiamento internos das instituições de ensino superior. Cada um vai ter regras e condições próprias, então é uma boa você entrar em contato com os lugares onde gostaria de estudar e pedir mais informações.

•**Pronatec:** saindo um pouco do ensino superior, também existem programas de auxílio para quem quer fazer um curso técnico. O Pronatec é um programa que oferta, através de instituições parceiras, cursos técnicos gratuitos para quem é de escola pública, bolsista em escola particular, estudantes do EJA, trabalhadores e beneficiários de programas de transferência de renda.

Essas são algumas maneiras de tornar o ingresso às instituições de ensino mais fácil. Mas é claro que, depois de ver seu nome na lista de aprovados e enfim começar o curso, nem tudo serão flores. A vida de estudante ainda reserva alguns perrengues.

Profissão: estudante

Você trabalha ou só estuda? Ninguém aguenta mais essa pergunta, né? Quem acha que a vida de estudante é assistir a duas horinhas de aula e ficar o resto do dia de pernas para o ar está muito enganado. Além de meia dúzia de matérias no semestre, créditos eletivos, atividades complementares, projetos de extensão, trabalhos, provas, apostilas, livros e tudo mais que o universo acadêmico exige, ainda tem o fato de você estar no início da vida adulta e ter pouca (ou nenhuma) renda própria.

Por isso, é importante ter desde já uma boa organização financeira (aquela que falamos no capítulo "Sol em Virgem") e ter alguns macetes na hora de colocar o planejamento financeiro em prática. Além de anotar todos os seus gastos (não preciso nem falar, né?), também precisa economizar em coisas como materiais de aula, livros, cursos, alimentação, moradia etc.

Dependendo do seu curso, você pode ter que comprar materiais específicos, que podem variar desde uma faca de chef para estudantes de gastronomia até computadores potentes para a galera do design. Cada especialidade vai demandar investimentos diferentes, e isso é inevitável. Mas você pode reduzir os gastos com esses itens ao buscar alternativas. Muitas vezes pode adquirir algum material usado por um valor mais acessível ou até mesmo herdar coisas dos veteranos — eu economizei montanhas de dinheiro em apostilas graças aos meus veteranos, que as passavam adiante com a condição de que a gente fizesse o mesmo no semestre seguinte. Buscar livros em sebos também é sempre uma ótima ideia, além de usar bastante a biblioteca da faculdade.

Você também pode ter que desembolsar uma grana com cursos livres que vão complementar sua formação. Aqui, uma boa dica é dar uma olhada nos cursos on-line disponíveis internet afora. Existem vários de qualidade que são gratuitos ou bem baratinhos.

Currículo

Com os estudos em dia, está na hora de se jogar no mercado de trabalho, e essa jornada costuma começar pelo estágio. Vai ser uma correria conciliar trabalho e estudo, mas é importante que você adquira experiência prática na sua área para se tornar um profissional pleno no futuro.

Aproveite para perguntar tudo que você não sabe a colegas e supervisores, compartilhe experiências, coloque na prática o que você está aprendendo em sala de aula. Muitas vezes o trabalho de estagiário pode parecer chato, mas todo mundo precisa começar de algum lugar, né? Então use esse momento a seu favor.

E o que você precisa para conseguir um bom estágio? Além das suas qualidades pessoais, também precisa mostrar para as empresas do que é capaz, o que sabe e quais são as suas metas. Tudo isso pode ser resumido em uma folhinha de papel que chamamos de currículo.

Ele precisa ser:

///// **Objetivo:** vá direto ao ponto, sem enrolação.

///// **Resumido:** curto e claro, em uma página apenas.

///// **Atrativo:** com aquela "cara" de profissional.

Acima de tudo, precisa ser objetivo. Muitas vezes, quem está lendo seu currículo tem uma pilha com dezenas de outros para ler, e ninguém vai ter paciência de olhar até o final se você enrolar demais. Eu sei que muitas vezes a gente quer enfeitar e passar credibilidade, enchendo de palavras bonitas e complicadas. Mas na prática tem que ser o oposto. Quem está acostumado a receber currículos vai sacar esse truque logo de cara. O que os recrutadores querem é saber em poucos segundos quem você é e o que faz. Pronto. Se conseguir se vender em poucas palavras já são vários pontos a mais na seleção.

Além disso, também é muito importante dar um ar profissional ao currículo para mostrar que você está apto para o mundo do trabalho. Um currículo bem escrito, bem diagramado e bem acabado dá essa cara de *business woman* ou *business man* que a gente quer.

Aqui vai um checklist de pontos essenciais para você ter no currículo:

☐ **Dados básicos:** nome, telefone, e-mail e cidade são essenciais, logo no topo da página.

☐ **Profissão:** de cara, você também deve informar qual a sua especialidade. Designer, jornalista, enfermeiro, programador etc.

☐ **Formação acadêmica:** onde estudou e quais outros cursos fez. Organize do mais recente ao mais antigo. Se fez algum curso livre que não tem nada a ver com a profissão, talvez seja melhor nem mencionar — lembre-se de ser objetivo.

☐ **Experiência profissional:** onde você já trabalhou e o que fazia lá. Pode ser algum antigo emprego, estágio, uma bolsa de extensão ou iniciação científica da faculdade, freelancer... O importante é mostrar seu grau de experiência no mercado de trabalho.

☐ **Habilidades:** liste (sempre de forma objetiva) o que você sabe fazer — se é estudante de jornalismo e é bom em fotojornalismo, por exemplo. Mostre seus diferenciais.

☐ **Portfólio:** algumas vagas exigem um portfólio, que é uma seleção dos seus melhores trabalhos. E se esse é o seu primeiro emprego, não tem problema. Vale colocar trabalhos da faculdade, projetos pessoais etc. Qualquer coisa que mostre suas habilidades na prática.

Dependendo da sua área, talvez precise de um ou outro item que não está na lista acima, mas basicamente é isso que você deve ter no seu currículo. Agora, vamos ver como fica na prática? Temos aqui o currículo da Paula — uma personagem fictícia do nosso livro:

Paula da Silva

Jornalista

📱 (99) 999999999 ✉ pauladasilva@email.com

📍 São Paulo

Formação Acadêmica

Graduação em Jornalismo pela UniBoletinhos • 2020 - atual

Curso de Fotografia na Escola Boletinhos • 2019

Curso de Inglês na Little Bolets • 2014 - 2019

Experiência Profissional

Estágio no Jornal BoleNews • 2020 - 2021
Estagiária no caderno de esportes do jornal, em que atuei como repórter e fotógrafa

Bolsa de extensão no Jornal da Universidade • 2020
Bolsista de extensão no Jornal da Universidade, em que atuei como fotojornalista

Habilidades

- Redação
- Diagramação
- Fotografia
- Comunicação
- Edição de fotos
- Inglês avançado

Morando sozinho

Então chegou o fatídico dia em que você vai dar tchau para a casa dos pais e se aventurar sob seu próprio teto? Bom, o que eu posso dizer é que uma nova vida te espera, e ela não tem nada a ver com filmes de jovens badalados em Nova York.

Louça suja, máquina cheia de roupa para lavar, comida para fazer, lista de mercado, dia da faxina, boleto do aluguel... Várias coisas entram com você na sua casa nova, e é importante que se prepare para elas. Ou seja, antes de anunciar para a sua família que eles vão se livrar... digo, que eles vão sentir sua falta, planeje muito bem sua nova vida morando sozinho.

Em primeiro lugar, pesquise preços de aluguel na sua cidade e veja se você realmente pode arcar com esse custo no momento. Às vezes, a gente faz dezoito anos e já quer sair às pressas de casa, mas se você puder, a dica é esperar mais um pouco, guardar dinheiro e se estabelecer mais financeiramente. Pode parecer uma eternidade, mas esse tempo passa voando.

Além de morar completamente sozinho, também existem alternativas que tornam esse rolê todo mais barato. Dividir o apê com outras pessoas pode ser uma saída para tornar isso mais viável. Ou até mesmo procurar por repúblicas, onde os custos sem dúvida serão bem menores.

Só se prepare para ter muito diálogo com os colegas de casa, estabelecer regras gerais e dividir muito bem as tarefas. O mesmo vale pra quem vai morar com o mozão.

Claro, além do aluguel, você também precisa colocar na ponta do lápis o valor de condomínio, IPTU, luz, água, internet, mercado e outros gastos que vão cair todinhos sobre você e o seu bolso. Depois que a sua renda for compatível com essas despesas, volte a procurar apartamentos e leve em consideração alguns itens na hora de escolher:

	Sim!	Nah.
É perto de onde você estuda e trabalha?	☐	☐
Se não for, tem ponto ônibus/ metrô por perto?	☐	☐
Precisa pegar duas conduções?	☐	☐
Tem mercado, farmácia e outras conveniências na área?	☐	☐
Dá para ir a esses lugares a pé?	☐	☐
O imóvel está pronto para morar ou precisa de algum reparo/ alguma modificação?	☐	☐
Se você tiver carro, o prédio tem estacionamento?	☐	☐
O prédio tem porteiro, sistema de segurança etc.?	☐	☐
Se não tiver, será que o valor do condomínio não está muito alto?	☐	☐
Entra luz natural?	☐	☐
O tamanho é suficiente para você ou precisa de mais espaço?	☐	☐
O apartamento tem algum problema que vá te causar estresse mais para a frente, como cupins ou infiltrações?	☐	☐
O contrato exige fiador, seguro ou comprovação de renda? Você consegue cumprir essas exigências?	☐	☐

É lógico que nunca vamos achar o imóvel perfeito, aquele que se encaixa direitinho no nosso orçamento com tudo que a gente quer. Mas às vezes leva tempo mesmo até achar um que faça você dizer: "É este!". Só não faça nada por impulso. Sempre pesquise e compare antes de tomar qualquer decisão.

Ok, você encontrou seu novo lar. E agora? Agora vem toda aquela parte burocrática, que ganhou um capítulo especial só para ela na página 115. Depois de superar toda a papelada, agora sim posso descansar, certo? Ainda não. Suas coisas não vão aparecer como mágica no apê novo. Chegou a hora da mudança, e isso envolve mais um custo. Seja uma Kombi pequena ou um caminhão, você vai precisar pedir orçamentos e comparar valores. Os preços podem variar bastante, e se você não tem um parente com uma caminhonete disposto a ajudar, provavelmente vai ter que desembolsar essa grana.

Claro que quanto mais coisas você tiver, mais caro fica. Faça uma listinha de tudo que vai levar, e também de tudo que precisará comprar. Você pode levar a cama e o armário, mas talvez tenha que comprar geladeira, fogão, micro-ondas, sofá... Nessa hora, é sempre bom dar uma olhada em produtos de segunda mão em sites e grupos de Facebook. Você pode economizar bastante desse jeito, o que é muito bem-vindo nessa hora de tantas despesas.

Feita a mudança, agora tá valendo! Você oficialmente mora só. E agora? Agora pode seguir o @omorandosozinho no Instagram, que tá cheio de dicas para esse seu novo momento de vida. Serão várias descobertas a cada dia, coisas que você vai aprendendo na prática mesmo. Mas isso não quer dizer que a gente não possa se planejar um pouco, né? Aqui vai uma listinha de afazeres para ter em mente quando se mudar:

- **Lavar a louça todos os dias**
  (ou o mais próximo disso);
- **Descer com o lixo**
  (principalmente o orgânico);
- **Lavar a roupa quando o cesto estiver cheio**
  (e o clima permitir);
- **Limpar a casa**
  (escolha um dia fixo da semana pra fazer isso e marque no calendário);
- **Fazer uma lista de compras**
  (não vá ao mercado com a lista só na sua cabeça – você vai esquecer o essencial e voltar com um monte de coisa que nem precisava);
- **Cuidar do prazo de validade dos alimentos**
  (não deixe as coisas apodrecerem na geladeira — veja o que pode ser congelado, e não compre em quantidades muito grandes se você não consegue consumir a tempo);
- **Dê água para as plantas;**
- **Dê comida para os pets;**
- **Tenha um caderninho com o contato de prestadores de serviço,** como encanador, eletricista, chaveiro. Você pode precisar deles quando menos esperar;
- **Aproveite seu novo lar!**

Chega de miojo

Aquela comidinha da casa dos pais que chegava a abraçar o coração dá lugar a um cardápio de miojo e pizza congelada na vida da maioria dos jovens que resolvem morar sozinhos. Mas você não precisa (nem deve) fazer parte dessa estatística. Sua saúde agradece, inclusive.

E cozinhar não precisa ser sinônimo de pratos rebuscados que levam três horas só para montar o *mise en place*. Se você tiver que dedicar muito tempo do seu dia para cozinhar, em menos de uma semana vai acabar voltando para os três minutinhos mágicos do miojo. A cozinha do dia a dia precisa ser prática e simples.

A primeira coisa que precisamos entender é que preparar uma refeição é algo intuitivo. Nas sobremesas, siga cada grama que a receita mandar, mas para a comida salgada, em geral podemos seguir o coração e improvisar nossos próprios temperos. Coloque um pouco de sal, experimente, adicione mais um pouco, talvez uma pimenta-do-reino, limão espremido, açafrão, páprica, curry... Os temperos são aquilo que dá vida para o prato. Normalmente, as pessoas que não têm muita familiaridade com a cozinha colocam só uma pitadinha de sal e depois reclamam que a própria comida não é tão boa quanto a da mãe. Não tenha medo de acrescentar mais e mais camadas de sabor na sua panela!

A segunda coisa é planejamento. Para fazer uma refeição boa, você precisa ter os ingredientes em casa. Então procure algumas receitas que goste, faça uma lista do que precisa comprar e depois é só pôr a mão na massa (muitas vezes literalmente). Além disso, você já vai pensando em que dia vai fazer o quê. Na segunda vai se arriscar a fazer seu primeiro purê de batatas? Terça vai ser o dia do macarrão com tomates? Quarta você vai perder o medo da panela de pressão e preparar seu primeiro feijão? Planeje tudo isso também, levando em consideração o tempo de cada receita. Ah, e é sempre bom fazer uma porção para duas ou três pessoas, assim você cozinha para o almoço e tem comida pronta para o jantar e até para o dia seguinte.

E isso nos leva para a nossa terceira coisa, que é o estoque. Estocar comida é a salvação do jovem que mora sozinho. Uma boa dica é tirar o domingo à noite para preparar boa parte das refeições que você vai comer durante a semana. Tem gente que consegue fazer comida para a semana inteira. É só preparar quantidades generosas, já separar em marmitinhas e congelar para apenas esquentar no micro-ondas quando for comer. Acredite, cozinhar todo santo dia não é fácil, e pode fazer você desistir do fogão e acabar no delivery várias vezes.

E para você não partir do zero, eu separei algumas receitas bem básicas, de comidas do dia a dia, para te animar a começar suas aventuras culinárias hoje mesmo. O objetivo não é transformar isto aqui num livro de receitas, mas é interessante você ter familiaridade com alguns pratos básicos da mesa dos brasileiros. E eu sei que cada família tem a sua receita de arroz e feijão, então considere essas como versões que você pode adaptar, perguntar como seu pai tempera, como sua avó faz para o caldinho ficar tão gostoso e até para você colocar sua própria pitada de criatividade. Este é só um ponto de partida.

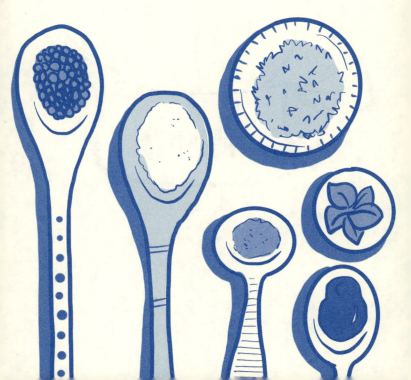

COZINHANDO COM BOLETINHOS

Receita de arroz

- 1 xícara de arroz branco
- Cebola picada
  (eu coloco ½ cebola, mas siga seu coração)
- Alho picado
  (eu coloco 2 ou 3 dentes)
- Sal
- Água
- Óleo

Ponha água em uma chaleira para ferver. Enquanto isso, pique a cebola e o alho. Numa panela, acenda o fogo médio e coloque um fiozinho de óleo (apenas o suficiente pra cobrir o fundo da panela). Espere um minutinho até o óleo esquentar e adicione a cebola. Depois de uns trinta segundos, acrescente o alho (ele queima mais rápido do que a cebola, por isso é melhor adicioná-lo depois). Mexa para refogar por mais um minutinho e coloque o arroz. Adicione o sal (eu costumo usar uma colherinha de chá rasa). Mexa para o arroz fritar por uns dois minutos. Adicione a água quente. Despeje o suficiente para ficar uns dois dedos acima do arroz. Tampe a panela, deixando uma frestinha para o vapor sair. Espere a água secar e o arroz formar uns "furinhos" (leva mais ou menos vinte minutos).

Bom apetite!

Receita de feijão

- 2 xícaras de feijão
- 2 folhas de louro
- ½ cebola picada
- Alho
(depende do quanto você gosta, mas eu coloco uns 4 dentes)
- Óleo
- Sal
- Temperos a gosto
- Água

Lave e deixe o feijão de molho na água por pelo menos três horas (se puder deixar de um dia pro outro, melhor). Depois escorra. Na panela de pressão, coloque o feijão e adicione água suficiente para cobrir e ainda ficar uns dois dedos acima. Acrescente duas folhinhas de louro. Tampe bem a panela e acenda o fogo. Espere até pegar pressão (ou seja, quando começar a chiar) e então diminua o fogo e cozinhe por uns 25 minutos. Enquanto isso, é hora de fazer o tempero. Aqueça uma panela e adicione um fio de óleo. Refogue a cebola e o alho (lembrando que o alho queima mais rápido). Depois que o feijão estiver cozido, tire a pressão (leva uns cinco minutos) e abra a panela. Despeje o feijão no refogado. Dica: pegue uma concha desse feijão e amasse bem em outro recipiente, depois retorne essa pastinha para a panela. Isso vai engrossar o caldo. Use sal e o que mais quiser de tempero.

Bom apetite!

Receita de macarrão

- Macarrão
- Extrato de tomate
- Molho de tomate
- Cebola
- Alho
- Óleo
- Sal

Em uma panela, ponha bastante água para ferver. Enquanto isso, pique o alho e a cebola. Quando a água ferver, adicione uma ou duas colheres generosas de sal (depende de quanto macarrão você vai fazer). Coloque o macarrão e ligue o timer do celular com o tempo indicado na embalagem (isso varia, mas costuma ser uns sete minutos). Em outra panela, esquente um fio de óleo e refogue a cebola e o alho (lembrando que o alho queima mais rápido). Adicione o extrato de tomate e misture. Coloque o molho de tomate (pode ser daqueles prontos de mercado mesmo, não se cobre tanto) e misture. Acrescente o sal e o que mais quiser de tempero (eu amo usar pimenta-do-reino, açafrão, páprica defumada e orégano). Espere o molho começar a ferver e tampe. Assim que a massa estiver pronta, escorra a água e misture na panela do molho ou sirva à parte.

Bom apetite!

Receita de purê de batatas

- 5 batatas grandes
- Manteiga ou gordura vegetal (margarina)
- Sal
- Água
- Creme de leite (opcional)

Descasque as batatas, pique em pedaços menores e coloque em uma panela com bastante água. Leve a panela ao fogo alto e deixe cozinhar até as batatas ficarem macias (é só enfiar um garfo para testar). Escorra a água e amasse as batatas na panela. Acenda o fogo baixo e acrescente uma quantidade generosa de manteiga ou gordura vegetal. Adicione sal e mexa até formar um purê cremoso (se quiser, também pode adicionar um pouco de creme de leite, pra deixar ainda mais cremoso).

Bom apetite!

Essas receitas são só uma inspiração. O importante é perceber que cozinhar não é tão difícil. Aprenda aos poucos, pesquise, experimente e torne isso um hábito na sua vida. Chega de miojo!

E agora vamos sair de um papo bem gostoso para uma conversa menos temperadinha, mas necessária: o imposto de renda.

Prazer, imposto de renda

Vocês já se conhecem? Se não, deixa eu apresentar: imposto de renda, este é o jovem adulto — jovem adulto, este é o imposto de renda. Muito prazer! (Ou nem tanto.)

Se você nunca chegou a ficar íntimo do leão, com certeza já ouviu pelo menos falar dele. Em casa, na TV, nas redes sociais. Chega o início do ano e esse assunto aparece. Mas, afinal, o que é o bendito imposto de renda?

IRPF — sigla para Imposto de Renda de Pessoa Física — é basicamente, como o próprio nome já diz, um imposto sobre a sua renda, ou seja, um tributo sobre o que você ganha. Em geral, você já paga imposto, que é descontado direto do seu salário. Mas a cada ano o governo precisa saber se o valor cobrado em impostos foi condizente com os seus ganhos. Se estiver tudo ok, nada acontece e vida que segue. Se eles tiverem cobrado a mais — por exemplo, se você tem filhos, despesas hospitalares ou está pagando faculdade —, isso vai abater no seu IRPF e o governo pode te devolver dinheiro (sim, acontece!). Já se for o contrário, e eles te cobraram a menos, aí é você que precisa pagar a diferença para o leão.

Tudo isso é feito através da Declaração de Imposto de Renda, que é justamente como você vai falar para o governo quanto ganhou, quanto gastou, seus bens, quanto dinheiro tem no banco etc. Essa declaração costuma ser feita entre março e abril, e você apresenta nela todos os dados do ano anterior. Por isso é importante guardar notas fiscais, documentos e tudo que comprove suas movimentações financeiras.

Então eu preciso guardar a notinha até de uma bala que comprei na padaria? Não, não é TUDO que entra na declaração. São gastos mais específicos, como a mensalidade da faculdade, o plano de saúde ou consultas particulares, um carro ou moto que você comprou ou vendeu, aluguel, financiamento etc. Esses documentos, sim, você deve guardar o ano todo, de preferência numa mesma pastinha, para facilitar a sua vida na hora de fazer a declaração e evitar correrias.

Já na declaração do dinheiro recebido, também não é muito diferente disso. Um amigo que fez um Pix de quinze reais para você não precisa entrar na declaração. Você vai colocar o seu salário, se for CLT — ou seja, se tiver a carteira assinada (a própria empresa vai te fornecer um informe de rendimentos, com todos os valores detalhados para você só preencher na declaração). Se for autônomo, aí existem regras diferentes para cada caso — microempreendedor individual (MEI), microempresa (ME), prestador de serviços, fornecedor de produtos etc. Existe uma tributação específica para cada categoria. Nesse caso, você precisa pesquisar nos órgãos oficiais em qual você se enquadra ou, se possível, contratar um contador para fazer a declaração.

Todo mundo precisa declarar? Não. Todo mundo pode declarar, se quiser. Mas nem todos são obrigados. Aqui tem uma listinha de casos obrigatórios. Se você marcar "sim" em pelo menos uma delas, precisa ter uma conversinha com o leão:

Você ganhou mais de *28 559,70 reais* durante todo o ano (é tipo uns 2200 por mês, com o décimo terceiro)?
Se você está lendo isto depois de 2023, consulte o valor atualizado no site da Receita Federal.

Você ganhou mais de *40 mil reais* em itens não tributáveis?
Tipo rescisão, rendimentos da poupança, investimentos do tipo LCI e LCA, doação ou herança etc.

Você investiu em *renda variável*?
Vou explicar melhor o que é isso no próximo capítulo.

> **Você tem algum imóvel ou terreno que custe 300 *mil reais* ou mais?**

> **Você é *estrangeiro* e se tornou residente deste Brasilzão no ano passado?**

> **Você trabalha no campo e ganhou mais de 145 798,50 *reais*?**
> Se você está lendo isto depois de 2023, consulte o valor atualizado no site da Receita Federal.

Ok, pelo visto eu preciso declarar este ano, e agora? Não é nenhum bicho de sete cabeças. No começo pode até dar um desespero, mas na verdade é apenas um formulário para ser preenchido. É só colocar tudo certinho que não tem com o que se preocupar.

O primeiro passo é baixar o aplicativo do imposto de renda — o app IRPF na loja de aplicativos — ou o software no computador (mas pelo app é muito mais fácil, vai por mim). Depois, é só preencher cada informação no seu devido lugar.

Em **Identificação** você vai preencher com sua ocupação, título eleitoral, endereço, telefone etc. Fácil, né?

No campo **Familiares** você informa se tem dependentes, alimentandos, cônjuge ou inventariante. Se não tiver nenhum desses, pode deixar vazio.

Em **Rendimentos** vai colocar todo o dinheiro que recebeu durante o ano, e ali tem várias categorias. Tributáveis, não tributáveis, sujeitos à tributação exclusiva, entre outros. Se for assalariado, é só ir nos *tributáveis* e preencher os dados do informe de rendimentos que o departamento de RH enviou. Se não, você precisa pesquisar em qual categoria se encaixa, como falei antes. Na aba de rendimentos, também vai colocar a grana que lucrou com investimentos, por exemplo — inclusive com a poupança.

A seção de **Pagamentos** é o contrário — nela você informa as suas despesas. Ali vai encontrar vários tipos de pagamentos que pode cadastrar: despesas médicas, psicólogo, advogado, aluguel de imóveis, doações, entre vários outros. A listinha é bem detalhada e provavelmente não vai deixar dúvida se determinado gasto entra ou não na declaração.

Por fim, tem a aba de **Bens e dívidas**, em que você deve declarar tudo o que tem no seu nome. O dinheiro na sua conta-corrente, poupança, investimentos, imóveis, terrenos, automóveis. E também as suas dívidas, como financiamentos e empréstimos.

E é isso! O último item é o **Resumo**, no qual você encontra o total dos seus rendimentos e deduções e, o mais importante, quanto vai pagar ou receber. Se você tiver que pagar, é só se atentar aos prazos e à possibilidade de parcelamento. Se for receber, é só dar uma olhada nas datas de restituição de imposto de renda.

Autenticado em duas vias

Burocracia. Se você não é despachante, provavelmente odeia ver essa palavra na sua frente. Só que não tem jeito, ela vai fazer parte da sua vida adulta para sempre. Na hora de fazer a matrícula na faculdade, assinar o contrato de estágio, alugar um apê. Em qualquer momento da vida que puder fazer parte, ela fará.

Mas existem maneiras mais leves de lidar com as obrigações burocráticas. A primeira lição é: seja uma pessoa organizada e planejada. Se guardar seus documentos numa pasta com divisórias, separando por categorias e sabendo onde está cada coisa, você já evita muita dor de cabeça e tempo perdido. É algo que precisamos entender quando chegamos na fase adulta: ninguém vai fazer isso por nós. Então, desde já, bora comprar uma pasta sanfonada e guardar todos os documentos lá — sua certidão de nascimento, certificado de quitação eleitoral, carteira de trabalho, diploma do colégio, contrato de aluguel, as contas de luz, água, condomínio etc.

E uma dica que facilita muito a nossa vida digital é escanear os documentos físicos e juntar com os documentos virtuais, tudo numa pastinha na nuvem. Assim, eles ficam sempre guardados no mesmo lugar e é muito mais fácil quando você precisar para qualquer burocracia on-line. É só selecionar os que foram solicitados e anexar. Na minha pastinha, por exemplo, tem o meu RG digitalizado, carteira de trabalho, certidão de nascimento, diploma da faculdade e até uma foto três por quatro. E a cada vez que te pedirem um documento que não está lá, você aproveita para digitalizar e guardar, assim a pasta vai crescendo com o tempo.

Feita essa organização inicial, vamos para a parte mais prática — quais são as burocracias para as quais a gente mais precisa se preparar na vida adulta? E sim, são várias, muito mais do que eu vou listar aqui. Mas o importante é ter uma ideia do que aguarda a gente e se preparar para as situações mais comuns.

Documentos da faculdade

Vamos começar pela faculdade, que acaba sendo o primeiro passo para a fase adulta na vida de muita gente. Você olha seu nome no listão do vestibular e sai gritando de felicidade, estende a faixa de calouro na janela e tudo mais. Só que aí passa alguns dias e você recebe uma ligação da secretaria pedindo um monte de documento — e, se você for bolsista, cotista social ou fizer algum financiamento, são mais algumas dúzias de papelada aí. Mas, calma, tudo tem prazo e não precisa ser aquela correria. É só não deixar para a última hora. Os mais comuns para a matrícula são:

- ✓ Identidade;
- ✓ Certidão de nascimento ou casamento;
- ✓ CPF (geralmente já consta na identidade);
- ✓ Título de eleitor;
- ✓ Comprovante de quitação militar
  (para maiores de 21 anos do sexo masculino);
- ✓ Comprovante de residência atual
  (conta de luz, água, telefone, aluguel, fatura do cartão
  — ou, se você não tiver nada disso, pode ser também
  uma declaração do proprietário do imóvel atestando
  que você mora lá, reconhecida em cartório);
- ✓ Histórico escolar do ensino médio;
- ✓ Comprovante de conclusão do
  ensino médio.

E se você estiver ingressando pelo ProUni, além desses documentos acima, você também vai precisar comprovar a sua renda e de toda a sua família. Nesse caso, entram os seguintes documentos:

- ✓ Três últimos contracheques, no caso de renda fixa, de todos os membros da família;
- ✓ Ou os seis últimos contracheques, caso alguém receba comissão ou hora extra;
- ✓ Ou, então, a declaração de imposto de renda, com o recibo.

Essas são as opções mais comuns para quem é assalariado. Mas se no seu caso existe renda vinda de atividades
rurais, aposentadoria, profissionais liberais, entre outros,
é importante olhar direitinho na lista oficial do ProUni.
Para cotas sociais e Fies, você vai precisar de documentos
financeiros semelhantes, então procure informações de
acordo com o seu caso.

Documentos do estágio

O estágio é uma relação firmada entre estudante, empre-
sa/ departamento público e instituição de ensino. As três
partes (sim, "partes" é um termo que você vai ver muito
na vida burocrática e significa a galera que está envolvida.
Você é uma das partes, a empresa é outra parte, e a última
parte é a instituição de ensino) celebram o contrato. Portanto, depois de receber aquele e-mail do RH avisando
que você agora faz parte do time de estagiários da firma,
você, empresa e instituição de ensino devem assinar o contrato, no qual provavelmente vai constar:

✓ Seus dados pessoais (RG, CPF, endereço etc.);

✓ Dados da empresa (razão social, CNPJ, setor etc.);

✓ Dados da instituição de ensino;

✓ Objetivos do contrato;

✓ Área do estágio e atividades que você vai
exercer;

✓ Jornada de trabalho;

✓ Valor da bolsa-auxílio e vale-transporte;

✓ **Duração do contrato** (em geral de seis meses);

✓ **Seguro.**

Lembre-se de guardar a sua via do contrato na pastinha sanfonada das burocracias adultas.

Documentos do aluguel

Sair da casa dos pais e ter um cantinho para chamar de seu pode ser um sonho, e com certeza é um passo importante na vida do jovem adulto. Mas não podemos esquecer de toda a papelada envolvida nesse processo. Algumas imobiliárias são mais burocráticas do que outras. Aqui, não há nada melhor do que sair perguntando a opinião dos amigos que já moram de aluguel — como é a sua imobiliária? Eles demoram muito? Pedem muita coisa? Exigem fiador? Tem que comprovar renda de quanto? E qualquer outra dúvida que possa surgir.

Como existe uma variedade enorme de imobiliárias, vamos ter aqui uma base do que a maioria costuma pedir de documentação:

✓ **RG e CPF** (algumas pedem cópia autenticada, ou seja, reconhecida em cartório);

✓ **Comprovante de renda com o triplo do valor do aluguel** (ou seja, para um aluguel de mil reais, você precisa de uma renda de 3 mil reais — mas, calma, essa renda pode ser sua e de mais pessoas, que vão entrar no contrato com você);

✓ **Comprovante de residência;**

✓ **Declaração de imposto de renda** (se houver);

✓ **Formulário da imobiliária.**

Você precisará também dar algum tipo de garantia para a imobiliária — ou seja, algum lugar de onde a imobiliária pode recuperar esse dinheiro, caso o inquilino não pague o aluguel (prática que o sr. Barriga devia desconhecer quando alugou a casa para o seu Madruga). Essa garantia pode ser:

✓ **Seguro-fiança:** como outros seguros, você paga e, se houver necessidade, o proprietário do imóvel pode acioná-lo;

✓ **Fiador:** uma pessoa que tenha imóvel na cidade e um bom coração para ser seu fiador — é ela quem será acionada caso você não pague o aluguel;

- ✓ **Caução:** você paga um valor à vista (em geral o equivalente a três meses de aluguel) que ficará guardado em uma poupança como garantia. Se ele não for usado, você o recebe de volta, com juros, no fim do contrato;
- ✓ **A sua renda:** algumas imobiliárias não estão mais pedindo fiador ou seguro-fiança, basta comprovar uma renda específica, que vai variar de acordo com a imobiliária.

TESOURO
AÇÕES
CDB
LCI / LCA
FI / FII

7

INVESTIMENTOS (CALMA, NÃO PULE ESTE CAPÍTULO)

Leia com carinho e sem medo

Eu sei que a mão chega a tremer de vontade de passar a página, mas eu juro que vai valer a pena me dar um voto de confiança. Até porque, se você chegou até aqui e está conseguindo guardar uma graninha todo mês, de nada adianta deixar tudo embaixo do colchão sendo comido pela inflação. Dinheiro parado perde valor a cada dia que passa.

E quando falamos em investimentos, não necessariamente é sobre viver de renda, ficar rico e virar o Lobo de Wall Street. A minha mãe, que passou uma vida inteira só na poupança, agora tem investimentos diversificados e sabe muito bem o que está fazendo com o próprio dinheiro — não com o objetivo de ficar rica, mas para guardar um pouquinho todo mês e ver a grana render sozinha.

Antes de mais nada, já peço desculpas por alguns termos e siglas que serei obrigado a usar aqui. Alguns soam até como palavrão. Mas são inevitáveis quando começamos a falar sobre investimentos. E como meu objetivo é que você estude por conta própria depois de ler este livro, é essencial usar aqui algumas palavras básicas para você já ir se familiarizando. CDI, CDB, Selic, IPCA, alíquota, liquidez... Só de ler já dá medo. E isso é, aliás, o que mais afasta as pessoas da economia e dos investimentos. É tudo tão alienígena que você não consegue nem ler o que está escrito, quanto mais começar a entender o que cada coisa significa.

Vamos começar pelo tal CDI (Certificado de Depósito Interbancário). A sigla em si não importa muito, mas é uma taxa de juros envolvida nos empréstimos interbancários (quando um banco empresta dinheiro para outro — e, sim, isso acontece bastante). O que nos interessa na prática é que esse número sobe e desce, pronto. Muitos investimentos o usam como base, ou seja, se diz que está rendendo 100% do CDI, significa que rende IGUAL ao CDI todos os dias; se outro diz que está rendendo 50%, é METADE. Enfim, deu para entender, né? Hoje em dia, um investimento bom rende 100% ou mais do que o CDI, então foca nisso quando for procurar um lugar massa para aplicar suas economias.

Muito parecido com isso é a Selic, com a diferença de que é a taxa de juros de referência do sistema monetário nacional — está ligada à taxa de juros que o Tesouro Nacional cobra nos títulos públicos do governo. Na prática, tanto a Selic como o CDI servem como termômetro da economia e são usados para você saber quanto determinado investimento (os pós-fixados, mas isso eu explico daqui a pouco) vão render.

Mas vamos com calma. Relaxe a cabeça um pouco. Outros termos vão aparecendo mais para a frente. Por enquanto, esses dois já são o bastante para a gente começar a falar sobre a famigerada poupança.

Por que choras, poupança?

Lembra aquela história do Collor e do confisco das poupanças em 1990? Pois é, até aquele momento, esse era realmente um investimento muito necessário para os brasileiros, exatamente por conta da hiperinflação. Se os preços subiam tanto e tão rápido, as pessoas precisavam aplicar o dinheiro em algum lugar que garantisse minimamente que ele não fosse desvalorizar tanto. E esse lugar era a poupança. Se você não fizer nenhum saque, ela vai render todo mês. Essa regrinha, por si só, já garantia para o país que a população não iria mexer no dinheiro o tempo todo, nem todo mundo de uma vez só — até porque não haveria moeda para devolver para a galera toda (como a gente aprendeu na marra em 1990).

O que acontece é que os bancos pegam a maior parte do dinheiro que as pessoas depositam na poupança e investem ali e aqui. No fim das contas, eles acabam lucrando bem mais do que devolvem para o cliente. Só que até então as contas estavam fechando. A questão é que a hiperinflação acabou, e a poupança já não é mais tão necessária quanto antes. Na verdade, ela rende tão pouco que eu mal tenho coragem de chamá-la de investimento.

Existem por aí outros investimentos tão (ou até mais) seguros do que a poupança. A diferença é que talvez você ainda não tenha ouvido falar tanto deles quanto ouviu seus pais falando que "você tem que ter uma poupança para o futuro".

Os mais conhecidos, pelo menos pelo pessoal que já deu *bye bye* para a poupança, são os CDBs e o Tesouro Direto. Eles também são investimentos de renda fixa, assim você sabe de antemão quanto vai render e em geral corre bem poucos riscos de perda. Os CDBs são títulos bancários, ou seja, você dá um dinheiro para o banco, ele investe no que quiser e, quando você pedir para sacar, ele te devolve com um rendimento em cima. Soa familiar? Pois é, é o mesmo princípio da poupança, só que nela o rendimento é o mesmo em qualquer banco, enquanto no CDB as instituições financeiras podem decidir a taxa de rendimento que irão praticar sobre o investimento dos clientes.

É como se você fosse o banco, e o banco fosse uma pessoa te pedindo um empréstimo. Você até empresta, mas, sendo um banco, cobra juros depois. E esses juros podem ser calculados de forma pré-fixada ou pós-fixada. Afe, lá vêm os termos chatos. Mas calma, estes são bem fáceis. Pré-fixado significa que, antes mesmo de investir, você já sabe exatamente quanto por cento vai receber de volta em determinado tempo. Por exemplo, se você investe cem reais em um CDB que rende 10% a. a. (isso significa "ao ano"), daqui a doze meses você vai poder sacar 110 reais. Já os pós-fixados são atrelados a alguma taxa da economia — por exemplo, o CDI. Um CDB que rende 100% do CDI vai acompanhar dia após dia exatamente essa taxa. Se o CDI render 5% durante o ano, é isso que seu investimento vai render. Se render 3%, você lucra 3%. Simples assim.

Mas, então, qual eu escolho? Depende. Você acredita que a economia vai aquecer nos próximos meses? Ou vai piorar? Se você investe em um CDB pré-fixado e a economia vai para o buraco, você se deu bem. Nada abala a porcentagem do seu rendimento. Mas, se aplicar em um pré-fixado que rende 5% a. a. e o CDI decolar, passando a render 10%, você deixou de ganhar.

O importante nesses exemplos é que em nenhum caso você efetivamente perdeu grana. O máximo que aconteceu foi ganhar menos.

Com o Tesouro Direto funciona da mesma maneira, só que em vez de emprestar para um banco você empresta para os cofres públicos. Por isso, o Tesouro Direto é o investimento mais seguro que temos no Brasil, mais até do que a poupança.

Dentro dos pós-fixados, o Tesouro pode variar de acordo com a taxa Selic (que já é uma velha conhecida nossa) ou de acordo com o IPCA (podemos dizer que essa seria a taxa "oficial" do governo para a inflação). Se você está querendo investir no Tesouro pós-fixado, fique de olho nessas duas taxas e pesquise como elas andam hoje e qual a previsão para os próximos anos.

Além do CDB e do Tesouro Direto, outro tipo de investimento de renda fixa é a LC, que se divide em LCI e LCA. LCI significa Letra de Crédito Imobiliário, e LCA é a Letra de Crédito do Agronegócio. Tá, mas ainda não fez diferença nenhuma saber disso, né? O que nos interessa saber é que os bancos fazem empréstimos para o setor imobiliário e para o agronegócio, e precisam tirar esse dinheiro de algum lugar. Na verdade, eles tiram de vários lugares, mas alguns deles são as LCs. Ou seja, investindo nisso, você está emprestando dinheiro para os bancos, que por sua vez vão emprestar para o mercado.

O quanto você vai ganhar com esses investimentos vai variar de acordo com a situação desses setores. Se os bancos estão querendo emprestar dinheiro para financiar imóveis ou para a agropecuária, eles vão aumentar a rentabilidade, para que mais pessoas invistam. Caso a rentabilidade caia, no entanto, você não perde dinheiro, apenas passa a ganhar menos do que nos momentos de maior aquecimento desses setores.

A vantagem das LCs é que elas são isentas de impostos. Isso é justamente para incentivar as pessoas a investirem nesses setores, que são alguns dos principais da nossa economia.

Ficou com vontade de investir? E agora, por onde começar? Vamos então para um passo a passo incrivelmente detalhado.

PASSO
A
PASSO

INCRIVELMENTE
DETALHADO

Foi-se o tempo em que você precisava ir até o pregão ficar gritando "COMPRA! VENDE! VENDE!" para ser um investidor. Hoje em dia está mais fácil do que você imagina. É só ter um celular ou computador na mão, e nós já estamos prontos para o nosso passo a passo incrivelmente detalhado de como se tornar um investidor.

1. Escolhendo a corretora

O primeiro passo é abrir uma conta em alguma corretora de investimentos. Elas são uma ponte entre você e as várias opções que existem no mercado. A maioria (ou talvez todas) já se digitalizaram, e você só precisa baixar o aplicativo para fazer o cadastro. Mas antes pesquise muito bem, compare e entenda qual é a melhor corretora para você. Existem algumas que são mais apropriadas para quem está interessado em renda fixa e demais investimentos conservadores,* e outras que são mais vantajosas para quem quer entrar na Bolsa de Valores, por exemplo. Algumas são mais automatizadas e fazem quase tudo por você. Outras são mais tradicionais, para quem quer cuidar de cada detalhe por conta própria. Por isso vai depender do seu perfil e do que você deseja. Se estiver superperdido, a minha dica é procurar por corretoras mais automatizadas.

Escolhida a corretora, é hora de abrir sua conta. Na maioria delas isso é de graça (e, se não for, talvez seja o caso de voltar uma etapa e pesquisar alguma que seja). É como uma conta-corrente mesmo, em que você vai depositar seu dinheiro, que depois será usado para comprar seus investimentos.

---

* Que possuem menos risco.

2. Meu primeiro investimento

Ok, finalizado e aprovado seu cadastro, dinheiro transferido para a conta (dá para fazer isso até com o Pix), você já está com a faca e o queijo na mão, só falta começar a investir. No próprio app da corretora você vai encontrar diversas opções. Comece pela renda fixa. A renda variável é um caminho mais complexo, e você precisa se sentir pronto para ele. Então aplique suas primeiras economias nas opções mais conservadoras e, enquanto a grana vai rendendo, estude mais sobre renda variável.

Existem alguns fatores importantes para comparar na hora de escolher seu investimento: rendimento, prazo, aporte mínimo e liquidez. O rendimento é a porcentagem de quanto seu dinheiro vai crescer ao longo do tempo. Aqui, é importante ficar atento ao índice que está sendo utilizado. Eles estão considerando uma porcentagem do CDI, do IPCA ou é uma taxa pré-fixada? Você pode acabar encontrando duas opções, uma que rende 120% e outra de 8%, e pensar que a primeira é obviamente mais vantajosa, mas talvez uma tenha o rendimento de 120% do CDI, enquanto a outra rende diretamente 8% ao mês. Ou seja, aqui temos duas unidades de medida diferentes. Por isso, atenção a esses detalhes.

O prazo também é muito importante. Talvez você se depare com um investimento de rendimento superalto, mas que vai deixar seu dinheiro preso por dez anos. Se for uma grana que você certamente não vai precisar, tudo bem. Mas se for sua reserva de emergência, por exemplo, talvez não seja a melhor opção. Além disso, a liquidez também é um fator para ficar de olho. Liquidez nada mais é do que a facilidade com que algo pode ser trocado no mercado. Digamos que você tenha decidido investir em uma plantação de maçãs (sim, voltamos aos exemplos com maçãs). Você comprou um terreno fértil, mas sem nenhuma árvore ainda — ou seja, vai precisar plantar as sementes e esperar pelo menos alguns anos até colher os primeiros frutos, para então vendê-los ou trocá-los por outra coisa. Nesse caso, a liquidez é bem baixa, porque você só vai conseguir "trocar" o seu ativo depois de muito tempo. Agora, se você tem uma nota de cem reais no bolso, esse é um ativo que você vai conseguir trocar rápido — é só dar uma passadinha na padaria da esquina que consegue trocar tudo por pães de queijo e suco de laranja (desculpa, só consigo pensar em exemplos com comida mesmo). No caso dos investimentos, é sempre bom se perguntar: leva quantos dias para o dinheiro cair na sua conta, se você precisar resgatá-lo? Alguns caem em apenas um dia útil, mas outros podem levar trinta dias entre você pedir o resgate e efetivamente ter acesso à grana.

Por último, o aporte mínimo também será um filtro na sua escolha. Alguns investimentos exigem que você aplique, no mínimo, 10 mil reais de uma vez só, por exemplo. Se você não tiver essa grana para investir, já elimine essa opção da sua lista. Mas a boa notícia é que existem outras com aporte mínimo bem baixo. O Tesouro Direto, por exemplo, exige um mínimo de apenas trinta reais.

3. Acompanhando de perto

Não adianta só colocar o dinheiro lá e esquecer. De vez em quando é bom dar aquela espiadinha na sua grana, ver se está tudo bem e acompanhar seu crescimento. Fora isso, continue estudando e pesquisando sobre o assunto. Existe todo um universo de conhecimento financeiro à sua frente, e você está só começando a sua jornada.

Aposentadoria (sim, já)

No auge dos seus vinte e poucos anos talvez você ainda não tenha parado para pensar nisso, mas um dia vai querer se aposentar. E esse dinheiro não vai surgir na sua conta como mágica. Já pensou em como vai fazer isso?

Se você trabalha de carteira assinada ou é concursado, parte do seu salário bruto já está indo para a previdência. Mas você saberia me dizer quanto vai receber dessa aposentadoria quando parar de trabalhar? Nos tempos incertos em que vivemos em relação à previdência, sem dúvida é uma pergunta difícil de responder. Mal conseguimos saber com quantos anos vamos conseguir nos aposentar, não é mesmo?

Então talvez seja uma boa tomar algumas precauções e começar a fazer o seu próprio pé de meia. Encontre um bom investimento de renda fixa e estipule um valor para depositar lá todo mês. Deve ser uma porcentagem do seu salário (como vimos na p. 45), ou seja, conforme você for recebendo aumentos, o valor dos depósitos deve subir de forma proporcional.

Se não quiser seguir o caminho dos investimentos, talvez queira considerar uma previdência privada. Bom, esse assunto ainda gera polêmica. Várias pessoas da área de finanças vão dizer que isso é um péssimo negócio. Mas sejamos realistas — talvez todo o rolê de investir por conta própria acabe fazendo você desistir disso ou ir adiando eternamente. Nesse caso, o feito é melhor que o perfeito. Mas lembre-se de sempre pesquisar muito bem, seja um investimento, seja uma previdência. Afinal, é o dinheiro da sua aposentadoria, e essa renda vai suprir seus gastos por muitos e muitos anos.

O ousado chegou

O que eu quero mostrar aqui é que você não precisa ser um milionário para entrar na Bolsa de Valores. Na verdade, hoje você não precisa nem entrar lá, de fato. Tudo é feito pela rede mundial de computadores — essa tal de internet.

Claro, eu sei que dá um medinho (ENORME) só de pensar em ações. "Ah, mas e se eu perder tudo?" Em primeiro lugar, NÃO INVISTA TUDO QUE VOCÊ TEM! Vou gritar em letra maiúscula mesmo, porque isso é estupidamente importante. Se todo o dinheiro que você tem na vida são cem reais, em hipótese alguma você deve comprar cem reais em ações, nem mesmo noventa ou oitenta reais. Na verdade, se você investir dez reais pode ser muito. Para quem está começando, eu diria para investir no máximo uns 5% — e isso se você for ousado.

Como já falamos aqui, o ideal é conseguir guardar uma parte do que você ganha para investir. Se chegar a 20%, está maravilhoso, mas se for 10% ou 5%, já está de bom tamanho também. Não canso de dizer: vá com calma e adapte essas ideias para a sua realidade. Digamos que você reserve 20% do salário para investir. Assim, daqueles cem reais você teria guardado vinte reais. Isso quer dizer que esse valor todo vai para ações? Não! Comece investindo 10% desses vinte reais em ações, e o restante em renda fixa. Sei que parece pouco dois reais, mas voltando à questão inicial, se você perder tudo, pelo menos serão apenas dois reais, e não cem.

Na prática, eu acho que o melhor é pegar uma parte da grana que você já tem guardada e investir em renda variável (tipo ações). Mas se você acaba de começar a reservar uma parte do salário e já achou uma boa opção de renda fixa, tá tranquilo. Não precisa pensar em ações por enquanto. Foque em estudar os investimentos de renda fixa e espere ter um pouco mais de grana, assim não vai fazer falta numa emergência.

Dito isso, acho que podemos entender um pouco desse mercado tão temido da renda variável. Já adianto que meu objetivo aqui não é tornar você um especialista em Bolsa de Valores (até porque eu mesmo não sou). A ideia é só mostrar os princípios e ajudar a desmistificar um pouco esse tipo de investimento.

Então, vamos começar do início. O que é renda variável? Basicamente, são investimentos que não são nem pré- nem pós-fixados. Ou seja, você não tem como saber quanto vai ganhar (ou perder). No mercado variável, ninguém pode garantir nada, é por sua própria conta e risco. Mas calma, nem tudo é tão inseguro assim. Uma boa opção para quem quer começar (e que muita gente experiente continua fazendo durante toda a vida) são os fundos de investimento. Neles, você entrega seu dinheiro nas mãos de um grupo de profissionais com bastante experiência no mercado financeiro e que vai decidir onde é melhor investir. Existem vários tipos, inclusive só de renda fixa. Mas o nosso foco aqui é a renda variável, e para isso há inúmeras opções no mercado. É só entrar no app ou site da sua corretora e procurar por "fundos de investimentos".

Esses profissionais vão aplicar seu dinheiro em várias ações e administrá-lo. Só vale lembrar que esse serviço tem um custo, a taxa de administração, portanto não se esqueça de olhar a porcentagem que cada fundo cobra. Outro fator importante é o prazo de resgate. Alguns só pagam depois de trinta dias, então é preciso estimar com que urgência você pode precisar desse dinheiro no futuro.

Caso você seja mais sagitariano, independente, um espírito livre na floresta, e queira investir em ações por conta própria, a primeira coisa que eu vou dizer é: estude BASTANTE! Não é um bicho de sete cabeças, mas também não dá para chegar lá só no impulso e no feeling. Nessa hora, deixe a astrologia de lado e seja racional nas suas escolhas.

As empresas maiores e consolidadas são opções que dificilmente vão variar os preços de uma hora para outra. Veja na Bolsa de Valores quem são as empresas com o maior número de transações. Elas costumam demorar mais para render, mas também são menos arriscadas. Já companhias menores podem render mais dinheiro em menos tempo, mas também podem dar um prejuízo maior. Não vá com muita sede ao pote!

Na hora de escolher em qual empresa você quer investir, é sempre importante dar uma olhada no histórico de rendimentos daquela ação. Verifique pelo menos os últimos dois anos e compare com o histórico de empresas semelhantes.

E, afinal, o que são ações? Imagine que você está na feira e compra um tomate por um real. Esse tomate é seu, e você faz o que quiser com ele. Pode vender de novo por um real, por cinquenta centavos ou então por dois reais. Você decide. A questão é que talvez as pessoas não queiram comprar pelo dobro do preço, e, por outro lado, você vai perder dinheiro se vender por metade. Mas se você chegar na feira semana que vem e descobrir que todas as banquinhas estão vendendo o tomate a dois reais, talvez seja uma boa hora para aumentar o preço. Você pode até vender por R$ 1,99, para se destacar no mercado. Agora, se encontrar todos os tomates sendo vendidos a cinquenta centavos, isso significa que o seu tomate está valendo menos e que você ficou no prejuízo. Quer dizer, lembre-se de que o tomate é seu, e você faz o que quiser com ele. Se optar por não vender pela metade do preço, você ainda não perdeu dinheiro. Só precisa esperar e continuar voltando à feira até que o produto esteja valendo mais do que um real, para vender com lucro.

Os riscos aqui são dois: primeiro, pode demorar muito tempo até que ele volte a valer um real. Talvez você tenha comprado na hora errada, justamente antes de desvalorizar. O segundo risco é sair uma notícia de que tomates são tóxicos para o ser humano e as pessoas pararem de vez de comprar. Nesse caso, você provavelmente perdeu o valor investido.

A diferença entre ações e tomates é que as ações não estragam com o tempo (a não ser que o presidente da empresa se envolva num escândalo em rede nacional)

O mercado de ações funciona (praticamente) do mesmo jeito. Um dia, você compra um pedacinho de uma empresa — digamos, da Tomates S.A. — pelo valor de mercado, isto é, pelo preço que as pessoas estão dispostas a vender seus próprios pedacinhos. Depois, volta e percebe que a empresa valorizou em 1%. É hora de vender as suas ações? Talvez sim, talvez não. Há chances de a Tomates S.A. continuar valorizando nos próximos dias, e talvez em uma semana chegue a 10%! Ou, então, o 1% pode ser o auge do crescimento e depois disso o valor comece a cair. Você escolheu o caminho sagitariano, portanto é o único que pode decidir se essa é a melhor hora para vender ou não. Por isso, vou ser repetitivo: estude! Quanto mais você manjar dos paranauê, menos arriscado esse negócio de renda variável fica.

AS AÇÕES NÃO ESTRAGAM COM O TEMPO

8

Para onde vamos?

Já vimos como chegamos até aqui. Tudo que rolou e como os brasileiros lidam com o dinheiro. Não é à toa que os adultos de hoje precisaram e ainda precisam aprender na marra um monte de coisas sobre finanças, desde estabelecer uma rotina de controle de gastos até lidar com cartão de crédito, empréstimos e investimentos. Nada disso é simples, mas poderia ser muito mais intuitivo se, desde pequenos, fôssemos acostumados a falar sobre dinheiro e a lidar com ele de um jeito mais natural.

Mas não foi o que aconteceu, pelo menos não para a grande maioria dos brasileiros. E como consequência, temos pessoas que têm medo de abrir a própria fatura e levar um susto, que não sabem responder quanto do salário gastam por mês, que sentem um arrepio na espinha só de ouvir "imposto de renda" e que não fazem ideia de onde começar a mudar isso tudo.

Bom, espero que este livro seja um bom começo para você. Que, além de uma leitura prazerosa (espero que esteja sendo), também inspire e ajude você a enfim sentar e organizar a sua grana, definir orçamentos, metas e objetivos, economizar nos mais diversos gastos do dia a dia e ver o dinheiro de outra forma — não apenas como um número, mas como resultado do seu trabalho e uma ponte para chegar aos seus mais variados objetivos, sem aperto, sem pressão, sem ter que "trabalhar enquanto eles dormem".

Sabendo de onde viemos e qual a nossa situação atual, acredito que seja um exercício legal pensar em como vai ser daqui para a frente, e que mudanças estão acontecendo ou deveriam acontecer para que as próximas gerações cheguem à vida adulta conseguindo pagar os boletinhos sem surtar.

Breves devaneios sobre as novas gerações

Você piscou e a Geração Z — aqueles que nasceram a partir de 1996 e hoje estão entre o fim da adolescência e os vinte e poucos anos — já está trabalhando e ganhando salário, saindo da casa dos pais e se virando na vida adulta. É uma geração marcada principalmente por ter nascido num mundo conectado, com redes sociais, smartphones e todo tipo de aparelho interativo.

Para a Geração Z é normal abrir conta em um banco digital, sem nem pensar duas vezes — enquanto as gerações anteriores ainda vivem com medo de cair em um golpe, ter seus dados roubados ou perder todo o seu dinheiro. É natural pensar assim, já que o começo da internet foi muito turbulento e crescemos vendo fraudes e falhas nos sistemas. O pavor do bug do milênio não me deixa mentir (para quem tem menos de vinte anos, talvez seja preciso dar uma pesquisada). Mas com o tempo as coisas tendem a se estabilizar e se naturalizar. Os jovens não querem saber de pagar anuidade, de ficar em fila de banco ou de ter que esperar um dia útil para fazer uma transferência. E nem vamos falar dos cheques!

No entanto, essa relação digital e ultrarrápida com o dinheiro não tem só pontos positivos. Quando a grana vira só um pixel em uma tela, a gente acaba gastando com muito mais facilidade. Basta um único clique e pronto, finalizei uma compra de quinhentos reais numa loja on-line. Isso pode acabar se transformando em um monte de compras por impulso e o real valor do dinheiro gasto pode acabar se perdendo. Já quando você entra em uma loja e entrega dez notas de cinquenta reais ao caixa, aquele dinheiro pesa, e aí você acaba pensando duas ou três vezes antes de gastá-lo.

Não vim aqui para ser apocalíptico, ok? Só que é importante ficar atento aos nossos hábitos de consumo e às possíveis maneiras de perder o controle das nossas finanças. Se você percebeu que está gastando muito on-line, talvez seja melhor não salvar os dados do cartão de crédito nos aplicativos e se forçar a pagar cada conta manualmente, para ver quanto dinheiro está indo embora.

Também vale usar aplicativos de controle financeiro e criar alertas para que eles notifiquem quando você estiver ultrapassando seu orçamento estabelecido. No próximo capítulo temos uma lista com alguns dos mais populares. Vale dar uma olhada e ver com qual você se adapta melhor.

Além dessa questão do dinheiro cada vez mais digital — com seus prós e contras —, também precisamos olhar para a educação financeira no país. Você, que está lendo, teve educação financeira em casa? E na escola? Alguém te preparou para usar o dinheiro de maneira saudável, pagar as contas, declarar impostos, guardar uma grana de emergência etc.? A resposta provavelmente é não, a não ser que você seja uma exceção à regra. Eu, felizmente, fui uma dessas exceções. Como já contei, minha mãe foi meu grande norte para saber lidar com o meu dinheiro de maneira equilibrada. Mas a exceção acaba por aí, porque o assunto jamais entrou em pauta em todos os meus anos escolares.

Mas será que as crianças deveriam aprender sobre dinheiro? Será que deveríamos trazer essa preocupação tão cedo, em vez de deixá-las brincar e se divertir antes de ter que lidar com os perrengues da vida adulta? Sim e não. Quando falamos de educação financeira, não estamos necessariamente falando de cifras, nem ensinando os jovens a ganhar mais e mais ou que a vida se resume a pagar contas. Pelo contrário, o assunto pode ser relevante em qualquer etapa do aprendizado. Para os pequenos, trazer o tema de forma leve e lúdica pode fazê-los, no futuro, enxergar o dinheiro com menos medo e apreensão.

Já no caso das crianças mais velhas, assim como ensinamos português para que se comuniquem de forma correta e matemática para que se virem com os números, noções básicas de como montar uma planilha de gastos, gráficos para controle financeiro, cálculos de impostos e exercícios sobre inflação vão contribuir para o próprio ensino das matérias obrigatórias e para o desenvolvimento pessoal.

Na adolescência, durante o ensino médio, muitos jovens já começam a ter seu primeiro contato com o mercado de trabalho, por exemplo, com o projeto Jovem Aprendiz. Mais do que nunca, é essencial que se acostumem a planejar e a controlar sua renda. O primeiro impulso da maioria vai ser, com certeza, gastar tudo em um fim de semana no shopping. E não é nenhum problema gastar a grana com lazer, principalmente quando você não tem muitas obrigações. Mas é importante criar o hábito de economizar e guardar uma pequena parte do salário desde cedo, porque os anos vão passando e vai ficando cada vez mais difícil adotar esse costume.

Chegando à vida adulta, quantos podem dizer que aprenderam algo sobre finanças no curso superior? Se você não estuda administração, economia ou áreas afins, dificilmente o assunto virá à tona. Mas será que não seria interessante preparar os futuros profissionais para administrar a renda dentro do contexto de cada carreira? A pessoa que está cursando publicidade, por exemplo, sabe que muitas vezes pode acabar se tornando freelancer, mas não faz ideia de como se tornar MEI ou emitir uma nota fiscal. Alguém do curso de enfermagem talvez não faça ideia de como funciona o salário em meio a plantões, adicionais noturnos, insalubridade. E um jovem do curso de pedagogia pode não ter ideia de como é a remuneração por hora-aula, quais outras fontes de renda pode ter etc.

Isso tudo são divagações bastante gerais, mas que servem para reforçar a importância da educação financeira nos planos de ensino, em todas as etapas de formação. O dinheiro ainda é um tabu, mas ao mesmo tempo está presente em tudo. Não tem jeito, precisamos falar dele, tirar o peso do assunto, o medo de falar de salário e ser julgado, o receio de falar quanto gasta, a vergonha de admitir que não tem controle sobre o próprio bolso. Só conversando abertamente é que um pode ajudar o outro.

E para o futuro? Se a Geração Z já está ganhando seus primeiros salários, é a Geração Alfa, das crianças nascidas a partir de 2010, e as seguintes que ainda podem receber desde pequenas um pouco de educação financeira. Se não na escola (porque aí depende principalmente de políticas públicas, e para mudar isso só ficando de olho em quem você vai votar nas próximas eleições), ao menos em casa. Seus filhos, sobrinhos, irmãos e primos podem ter seus primeiros contatos com o tema através de você. E isso pode não fazer tanta diferença na hora, mas daqui a alguns anos eles podem chegar à vida adulta de uma forma muito mais tranquila, equilibrada e sabendo lidar com o dinheiro sozinhos.

QUEM TEM MEDO DE PLANILHAS?

9

Caneta na mão!

Bora colocar na prática o que aprendemos aqui? Pegue uma caneta, uma xícara de café e sente-se num lugar tranquilo, porque neste capítulo você vai encontrar tabelas, listas e outros exercícios para dar um pontapé inicial na sua nova jornada pela organização financeira. Partiu?

Diagnóstico financeiro

Antes de entrar na primeira planilha, deixamos aqui um teste para diagnosticar como vai sua saúde financeira. Você pode fazê-lo agora e de novo daqui a algumas semanas, comparando os resultados para acompanhar a sua evolução:

Você tem o costume de anotar os seus gastos?

a Sim, com regularidade.
b Mais ou menos. Faço só quando lembro.
c Não, nunca anoto nada.

Você tem algum objetivo para guardar dinheiro?

a Sim, com valores e prazos.

b Apenas os valores ou apenas os prazos.

c Os objetivos estão só na minha cabeça.

Você consegue guardar parte do que ganha?

a Sim, guardo um valor fixo todo mês.

b Alguns meses sim, outros não.

c Não guardo nadinha.

Você olha seu saldo antes de fazer uma compra?

a Estou sempre de olho.

b Só quando o valor é mais alto.

c Eu tinha que fazer isso?!

Quanto você tem de reserva para emergências?

a Mais do que três meses do meu salário.

b O suficiente para me sustentar por um mês.

c Só uns trocados na conta-corrente.

Como está a situação das suas dívidas?

a Não tenho nenhuma ou está tudo planejado para o pagamento das parcelas.

b Consigo pagar as mais importantes, mas vou ter que ver o que fazer com as outras.

c Essa pergunta me deu gatilhos!

Como você usa seu limite de crédito?

a O valor total que utilizei no meu limite está dentro do orçamento que planejei.

b O valor total que utilizei do meu limite está próximo do valor da minha renda.

c O valor que utilizei do meu limite já ultrapassa o valor da minha renda.

Qual a sua relação com a fatura do seu cartão?

a Sei exatamente quanto vou pagar.

b Às vezes preciso tirar dinheiro de outra coisa pra fechar o valor da fatura.

c Sempre levo um susto ao abrir a fatura.

Como você avalia a sua estabilidade financeira hoje?

- **a** Meus gastos estão equilibrados entre o que consumo e o que guardo para o futuro.
- **b** Consigo pagar meus gastos hoje, mas não consigo guardar com regularidade para o futuro.
- **c** Gasto mais do que ganho e não consigo guardar dinheiro.

....

Qual a sua relação com o dinheiro?

- **a** O dinheiro é parte do meu dia a dia e eu o administro da melhor forma que consigo.
- **b** Sinto um pouco de ansiedade ou estresse ao pensar nos boletinhos.
- **c** O dinheiro é uma preocupação constante que me tira o sono muitas vezes.

....

> **E agora vamos ver o resultado:**
>
> Cada resposta a = **10 pontos**
> Cada resposta b = **5 pontos**
> Cada resposta c = **0 ponto**

PONTOS	DIAGNÓSTICO
0-24	Você precisa de um tratamento financeiro urgente. A sua relação com dinheiro não anda nada boa, e seus hábitos precisam mudar. Mas não se preocupe, não é nada irreversível. O primeiro passo é tomar umas boas doses de organização financeira, anotar os gastos com frequência e tomar uma injeção de dedicação. Seguindo o tratamento direitinho, logo logo os sintomas vão sumir.
25-49	Parece que você pegou algum tipo de virose financeira. Não é grave, mas merece atenção. Fique de olho na quantidade de compras por impulso que você anda fazendo e estabeleça orçamentos que possam ser aplicados no dia a dia. No começo você pode sentir um pouco de enjoo e uma sensação de que não vai dar certo, mas mantenha o ritmo e com certeza os gastos vão se encaixar no seu planejamento. Caso contrário, reavalie o orçamento para algo mais plausível.

PONTOS	DIAGNÓSTICO
50-74	Você tem uma boa relação com o dinheiro, seus exames estão todos em ordem. A recomendação é manter o que está funcionando e identificar em que é possível economizar. Cortar algum gasto desnecessário, reduzir alguma conta. Dessa forma, você vai conseguir juntar uma grana para chegar aos seus objetivos.
75-100	Sua saúde financeira está impecável! A carteira está em dia, os boletos, em ordem, as dívidas, sob controle. Siga assim e você vai viver muitos e muitos anos de estabilidade financeira. Só não dá para relaxar, hein. Continue olhando para isso com regularidade. No primeiro sintoma de consumismo, você consegue consertar o rumo com tranquilidade.

Planilha Virginiane

Vamos retomar a Planilha Virginiane, para que você possa usá-la nas etapas seguintes do seu planejamento financeiro. Caso já tenha preenchido esses valores lá no começo do livro, é só copiar aqui. Mas se ainda não preencheu, agora é a hora! Basta colocar o seu salário na primeira linha e depois dividi-lo em cada uma das categorias listadas. Se você tem uma renda que varia, como no caso de quem ganha comissão ou de trabalhadores autônomos, é só pegar os valores recebidos nos últimos seis meses de renda, somar e dividir por seis, para chegar a sua média salarial.

Ah, e se você tem dificuldade em calcular porcentagens, é só pegar o seu salário, multiplicar pelo número do percentual e depois dividir por cem. Por exemplo, digamos que você ganhe 1500 reais. Na primeira categoria é só você multiplicar 1500 × 55 = 82 500, e dividir esse valor por cem. O resultado seria 825 reais.

Quanto eu ganho todo mês		

Quanto eu devo gastar em cada coisa		
Gastos que tenho todo mês	55%	R$
Educação (cursos, livros etc.)	5%	R$
Gastos especiais (tipo um celular novo)	20%	R$
Aposentadoria (sim, já)	10%	R$
Gastos livres (QUALQUER coisa)	10%	R$

Com a tabela preenchida, agora você tem o seu orçamento mensal. E vale repetir: esses números são sugestões, e talvez você precise adaptá-los para a sua realidade atual. Por isso vamos utilizar esses valores um pouco irreais no momento, calcular a média atual de gastos, traçar metas, definir onde dá para economizar, estabelecer objetivos e, depois disso tudo, teremos uma nova tabela de orçamento, dessa vez para ser construída com valores mais realistas, levando em consideração gastos que você pode reduzir, para assim chegar em números viáveis para a sua vida.

Média de gastos

Depois de preencher a Planilha Virginiane e definir quanto deve gastar em cada coisa, agora é hora de entender como anda sua média de gastos, se ela corresponde ao percentual ideal do orçamento ou se você precisará reduzir algumas despesas (ou adaptar um pouco o percentual ao menos por enquanto, para que seja mais realista).

Primeiro, vamos fazer o cálculo da média que você paga em cada despesa. E se você for de humanas e não souber fazer esse cálculo, não tem problema. Temos uma tabelinha aqui para facilitar a sua vida. É só pegar algum gasto específico, por exemplo a conta de luz. Olhe quanto você pagou de energia elétrica nos últimos três meses e, em seguida, some tudo. Depois é só pegar o resultado e dividir por três. Pronto! Agora você já tem a sua média de gastos. Faça isso com todas as despesas fixas.

Há 1 mês	R$
Há 2 meses	R$
Há 3 meses	R$
TOTAL	R$
Média (TOTAL dividido por 3)	R$

Depois de descobrir a sua média de gastos em todas as despesas fixas, é só preencher a tabela a seguir. Já listei alguns dos gastos mais comuns, mas tem espaço para preencher com outros. Com isso, você começa a ter uma ideia do quanto gasta por mês só com despesas recorrentes.

Despesas fixas	Média
Aluguel/ financiamento	R$
Condomínio	R$
Luz	R$
Água	R$
Gás	R$
Internet	R$
Mercado	R$
Transporte	R$
	R$
	R$
	R$
	R$
	R$
	R$
TOTAL	R$

Partiu economizar

Após somar os valores da tabela anterior, compare com o orçamento estabelecido na Planilha Virginiane. Está parecido ou muito acima? Na maioria dos casos vai ficar acima, mas tudo bem. Agora vamos traçar algumas metas de redução de gastos. A ideia é que você avalie tudo em que seria possível economizar um pouco de grana. Talvez baixar o valor da conta de luz em uns 10%, substituir produtos na lista de mercado etc. O importante é colocar na ponta do lápis metas realistas e se policiar para cumpri-las. Por isso não adianta escrever que vai reduzir pela metade gastos que você sabe que não vai conseguir, acabar se frustrando e largando tudo de mão. Estabeleça valores baixos mas consistentes, e quando chegar a eles, trace novas metas para reduzir ainda mais. Lembrando que não é possível diminuir todas as despesas (como o valor do aluguel e do condomínio), então coloque aqui apenas o que você consegue:

Despesa	Média atual	Redução	Meta	Prazo (meses)
Luz	R$ 150	10%	R$ 135	2

Objetivos pé no chão

Além das metas de economia, também é essencial ter objetivos, definir em que você pretende gastar o seu dinheiro — ou seja, saber para que está economizando. A maioria das pessoas não fica motivada a guardar por guardar. Você vai olhar para o dinheiro parado ali, sem saber no que gastar, e vai acabar usando na primeira oportunidade em algo que você provavelmente nem queria tanto. E, assim, vai ficar muito mais difícil de juntar uma grana, principalmente a longo prazo.

A tabela a seguir é uma lista de objetivos, dividida entre curto, médio e longo prazos. Curto prazo é algo que você vai guardar por alguns meses apenas. Talvez uma viagem no fim do ano, um videogame novo ou qualquer gasto que vá chegar logo e que você provavelmente já tenha até uma data em mente.

Já os objetivos de médio prazo são aqueles que vão tardar alguns anos. Você já está se preparando para eles, mas não tem um prazo muito bem definido. Talvez seja realizar o sonho da casa própria, mas você ainda não sabe exatamente quando, só sabe que esse dia vai chegar e que precisa começar a guardar dinheiro agora.

E os de longo prazo são aqueles que ainda vão levar um tempão, e provavelmente não são nem algo muito concreto, na verdade. É uma grana que você vai guardar para o seu "eu" do futuro decidir o que fazer, como para a aposentadoria ou a independência financeira (que é quando você pode deixar de trabalhar sem passar perrengue).

Dito isso, já pode preencher a tabela a seguir com seus objetivos, o prazo aproximado de cada um e os valores. Na última coluna você deve dividir o valor pelo prazo, para saber quanto deve guardar todo mês. Se o valor mensal ficar muito alto para você, talvez seja melhor aumentar o prazo ou procurar por opções mais baratas. Como exemplo, preenchi uma linha com o valor hipotético da entrada de um apartamento, mas você deve considerar se as parcelas se encaixam no seu orçamento, que será definido em seguida.

Objetivos	Valor	Prazo	Por mês
Casa (entrada)	R$ 55 000	50 meses	R$ 1100

Orçamento revisado

Vamos voltar à Planilha Virginiane. Lembra que estabelecemos um orçamento super idealista, que talvez esteja um pouco longe da sua realidade? Agora é a hora de revisar aqueles valores e montar um orçamento que seja de fato possível de ser colocado em prática. Para isso, é importante levar em conta as metas de redução de gastos e os objetivos. Caso contrário, você não terá um orçamento, apenas um relatório do quanto já gasta hoje, e não é isso que queremos aqui. A ideia é mudar seus hábitos financeiros e deixá-los mais equilibrados. Então bora montar seu próprio orçamento?

Orçamento mensal		
Gastos fixos	%	R$
Educação	%	R$
Gastos especiais	%	R$
Aposentadoria	%	R$
Gastos livres	%	R$

Querido diário

Muito bem, toda a parte teórica está resolvida! Só que o papel aceita tudo, né? O desafio agora é colocar isso em prática. E saiba já que nem tudo vai sair perfeito, principalmente no início. Mês que vem você vai se sentar de novo, calcular seus gastos e provavelmente perceber que ainda não chegou no seu orçamento. Uma conta extrapolou aqui, outra veio mais alta do que o esperado... Isso é normal. O importante é acompanhar seus gastos diariamente e sempre reavaliar o que está custando mais do que deveria, para assim puxar o freio de mão e não deixar as coisas saírem do controle. Anotando seus gastos todos os dias ou toda semana, você consegue diagnosticar o problema antes que ele se torne algo que te obrigue a voltar à estaca zero.

Assim, listei aqui alguns dos aplicativos de controle financeiro mais populares das lojas de aplicativos. Vale a pena conferir e ver com qual você se adapta melhor:

- Guiabolso
- Mobills
- Organizze
- Minhas Economias
- Money Lover
- Orçamento Fácil

No entanto, se você gosta mais das coisas manuais, de usar caneta e papel, deixei aqui também um espaço para servir de diário financeiro. Anote o que foi gasto, em qual categoria se encaixa (fixo, especial, livre etc.), o valor e a data. E não se esqueça de separar um dia todo fim de mês para somar tudo e comparar com seu orçamento.

Boa jornada pela sua nova vida financeira e bem-vindos à vida adulta! ☺

BEM-V
Á V
ADU

INDOS
VIDA
LTA

Despesa	Categoria	Valor	Data
		R$	/ /
		R$	/ /
		R$	/ /
		R$	/ /
		R$	/ /
		R$	/ /
		R$	/ /
		R$	/ /
		R$	/ /
		R$	/ /
		R$	/ /
		R$	/ /
		R$	/ /
		R$	/ /
		R$	/ /

Despesa	Categoria	Valor	Data
		R$	/ /
		R$	/ /
		R$	/ /
		R$	/ /
		R$	/ /
		R$	/ /
		R$	/ /
		R$	/ /
		R$	/ /
		R$	/ /
		R$	/ /
		R$	/ /
		R$	/ /
		R$	/ /
		R$	/ /

Despesa	Categoria	Valor	Data
		R$	/ /
		R$	/ /
		R$	/ /
		R$	/ /
		R$	/ /
		R$	/ /
		R$	/ /
		R$	/ /
		R$	/ /
		R$	/ /
		R$	/ /
		R$	/ /
		R$	/ /
		R$	/ /
		R$	/ /

Despesa	Categoria	Valor	Data
		R$	/ /
		R$	/ /
		R$	/ /
		R$	/ /
		R$	/ /
		R$	/ /
		R$	/ /
		R$	/ /
		R$	/ /
		R$	/ /
		R$	/ /
		R$	/ /
		R$	/ /
		R$	/ /
		R$	/ /

Despesa	Categoria	Valor	Data
		R$	/ /
		R$	/ /
		R$	/ /
		R$	/ /
		R$	/ /
		R$	/ /
		R$	/ /
		R$	/ /
		R$	/ /
		R$	/ /
		R$	/ /
		R$	/ /
		R$	/ /
		R$	/ /
		R$	/ /

Despesa	Categoria	Valor	Data
		R$	/ /
		R$	/ /
		R$	/ /
		R$	/ /
		R$	/ /
		R$	/ /
		R$	/ /
		R$	/ /
		R$	/ /
		R$	/ /
		R$	/ /
		R$	/ /
		R$	/ /
		R$	/ /
		R$	/ /

Anotações

Esta obra foi composta por Gabriel Nascimento e Carol Rossetti em Vendetta, Paralucent e coleção de tipos móveis do coletivo 62 pontos e impressa em ofsete pela Lis Gráfica sobre papel Pólen Soft da Suzano S.A. para a Editora Schwarcz em janeiro de 2023

A marca FSC® é a garantia de que a madeira utilizada na fabricação do papel deste livro provém de florestas que foram gerenciadas de maneira ambientalmente correta, socialmente justa e economicamente viável, além de outras fontes de origem controlada.

Teresa Aguiar e o Grupo Rotunda

Quatro Décadas em Cena

Ariane Porto

Pesquisa dramatúrgica
Luiz Terribele Jr
Rosi Luna

imprensaoficial

São Paulo, 2007

Governador   José Serra

imprensaoficial   **Imprensa Oficial do Estado de São Paulo**

Diretor-presidente   Hubert Alquéres

Diretor Vice-presidente   Paulo Moreira Leite
Diretor Industrial   Teiji Tomioka
Diretor Financeiro   Clodoaldo Pelissioni
Diretora de Gestão Corporativa   Lucia Maria Dal Medico
Chefe de Gabinete   Vera Lúcia Wey

Coleção Aplauso Série Teatro Brasil

Coordenador Geral   Rubens Ewald Filho
Coordenador Operacional
e Pesquisa Iconográfica   Marcelo Pestana
Projeto Gráfico   Carlos Cirne
Editoração   Fernanda Buccelli
   Marilena Villavoy
Assistente Operacional   Felipe Goulart
Tratamento de Imagens   José Carlos da Silva
Revisão   Amancio do Vale
   Dante Pascoal Corradini
   Sarvio Nogueira Holanda

Apresentação

"O que lembro, tenho."
Guimarães Rosa

A *Coleção Aplauso*, concebida pela Imprensa Oficial, tem como atributo principal reabilitar e resgatar a memória da cultura nacional, biografando atores, atrizes e diretores que compõem a cena brasileira nas áreas do cinema, do teatro e da televisão.

Essa importante historiografia cênica e audiovisual brasileiras vem sendo reconstituída de maneira singular. O coordenador de nossa coleção, o crítico Rubens Ewald Filho, selecionou, criteriosamente, um conjunto de jornalistas especializados para realizar esse trabalho de aproximação junto a nossos biografados. Em entrevistas e encontros sucessivos foi-se estreitando o contato com todos. Preciosos arquivos de documentos e imagens foram abertos e, na maioria dos casos, deu-se a conhecer o universo que compõe seus cotidianos.

A decisão em trazer o relato de cada um para a primeira pessoa permitiu manter o aspecto de tradição oral dos fatos, fazendo com que a memória e toda a sua conotação idiossincrásica aflorasse de maneira coloquial, como se o biografado estivesse falando diretamente ao leitor.

Gostaria de ressaltar, no entanto, um fator importante na *Coleção*, pois os resultados obtidos ultrapassam simples registros biográficos, revelando ao leitor facetas que caracterizam também o artista e seu ofício. Tantas vezes o biógrafo e o biografado foram tomados desse envolvimento, cúmplices dessa simbiose, que essas condições dotaram os livros de novos instrumentos. Assim, ambos se colocaram em sendas onde a reflexão se estendeu sobre a formação intelectual e ideológica do artista e, supostamente, continuada naquilo que caracterizava o meio, o ambiente e a história brasileira naquele contexto e momento. Muitos discutiram o importante papel que tiveram os livros e a leitura em sua vida. Deixaram transparecer a firmeza do pensamento crítico, denunciaram preconceitos seculares que atrasaram e continuam atrasando o nosso país, mostraram o que representou a formação de cada biografado e sua atuação em ofícios de linguagens diferenciadas como o teatro, o cinema e a televisão – e o que cada um desses veículos lhes exigiu ou lhes deu. Foram analisadas as distintas linguagens desses ofícios.

Cada obra extrapola, portanto, os simples relatos biográficos, explorando o universo íntimo e psicológico do artista, revelando sua autodeterminação e quase nunca a casualidade em ter se tornado artista, seus princípios, a formação de sua personalidade, a *persona* e a complexidade de seus personagens.

São livros que irão atrair o grande público, mas que – certamente – interessarão igualmente aos nossos estudantes, pois na *Coleção Aplauso* foi discutido o intrincado processo de criação que envolve as linguagens do teatro e do cinema. Foram desenvolvidos temas como a construção dos personagens interpretados, bem como a análise, a história, a importância e a atualidade de alguns dos personagens vividos pelos biografados. Foram examinados o relacionamento dos artistas com seus pares e diretores, os processos e as possibilidades de correção de erros no exercício do teatro e do cinema, a diferenciação fundamental desses dois veículos e a expressão de suas linguagens.

A amplitude desses recursos de recuperação da memória por meio dos títulos da *Coleção Aplauso,* aliada à possibilidade de discussão de instrumentos profissionais, fez com que a Imprensa Oficial passasse a distribuir em todas as bibliotecas importantes do país, bem como em bibliotecas especializadas, esses livros, de gratificante aceitação.

Gostaria de ressaltar seu adequado projeto gráfico, em formato de bolso, documentado com iconografia farta e registro cronológico completo para cada biografado, em cada setor de sua atuação.

A *Coleção Aplauso,* que tende a ultrapassar os cem títulos, se afirma progressivamente, e espera contemplar o público de língua portuguesa com o espectro mais completo possível dos artistas, atores e diretores, que escreveram a rica e diversificada história do cinema, do teatro e da televisão em nosso país, mesmo sujeitos a percalços de naturezas várias, mas com seus protagonistas sempre reagindo com criatividade, mesmo nos anos mais obscuros pelos quais passamos.

Além dos perfis biográficos, que são a marca da *Coleção Aplauso,* ela inclui ainda outras séries: *Projetos Especiais,* com formatos e características distintos, em que já foram publicadas excepcionais pesquisas iconográficas, que se originaram de teses universitárias ou de arquivos documentais preexistentes que sugeriram sua edição em outro formato.

Temos a série constituída de roteiros cinematográficos, denominada *Cinema Brasil,* que publicou o roteiro histórico de *O Caçador de Diamantes,* de Vittorio Capellaro, de 1933, considerado o primeiro roteiro completo escrito no Brasil com a intenção de ser efetivamente filmado. Paralelamente, roteiros mais recentes, como o clássico *O Caso dos Irmãos Naves,* de Luis Sérgio Person, *Dois Córregos,* de Carlos Reichenbach, *Narradores de Javé,* de Eliane Caffé, e *Como Fazer um Filme de Amor,* de José Roberto Torero, que deverão se tornar bibliografia básica obrigatória para as escolas de cinema, ao mesmo tempo em que documentam essa importante produção da cinematografia nacional.

Gostaria de destacar a obra *Gloria in Excelsior,* da série *TV Brasil,* sobre a ascensão, o apogeu e a queda da TV Excelsior, que inovou os procedimentos e formas de se fazer televisão no Brasil. Muitos leitores se surpreenderão ao descobrirem que vários diretores, autores e atores, que na década de 70 promoveram o crescimento da TV Globo, foram forjados nos estúdios da TV Excelsior, que sucumbiu juntamente com o Grupo Simonsen, perseguido pelo regime militar.

Se algum fator de sucesso da *Coleção Aplauso* merece ser mais destacado do que outros, é o interesse do leitor brasileiro em conhecer o percurso cultural de seu país.

De nossa parte coube reunir um bom time de jornalistas, organizar com eficácia a pesquisa documental e iconográfica, contar com a boa vontade, o entusiasmo e a generosidade de nossos artistas, diretores e roteiristas. Depois, apenas, com igual entusiasmo, colocar à disposição todas essas informações, atraentes e acessíveis, em um projeto bem cuidado. Também a nós sensibilizaram as questões sobre nossa cultura que a *Coleção Aplauso* suscita e apresenta – os sortilégios que envolvem palco, cena, coxias, *set* de filmagens, cenários, câmeras – e, com referência a esses seres especiais que ali transitam e se transmutam, é deles que todo esse material de vida e reflexão poderá ser extraído e disseminado como interesse que magnetizará o leitor.

A Imprensa Oficial se sente orgulhosa de ter criado a *Coleção Aplauso*, pois tem consciência de que nossa história cultural não pode ser negligenciada, e é a partir dela que se forja e se constrói a identidade brasileira.

Hubert Alquéres
Diretor-presidente da
Imprensa Oficial do Estado de São Paulo

Introdução

Organizar esse livro não foi tarefa fácil. Sim, porque acompanhar uma pessoa como a Teresa é algo extremamente complexo – tantas histórias, tantos caminhos, tanta experiência vivida e por viver.

Como todo artista, Teresa mistura sentimentos, cada lembrança é algo que parece definitivo, único. E ao mesmo tempo remete a outra, semelhante. E assim, entramos num redemoinho, onde as coisas se misturam, fluem, se transformam. Contudo, há sempre pontos fixos, nos quais podemos nos segurar e que nos ajudam a entender o seu percurso: a seriedade, o respeito, a rigidez de princípios.

Quem conhece Teresa – ou Teresinha, ou Tatá, como é mais conhecida no meio teatral – entende o que estou falando. Quem ainda não conhece, vai entender depois de ler este livro.

Teresa foi minha professora de teatro, depois minha diretora. Comecei no teatro profissional sob sua direção, no espetáculo *Liberdade, Liberdade* de Millôr Fernandes e Flávio Rangel, produzido pelo Rotunda em 1984. No mesmo ano nos aventuramos, com outros companheiros, em busca de um espaço novo – nasceram O Circo do Vento Verde e depois o TAO – Teatro de Arte e Ofício. Mas esta e outras histórias serão contadas a partir das próximas páginas.

Teresa sempre teve duas vertentes nítidas de atuação – a social e a artística. Várias vezes, essas vertentes se misturaram e uma acabou sendo veículo para a outra – através do teatro, a interferência na sociedade; a atuação social como um espetáculo. *Il Faut Dramatizer*! Como gosta de dizer a própria Teresa.

Num determinado período, a urgência da realidade afastou Teresa dos palcos. Foi durante a criação e os primeiros anos de implantação do Centro Cultural São Sebastião Tem Alma, hoje com 18 anos de existência. Era preciso uma dedicação integral, quase uma devoção ao trabalho árduo e cotidiano de tentar alterar o rumo das coisas no litoral paulista. Mais uma vez, quem conhece o território caiçara e suas especificidades vai me entender. Quem não conhece, infelizmente não conseguirá entender. É preciso um mergulho maior – mas fica o convite para fazê-lo, através do trabalho da própria Teresa na cidade de São Sebastião.

Enquanto escrevo esse livro, Teresa prepara um novo espetáculo é um momento delicado, onde as emoções estão à flor da pele, a cabeça a mil, e fica mais difícil desviar sua atenção para outra coisa – no caso, a finalização deste livro! Mas é interessante ver como ela reage no momento tão importante da criação, como as coisas vão se encaixando, se desencaixando, para depois se juntarem novamente.

Na verdade, foi assim meu trabalho na organização deste livro. Juntamente com a Rosi Luna, buscamos fragmentos, informações dispersas, lembranças dela e de outros. E espero que tenhamos conseguido passar um pouco da dimensão da trajetória desta mulher-artista-guerreira, que com seu temperamento forte, sua braveza, seu talento, seu humor nem sempre fácil e sua sensibilidade extraordinária, vem construindo uma das carreiras mais diversificadas e importantes no cenário teatral do Estado de São Paulo.

Ariane Porto

"Depoimentos sobre Teresa..."

Teresa Aguiar, chegando do mar
É o sinal de todas as amigas

Renata Pallottini

Theresinha Aguiar foi um belo presente que o Doutor Alfredo Mesquita me deu, na época em que a Escola de Arte Dramática passou para a USP, em 1969. Ela dividiu com o Ademar Guerra a direção dos espetáculos dos formandos daquele ano. Ademar Guerra dirigiu América Hurrah *e Theresinha* O Rato no Muro, *apresentado no Festival Internacional de Teatro de Manizales, na Colômbia e fez um grande sucesso. As belas palavras da Hilda Hilst num espetáculo ao ar livre. Nessa época, assistimos juntos ao espetáculo* Topografia de um Desnudo *que, não por coincidência, vai virar filme feito por ela, tendo eu no elenco.*

Theresinha Aguiar me dirigiu na peça infantil O Cavalinho Azul, *de Maria Clara Machado. Com essa peça, ganhei meu primeiro prêmio de teatro.*

Eu acho Theresinha Aguiar uma das personalidades mais fortes do nosso teatro. Ela fez do eixo São Paulo-Interior, uma passagem do melhor que se pode ter na cena brasileira.

Ney Latorraca

Um dia eu li no jornal, indo pra escola em Campinas, que o TEC ia fazer naquela noite um teste para uma nova montagem – O Auto da Compadecida, *do Ariano Suassuana. Eu passei o dia todo na escola pensando naquilo, entusiasmada. Nessa época eu tinha 14 anos, já estudava declamação e balé, participava de festinhas em escolas, paróquias, tudo quando era movimento eu queria fazer, eu estava metida.*

Nessa noite eu fui ao teste acompanhada da minha mãe. Era num sotãozinho na Associação Campineira de Imprensa. Estava cheio de gente na sala, umas pessoas muito alegres. Me lembro de uma moça sentada em cima da mesa, e foi um impacto. Nunca na minha vida tinha visto ninguém sentada assim, não se senta em cima de uma mesa.

O diretor, que era o Wilson Maux, me pediu pra falar um texto e eu falei uma poesia qualquer. Quando eu terminei ele me chamou e perguntou: "Que idade você tem? Você estuda? O que você gosta de fazer? Por que você está aqui? Estou aqui porque eu gosto, quero fazer teatro, quero ser atriz". E no final da noite ele disse que ia experimentar comigo o personagem palhaço. E foi assim que eu me iniciei no teatro e no TEC.

Eu já tinha ouvido falar do TEC, sabia que existia desde o fim dos anos 40, que tinha parado e retornado com o Ademar (Guerra), a Teresinha (Aguiar) e o (Fernando) Catanni. Nessa época, a Teresinha ficava mais na produção, era a presidente. A gente ensaiava todas as noites. A minha estréia foi com O Auto da Compade- cida. *A peça foi pra Porto Alegre e eu ganhei o prêmio de atriz revelação. Depois, o prêmio de coadjuvante Governador do Estado, no Festival de Teatro Amador de São Paulo. Eu fiz várias peças no TEC –* Rapunzel, A Via-sacra do Ghéon, Natal na Praça, O Tempo e os Coways, *já com direções da Teresinha.*

Eu estava aprendendo com cada espetáculo, pois no TEC a gente passava meses estudando o texto, o autor, os costumes da época, estudava história da vestimenta, sabia tudo do autor, era lindo. Sem isso, não teria segurado essa barra, porque o profissionalismo é uma avalanche, te suga. Se você não tem uma base sólida você dança, você agüenta dois ou três anos e no quarto ano você já... Foi importantíssima essa base.

Regina Duarte

Teresa, eu lhe anuncio uma grande alegria!
O senhor, o deus senhor dos mares,
Que lhe fez os grãos de areia
Mostra em cada pescador a sua face!

Bem-aventurada Teresa, que vê a face do criador
"o que fizeres a um pescador é a mim que fazeis"
"o que fizeres a um índio, um peixe, é a mim que fazeis"
Ergue teus cestos trançados, nele:
Teus sonhos e desejos.
Queima na pira do deus de ternura as tuas mágoas
Acrescentando à tua oferenda o incenso do teu amor
Não precisa pedir perdão de nada:
Apenas oferece!
Destampe a ânfora de tuas lágrimas
E se manifestará o encoberto.
A madrugada que parece tão irreal já se anuncia!
Teresa, guerreira de tantas armas,
Parece que querem tua guerra acabar...
Mas não!
Acorda as outras teresas que dormem dentro de ti
Muda as armas
nada pequeno é justo e bom
A guerra deles é tão velha
A tua raiva não é boa nem má
É apenas força, como a do mar
Dá sentido bom,
Cria rastros para outros
Deus te deu o faro

Não deixará secar os teus mares
Eu te creio, horas nervosa, horas terna
Faz dentro de ti
Ou faz com os outros
O destino não está na chegada.
E o destino está em navegar!

Padre Max

Teatro do Estudante, Teatro Amador, Teatro Profissional. Mas sempre teatro.

Vejam bem, essa não é uma história do teatro. Não tem pretensões científicas, acadêmicas, enfim, não tem pretensão de espécie alguma. É a história do que vivi e estou vivendo.

Quando comecei a fazer teatro, havia três classes distintas: o Teatro do Estudante, Amador e Profissional.

O Teatro do Estudante – que foi organizado e incentivado nacionalmente pelo Paschoal Carlos Magno – e o Teatro Universitário – onde em São Paulo atuaram nomes como Décio de Almeida Prado e Alfredo Mesquita – eram os teatros do estudante na acepção plena da palavra, de pessoas que eram estudantes de teatro, independentemente do nível. Era um teatro absolutamente descompromissado no sentido material, porque não tinha que ter bilheteria, não tinha que ter sucesso. Tinha sim que aprender, que ousar, que experimentar, que encarar desafios enormes, sem a preocupação em acertar ou errar. A grande preocupação era com a formação e a informação.

A época de ouro do Teatro do Estudante teve como expoente máximo os festivais nacionais, que aconteceram com mais força dos anos 50 ao início dos 70. Foi uma época de grande efervescência cultural, em que os protagonistas eram os jovens que se utilizavam do teatro para aprender, ensinar, renovar, romper, sedimentar.

A outra "categoria" era a do Teatro Amador. Eram pessoas um pouco mais velhas, mais maduras, a maioria já exercendo outras profissões, e que faziam, com grande seriedade e empenho, teatro de qualidade. Eram realmente os amadores que faziam teatro por amor. Infelizmente, muitas pessoas associam o teatro amador ao teatro de má qualidade; virou, para muitos, um termo pejorativo.

Campinas, nos anos 50, 60, teve importantes grupos de teatro amador, como de Carlito Maia, que marcou época com sua montagem de *A Paixão de Cristo*. Outro exemplo nessa época era o TAP, Teatro Amador de Pernambuco, um grupo excelente formado por advogados, médicos, professoras, que fazia excursões pelo Brasil levando espetáculos de altíssima qualidade.

Já no TBC (Teatro Brasileiro de Comédia) nos anos 50 podemos falar de um teatro profissional, onde a figura do produtor assume grande importância em espetáculos cada vez mais requintados, onde a bilheteria era o fluxo de caixa. Não havia espetáculo vendido, o público aderia espontaneamente.

Diferentemente da relação presente no teatro amador ou do estudante, aí existiam os contratos, os sindicatos, os contadores, ou seja, tudo que caracteriza a empresa teatral. O TBC, com atores, técnicos e diretores contratados, era uma espécie de globo daqueles tempos, uma coisa hollywodiana para a época, e alguns se portavam como tal. Querem saber de uma coisa? Com toda razão.

Depois do TBC, grupos de atores se organizaram em companhias de teatro profissional. Os mais emblemáticos eram as companhias Tônia-Celli-Autran, Nydia Licia-Sérgio Cardoso, Cacilda Becker-Walmor Chagas, Nicette Bruno-Paulo Goulart, Maria Della Costa-Sandro Polloni, em São Paulo.

Essas companhias começaram a viajar para o interior, fazendo sempre paradas obrigatórias em Campinas. As companhias ficavam sempre hospedadas no Hotel Pinheiro e os atores faziam suas refeições no restaurante Marreco, na Rua Costa Aguiar, ao lado do Teatro Municipal. Foi numa dessas temporadas da Companhia Tônia-Celli-Autran que conheci o Paulo.

E por aí, começo minha viagem no tempo, falando daqueles profissionais pelos quais tenho o maior respeito e admiração, a matéria-prima do meu trabalho – os atores.

Teresa Aguiar

Teresa em Paulínia

Capítulo I

Sobre os atores

Eu gosto muito de trabalhar com atores que não têm experiência nenhuma, que não sabem nada, que são uma página em branco. Esses atores vêm puros, sem vícios de representação. Acredito que são reprodutores, são ecos que vão repassando o ensinamento que você deu.

Eu gosto das respostas que o meu trabalho me dá com os atores. As pessoas falam muito que eu sou uma diretora de atores, mas acho isso uma bobagem, não existe essa separação – diretor de ator/diretor de espetáculo. Uma coisa não existe sem a outra.

Mas claro que trabalhar com atores experientes também é extremamente estimulante. Felizmente, tive e tenho na minha carreira o privilégio de trabalhar com grandes profissionais.

Paulo Autran

Tive o privilégio de assistir à estréia de Paulo Autran no teatro, que foi com a peça *Um Deus Dormiu lá em Casa*. Ele realmente era um deus, lindo, carismático.

Durante uma época, tive o prazer de conviver com o Paulo em Campinas. Era a época deliciosa do Teatro Municipal, onde as companhias teatrais de São Paulo faziam temporadas dos grandes sucessos e a companhia Tônia-Celli-Autran estava fazendo uma temporada longa com várias peças de seu repertório. O Adolfo Celli era o diretor, a Tônia Carrero, Paulo Autran e outra grande atriz, Margarida Rey, integravam o elenco.

Nessa temporada específica, estavam apresentando *Entre Quatro Paredes, Natal na Praça, Negócios de Estado* e acho que tinha outra peça que não me lembro.

Nessa época eu trabalhava no fórum e já fazia parte do Teatro do Estudante, com o Ademar Guerra. Íamos toda noite ao teatro ajudar na bilheteria ou no que fosse preciso, porque o Fernando Catani, nosso companheiro do TEC, era assistente do produtor que levava os espetáculos, o Henrique José Pereira.

E o municipal lotava duas, três semanas e foi aí que conheci o Paulo Autran. Eu saía do trabalho às cinco horas e toda tarde ele ia me esperar na saída do fórum para irmos comer sanduíche no Bar Rosário.

Lembro bem que ficávamos desesperados, pois a Tônia, depois do espetáculo, bem tarde da noite, queria café com leite, pão com manteiga! Só que Campinas, até hoje, depois de uma determinada hora não tem onde comer. Eu morava num quarto numa casa de família, Ademar Guerra morava com o pai num hotel, o Catani não sei, mas também não tinha uma grande estrutura. O caso é que não havia como tirar leite, nem das pedras do calçamento! Era um sufoco.

O Paulo era, além de lindo, um perfeito lorde inglês. Ele fazia o maior sucesso com as mulheres, tanto que lhe demos o apelido de Paulinho das moças. Até hoje não perco um espetáculo dele e toda vez nosso reencontro é superlegal, muito carinhoso.

Quando foi para inaugurar o nosso Teatro de Arte e Ofício (TAO) em Campinas, eu pensei: "Meu Deus, precisamos fazer uma coisa retumbante!" E claro, convidamos o Paulo Autran.

Lembro que ele morava na Avenida 9 de Julho, num desses prédios que hoje, infelizmente, estão abandonados. Passamos lá e fomos para Campinas. E foi uma noite inesquecível! O Paulo batizou nosso palco com trechos de *Liberdade, Liberdade* do Millôr Fernandes e Flávio Rangel.

O momento mais incrível, foi quando Paulo falou o monólogo do Marco Antônio nos funerais de César. E o teatro, recém-inaugurado, quase veio abaixo!

Esse é o Paulo Autran: grande figura, grande ator. Um grande homem.

Regina Duarte

Regina Duarte
O TEC – Teatro do Estudante de Campinas, tinha uma sede na Av. Francisco Glicério, no sótão da Associação Campineira de Imprensa. Um dia, estávamos fazendo teste para a montagem de *O Auto da Compadecida* de Ariano Suassuna e chegou um casal levando pela mão uma menininha de uniforme da Escola Normal. A mãe, muito séria, me falou: *Vim trazer minha filha para fazer teatro com vocês*. Eram "Seu" Jesus e Dona Dulce, pais da Regina Duarte.

Desde sempre os pais da Regina deram uma força extraordinária para ela, acompanhando em todas as viagens do TEC. Sim, porque a Regina, com 13 ou 14 anos, fez o teste e foi escolhida para fazer o personagem do palhaço no *Auto da Compadecida*.

E com esse espetáculo viajamos muito, fomos para o Festival Nacional de Teatro do Estudante do Paschoal em Porto Alegre e nesse festival a Regina levou o prêmio das dez melhores atrizes do festival. Depois, ela ganhou o prêmio Governador do Estado de melhor atriz.

Depois da Compadecida, a gente fez *A Via-sacra* do Ghéon. A Regina era muito novinha, e durante os longos ensaios, se cansava de ficar procurando o gestual sacro, a estátua, enfim, aquelas loucuras, e ficava fazendo tricô. Ela levou muita bronca minha por causa disso! Quando comemoramos os 21 anos do TAO (dia 12 de dezembro de 2005) com a participação da Regina, contei isso para o Eduardo, marido dela (aliás, uma pessoa extremamente simpática e agradável) e ele me disse: *Pois é, agora é o crochê*! Rimos muito e Regina disse que não se lembrava que desde aquela época ela gostava disso e que, realmente, ela adora fazer crochê, *pegar um novelo novinho, e depois ver no que se transformou*. O tempo passou, mas Regina continua aquela menina doce, de uma simpatia enorme e um talento incontestável.

Bom, voltando no tempo, depois fizemos também *O Natal na Praça* do Ghéon, onde a Regina fazia uma nossa senhora cigana. Havia a casa dos artistas ou casa do ator, não me lembro bem – em São Paulo, que alugava roupas para teatro. Alugamos para Regina usar no espetáculo uma capa comprida, um manto, e eu peguei em casa um xale que tinha umas lantejoulas. E a Regina, com esse figurino, se transformava de uma cigana jovem que dançava, numa nossa senhora que arrebatava platéias.

Mas o maior sucesso que Regina fez na época foi com a peça *O Tempo e os Conways* de Pristley. O público chorava de soluçar com a personagem que ela fazia, Carol, a menininha cheia de sonhos, que só queria viver – e que morre no final. A Regina tinha a mesma idade da personagem, com aquele sorriso, aquela doçura, aquela alegria. Enfim, era realmente demais da conta! Esse espetáculo foi muito marcante, tanto assim que toda vez que nos encontramos falamos em remontar *O Tempo e os Conways* e ela diz: *Que pena, não posso mais fazer o papel da Carol*!

Logo depois a Regina fez umas fotos e foi chamada para fazer uma propaganda da Kolynos e acabou tendo que se mudar – com toda a família – para São Paulo. Ainda tenho um programa do TEC em que ela escreveu: *Theresinha, prometo não virar só a menina Kolynos*! E não é que a danadinha cumpriu a promessa?

Luís Otávio Burnier

O Luís Otávio era um moleque entre tantos outros que se inscreveram para o curso de teatro do conservatório da Léa Zigiatti, onde a Yolanda Amadei dava expressão corporal, a Milene Pacheco dicção e voz e eu, interpretação.

Numa de minhas aulas, dei umas noções super básicas de mímica, na verdade eram mais noções de interpretação através do corpo. Terminamos o exercício, começamos a fazer outro, mas o Luís Otávio continuava vidrado no exercício de mímica. Eu me lembro perfeitamente desse momento – foi a grande descoberta da vida dele. Eu chamava para outras coisas, mas ele não atendia – foi tomado de um encantamento que ficou com ele até o fim da vida.

E a partir daí ficamos amigos. Ele foi morar em minha casa em São Paulo, fez exame pra entrar na EAD, entrou, só que não chegou até o fim. Ele era muito jovem, muito louquinho, mas seu caminho já era claro – a mímica. No consulado francês conseguimos uns filmes do mímico Marcel Marceau e ele assistia noite e dia, era uma obsessão. Tanto assim que ele decidiu que iria para a França estudar com o mestre.

E todo mundo começou a ajudar para tentar

viabilizar o sonho – a Renata Pallottini, eu, os pais – que deram sempre uma grande cobertura, um grande apoio. E ele conseguiu, foi estudar na França.

Ele e outros estudantes descobriram um telefone público que estava com defeito, que não marcava o tempo, e com uma moeda só ele ligava para o Brasil e a gente conversava horas, trocava idéias sobre as aulas, sobre tudo.

Quando ele voltou, foi seguir carreira na Unicamp. Não sei muito bem como foi essa transição, essa volta, a entrada dele na universidade. Ah, as coincidências da vida – um dia, depois de muito tempo, ele apareceu em São Sebastião no Projeto (São Sebastião tem alma) com o filhinho e passamos o dia inteiro conversando. Ele falava da criação de um método que estava desenvolvendo, de seu trabalho sobre as gueixas, sobre o Oriente. Foi uma conversa gostosa, comprida. Depois percebi – foi uma despedida. Logo depois, ele morreu.

O Burnier era uma pessoa assim, iluminada.

A todos os atores
Realmente, não dá para falar aqui de todos os atores com os quais trabalhei. Foram centenas, todos muito respeitados, queridos, companhei-

ros de um espetáculo, outros de uma vida. Mas sempre companheiros. Ao longo das histórias que aparecerão neste livro, muitos serão citados. Mas aos que não forem, tenham certeza que são sempre lembrados, com muito carinho. A todos vocês, atores queridos, digo com o coração na mão – *obrigada por tudo!*

Família de Teresa

Capítulo II

Influências
Para começar, um pouco de família

Acho que a Hilda Hilst tinha razão. Ela usava um termo bonito, dizia que a minha obra sempre é permeada por uma coisa assim, *entre o medievo e o sacro*.

Já o Miroel Silveira dizia que o meu teatro tem uma preocupação com a morte. Deve ser porque a morte me incomoda muito.

Na verdade, meu primeiro contato com o impacto da representação do sacro sobre as pessoas ocorreu quando eu era criança. Foi um fato bastante interessante e até engraçado, mas que ficou marcado na memória – e para os psiquiatras é um prato cheio!

Eu era muito pequena, pequeníssima mesmo, morava em Mogi das Cruzes e saí numa procissão de São Benedito vestida de anjo. Era um anjo verde-água de asas, de coroinha e tudo mais, era uma coisa muito esquisita. No final da procissão, aquela confusão toda, muita gente, eu e outra amiguinha minha, também vestida de anjo, nos perdemos. Começamos a andar de mãos dadas procurando o local onde nossos pais nos

Ginásio

mandaram esperar. Saímos andando sem rumo e fomos parar em um beco onde umas pessoas – moradores de rua – bastante alcoolizadas, festejavam São Benedito.

Quando viram aqueles dois anjos, fizeram uma roda em volta da gente e falaram: *Olha os anjos que caíram do céu, que São Benedito mandou pra gente.* E começaram a rezar, ajoelhados à nossa volta, até que nos encontrassem naquela situação, entre os bêbados. Na cabeça deles não sei o que aconteceu, mas acho que devem ter ficado momentaneamente em estado de graça. E nós, de pânico!

Teresa Aguiar

Ainda criança, numa festa de família, as pessoas me perguntaram o que eu ia ser quando crescesse. Eu me lembro que eu deixei as pessoas muito assustadas porque disse que ia ser advogada – como toda família do meu pai – que ia trabalhar no circo e ia cuidar dos presos.

Acho que foi uma premonição. Fui advogada – tive um casamento com muito respeito, mas sem amor com a advocacia por muito tempo. Fiz o circo – quer dizer, o espetáculo, com o qual eu convivo, trabalho e do qual eu me energizo até hoje. E cuidar dos presos é a minha atuação social, que hoje é nosso trabalho com os "povos do mar" a partir do Centro Cultural São Sebastião tem alma.

O primeiro contato que eu tive com o espetáculo foi o circo. Eu era muito pequena, devia ter menos de sete anos e morava em Sorocaba. Tinha a primeira parte que chamavam "ato variado" – eram os trapezistas, palhaços, etc. – e a segunda parte era o drama. Me lembro que era um dramalhão, uma história muito triste sobre um palhaço que não dava certo. Eu nunca mais me esqueci desse espetáculo, o primeiro espetáculo da minha vida.

Em cima da garagem de casa tinha um salãozinho onde eu e minhas amigas brincávamos de escola – e eu, com uma liderança nata, era diretora da escola, dava ordens. Mas começou a ficar chato brincar de escolinha, então tive a idéia de brincar de circo. E nas tesouras do telhado, amarramos umas cordas e as pessoas faziam o "ato variado", se penduravam e faziam "acrobacias" do nosso jeito.

Na parte do drama, montamos um presépio com os elementos que tínhamos: a manjedoura era um caixote, o tapete vermelho e felpudo do carro eram as palhas. Só que a menina menor, que fazia o menino Jesus, era comprida demais e ficava com as pernas penduradas para fora do caixote. E ela achava ruim porque tinha ficar absolutamente imóvel. E tinha como sempre Nossa Senhora, São José, mas só que começamos a inovar, decidindo que tinha que ter uma pastora –

porque tinha que ser pastor? Mas aí começaram os problemas da produção: como fazer os bichos? Pegamos uma galinha do quintal da minha casa e a menina que era pastora agarrava a galinha, que, claro, esperneava e gritava o tempo todo.

Enfim, esse foi o primeiro espetáculo que eu fiz na minha vida – esse presépio com a galinha berrando e Jesus com as pernas de fora. Mas já tinha ingresso! O público – pais, irmãos, amigos – pagava com palitos de fósforo.

O palito, na saída, era trocado por dinheiro. E com esse dinheiro, resultado da "bilheteria", a gente comprava biscoitos e doces para os presos (meu pai era delegado de polícia em Sorocaba).

Depois, seguimos fazendo atos variados. Éramos quatro amigas, e eu era sempre a diretora. Num desses atos variados, decidi que queria ter uma participação diferente, como "atriz". Cada "atriz", cantava uma musiquinha sobre as quatro estações do ano e coube a mim o outono.

Eu tinha uma cestinha com uva, maçã, banana, sei lá, e cantava assim: *Outono é meu nome, das frutas sazonadas, penduro nos pomares cheirosas e douradas.* E tinha o refrão que todo mundo cantava: *Viva o outono, viva o outono.*

Evidentemente, quem tem irmão mais velho sabe qual a reação típica – meus dois irmãos caíram na gargalhada quando eu comecei a cantar. Eu tive um acesso de fúria, joguei as frutas no público e fui chorar no colo de não sei quem. E aí acabou a carreira de uma grande atriz que eu poderia ter sido!

Meu pai foi promotor, depois passou a ser delegado de polícia, mas pegou uma época muito complicada – a ditadura do Getúlio. Durante todo esse tempo meu pai não foi promovido porque ele jamais aceitou fazer o jogo da ditadura. Eu não entendia bem porque era muito pequena, mas percebia que alguma coisa estava errada porque a família queria que ele arreglasse e fosse promovido, fizesse carreira como todo mundo, mas ele não aceitou nunca. Só que o castigo pra quem não era adepto da política, era a transferência.

E assim foi. Moramos um tempo em Itu (quando eu ainda acreditava em Papai Noel e minha mãe pincelava minha garganta com azul de metileno quando eu estava doente), depois moramos pouco tempo em Mogi das Cruzes (de onde só me lembro de quanto achava chato ir para a escola), depois fomos para Sorocaba. Foi lá onde tive contato com o primeiro espetáculo teatral, o primeiro namorado, a primeira turma, e onde fiz amizade com outra forasteira, como eu, vinda de São Paulo, a atriz Maria Alice Vergueiro. E nesse meio-tempo, nas temporadas de férias, sempre teve Ubatuba.

Grande parte da minha infância eu passei férias em Ubatuba, no período em que se abria a estrada Rio-Santos. Eu vagava com a minha turma de praia em praia e um dia presenciamos um episódio que me marcou muito. Tem uma praia que hoje em dia é um local *top* que se chama Domingas Dias. No alto do morro da praia morava uma negra africana, que deveria ser remanescente de algum quilombo, chamada Domingas Dias.

E a grande aventura da minha turma naquela época era andar pela praia até a Domingas Dias para ver se encontrávamos aquela mulher misteriosa. E numa manhã, quando estávamos quase chegando na praia, ouvimos uns estampidos. Algumas pessoas passaram pela gente e disseram: *Meninos, não vão na Domingas Dias que tá tendo guerra.* Ficamos muito assustados e voltamos. Mais tarde, soubemos que tinham matado a Domingas Dias. Depois de adulta, percebi que aquele não foi um fato isolado na abertura da Rio-Santos.

Claro que teve caiçara que quis vender sua terra, que depois ficou vagando por aí, mas isso é problema de cada um. Teve também caiçara que trocou sua terra por uma mala de dinheiro sem valor, que foi enganado. Mas teve sim um processo muito violento. Enfim, isso ficou muito marcado dentro de mim e com certeza influenciou muito minha maneira de encarar o papel do teatro na sociedade.

Minha relação com o mar também influenciou muito minha obra. Com o mar, assim como com o teatro, tenho uma ligação quase religiosa, permeada por uma espécie de ritual. Não sou capaz de chegar na praia, me lambuzar de bronzeador, usufruir do sol, me banhar e ir embora como cheguei. Assim como não chego nem saio impune de um trabalho teatral. Antes de entrar no mar, peço licença a Iemanjá e a todo povo do mar, entro lentamente, sentindo o contato da água e a energia que vem dela. É uma troca. No teatro, é a mesma coisa, o palco é um lugar sagrado. A relação com os atores é marcada, primeiramente, pelo respeito. É igualmente uma relação de troca que deve ser, antes de mais nada, respeitosa, saudável, produtiva, benéfica. Só assim podemos receber o público.

Mas voltemos à infância. Nas temporadas que meu pai passava em Ubatuba, ele organizava a

Hotel Felipe - onde morei em Ubatuba

cooperativa dos pescadores – ele queria fazer o que eu estou fazendo hoje com o São Sebastião Tem Alma e o Povos do mar.

Até que ele foi proibido de ir para Ubatuba sob alegação de que estava "agitando" os pescadores. E fomos para Casa Branca, que é realmente uma página em branco na minha vida. Me senti arrancada de minha turma, de minhas atividades, tanto assim que eu levei a única bomba da minha vida – bombei em trabalhos manuais!

Foi quando deu uma epidemia de meningite em Casa Branca e meu pai, que já estava pra se aposentar, foi transferido de volta pra São Paulo, mas a família foi morar em Campinas.

Nessa época (final dos anos 40) ele não agüentou a barra da polícia paulistana. Ele tinha tanto pavor do tratamento brutal que era dado aos presos que chegou um dia e disse: *Olha, não quero mais*. As pessoas falavam *tem que ficar aí até aposentar como "especializado", falta pouco, o salário é muito melhor*. Mas ele não agüentou.

E claro que isso também influenciou – e influencia até hoje – minha obra. De meu pai herdei a timidez, o inconformismo perante a injustiça, o espírito de luta. E também um certo desassombro diante de situações limítrofes.

Eu me lembro de um episódio de minha infância relacionado a isso. Meu pai era delegado regional de polícia em Sorocaba, e tinha um leprosário lá perto que chamava Pirapitingui. Numa madrugada eu acordei muito assustada, com umas pessoas chamando meu pai para acalmar um levante que os leprosos estavam fazendo. Meu pai se vestiu rapidamente e estava saindo quando as pessoas perguntaram se ele se ele não ia armado. Ele respondeu: *Mas eu estou armado*, e mostrou o terço que levava no bolso.

Me lembro que as pessoas comentarem que ele chegou lá, se meteu no meio dos leprosos e fez uma falação com o terço na mão. Falou sobre generosidade, caridade, sobre Deus, mas também sobre injustiça e sobre necessidade de organização para se conseguir melhorar uma situação ruim. Enfim, ele tinha essa coisa de enfrentar situações complicadas na argumentação, sem violência, bem diferente do perfil tradicional do delegado de polícia.

Já de minha mãe herdei o temperamento fechado. Ela era uma mulher quieta, austera, muito responsável. Quando era solteira, muito jovem ainda, ela foi diretora de um pensionato no Palácio dos Azulejos em Campinas (que foi sede da Prefeitura e onde hoje funciona o MIS – Museu de Imagem e Som), cujo mentor era Dom Nery. Nesse pensionato moravam as moças de outras cidades do interior que iam estudar na Escola Normal. A mesma Escola Normal que seria tão importante, muito tempo depois, na minha vida. Sim, por que foi na Escola Normal (hoje Instituto de Educação Carlos Gomes) em Campinas que eu me fiz gente, virei cidadã muito rapidamente.

Eu já estava adaptada em Campinas, quando minha família, após a aposentadoria de meu pai, decidiu voltar para São Paulo. Mas eu não queria mais rupturas, já tinha minha turma, meu namorado, eu tinha tudo. Então eu disse: *Não, eu vou ficar para terminar o ginásio.* E fiquei sozinha, aos 15 anos, morando no Pensionato Santa Cruz.

Era um casarão gerenciado pela freiras dominicanas. Às seis da tarde ninguém mais entrava nem saía. A freira que ficava na portaria chamava irmã Santo Humberto. A gente reclamava da comida, do telefone, de não poder sair... Mas ela era surda e só falava que era assim mesmo, que era pra fazer sacrifício.

Essa relação com a religião, com a formação dentro da igreja católica, claro que marca muito e acaba ficando. Hoje, ainda mantenho uma relação forte com os santos católicos, apesar de ser completamente diferente da relação que me foi passada pela família dos meus pais. É mais uma relação de irmão, de amizade. Tenho os santos da minha vida que eu nem vou nomear agora porque eu posso esquecer de algum, aí fica chato! Mas a relação não pára nos santos, eu falo com Deus também, falo com Jesus, falo com todo mundo, rezo. Sou uma pessoa que reza, acredito para caramba. Mas não sou católica praticante, não tenho relação com o clero, mas acho que deve haver respeito.

Essa relação com o sagrado se mantém presente também na minha relação com a natureza, tanto que durante um grande momento da vida fui umbandista. E como boa brasileira, tenho as minhas guias, tenho Iemanjá, tenho um oratório com um monte de santos!

Primeiros passos em Campinas

Mas, enfim, voltando à adolescência, fiquei longe da família, morando num pensionato de freiras. É claro que essa decisão fez com que eu me sentisse sozinha no mundo, mas acabou me dando uma dimensão maior de independência, da necessidade de resolver as questões sozinha, de liderar minha própria vida. E isso, com certeza, eu levei para a minha relação com o teatro. Acabei assumindo de vez uma posição de direção, na qual cabiam as decisões e escolhas. E assumindo as conseqüências, ou seja, os acertos e erros.

Mas pensando nas influências, posso dizer que uma figura que marcou muito a minha vida foi o Paschoal Carlos Magno, hoje, infelizmente, esquecido no Brasil e completamente desconhecido pelas novas gerações. Tem uma pequena sala no teatro Sérgio Cardoso em São Paulo chamada sala Paschoal Carlos Magno, o que na realidade devia ser ao contrário, posto que o Sérgio Cardoso é uma cria dele.

O momento que eu conheci o Paschoal marcou o norte da minha vida. Eu estava fazendo o ginasial e a figura dele era impressionante – um homem enorme, de uma beleza romana, de uma firmeza e de uma sinceridade! O Juscelino, inteligente que era, manteve o Paschoal como um ministro sem pasta para agitar e intelectualizar a juventude do Brasil.

A grande obra de Paschoal foi investir nessa moçada através do Teatro do Estudante do Brasil. Ele acreditava nos espetáculos e acreditava muito nas pessoas. Ele investia nos jovens, elegia as pessoas que tinham uma chama e aí ele enlouquecia. Acho que é uma coisa que herdei dele.

Eu primeiro acredito no teatro da comunidade, teatro comunitário, seja ele onde for. Eu poderia ter ido embora de Campinas, de São Sebastião, para me dedicar apenas à minha carreira de "diretora" em São Paulo, "fazer carreira", como queriam que meu pai fizesse. E eu poderia ter sido uma "diretora muito famosa" porque do meu ramo eu entendo. Mas eu acredito muito mais no resultado e na alteração que você pode fazer na comunidade através do teatro. Assim como Paschoal sempre acreditou.

Essa minha maneira de ser, minhas experiências pessoais, minha formação, o modo como encaro o teatro desde o primeiro momento, foram decisivos para os rumos que segui profissionalmente. E foi a partir de Campinas que formamos nossa trincheira em espaços bem definidos – o TEC (Teatro do Estudante de Campinas), o Rotunda e o TAO (Teatro de Arte e Ofício). E nesse caminho já se vão 40 anos!

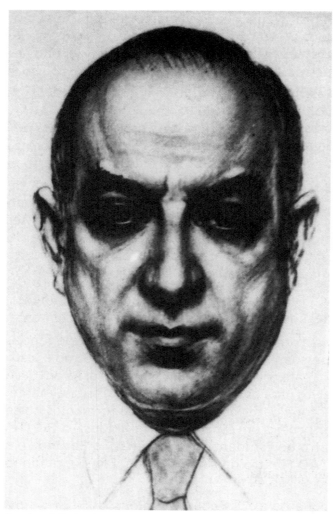

Paschoal Carlos Magno

Capítulo III

Outras influências

Paschoal Carlos Magno

Voltando a falar de Paschoal, muito dos atores brasileiros que surgiram na época, moraram em Santa Teresa, na casa dele. Era uma casa enorme, de três andares, que vivia entulhada de pessoas que vinham de todas as partes do Brasil. Ele falava: *Olha, nem sei de onde são, pergunta pra eles. Olha, na cozinha deve ter alguma coisa, procura lá.* Era muito louco.

Eu me lembro de uma vez que eu fui para o Rio de Janeiro para uma reunião preparatória de um Festival Nacional e ia ficar no apartamento de uma amiga. Cheguei à noite no apartamento e a chave não abria a porta.

Como eu não conhecia ninguém, voltei para a rodoviária para esperar amanhecer. Ai o varredor falou: *Olha moça, é melhor não ficar aqui, agora o movimento começa a cair e é perigoso ficar sozinha.* Eu ainda estava carregando uma supervitrolinha Sonata e fiquei com medo de ser roubada.

Liguei para o Paschoal e ele falou: *Sua louca, venha pra cá imediatamente, pegue um táxi e venha.*

Só que o cara do táxi deve ter percebido minha cara de assustada e começou a ficar meio engraçado: *Ah, paulista, coisa e tal*, aquele papo de carioca.

Quando a gente começou a subir pra Santa Teresa, o cara foi ficando cada vez mais engraçado e eu mais assustada. De repente, comecei a ouvir uns gritos no meio da noite: *Theresinha Aguiar, onde está você!* O Paschoal tinha se tocado que era madrugada, ficou preocupado e começou a descer a ladeira de Santa Teresa, de pijama, gritando meu nome. O cara do táxi ficou em pânico com aquele cara enorme, correndo em direção ao carro, gesticulando muito. *É meu tio*, falei. Esse era o Paschoal, que se despencava do morro de Santa Teresa de madrugada, de pijama, para salvar os caipiras que iam atrás dele.

Muitas outras vezes depois eu fui para o Rio nessas reuniões e dormi na casa dele. Ele falava: *Vê onde tem lugar aí*, e tinha aquelas roupas de cama que todo mundo usava. Ele tinha umas irmãs que eram tão loucas quanto ele, a tia Orlanda e tia Rosa, que viviam no mesmo estilo, no mesmo ritmo. Era uma loucura total. Que saudade dessa loucura que não existe mais!

A Fundação Pinheiro Júnior, do Rio de Janeiro, doou para o Paschoal uma fazenda esculhambada, velhíssima, chamada Aldeia de Arcozelo. Ele queria fazer lá um refúgio dos artistas.

A Aldeia de Arcozelo era uma coisa mágica, difícil de definir. Quando fui escrever minha tese sobre o Teatro do Estudante, voltei a Arcozelo. Paschoal já tinha morrido, só estava lá tia Orlanda, já muito velha. As portas dos grandes barracões estavam abertas, a chuva tinha inundado a biblioteca. Os figurinos de *Romeu e Julieta*, de *Hamlet*, estavam esfarrapados no porão. Tinham portas que não se abriam e não havia como ter acesso a nada mais. Arcozelo tinha acabado absolutamente abandonada.

A gente ainda teve a felicidade de participar de dois festivais que ele fez lá – um festival de teatro para criança, para o qual levamos o *Tribobó City* de Maria Clara Machado pela EAD, e o Festival de Arte Sacra, onde participamos com *A Via-sacra* do Ghéon, com o Rotunda.

A Via-sacra
Havia um terreno ao lado do casarão que tinha o aspecto de uma arena. O Paschoal mandou colocar umas pedras e o local se tornou um teatro com arquibancadas, como os teatros gregos, absolutamente natural. O local era cercado por árvores enormes, lindas. Para a apresentação da *Via-sacra* resolvemos inverter as coisas, e ao invés

de fazer o espetáculo na arena, a gente colocou o público embaixo e fez o espetáculo subindo as escadarias de pedra.

Os figurinos eram túnicas e mantos de flanela, compondo as figuras rústicas da Bíblia, tão humanas. A noite veio nas últimas cenas e envolveu o pessoal da dança, da música, os convidados e os colonos, todos juntos conosco, em longos e silenciosos abraços. Era a total perplexidade diante da obra de arte que fazia circular a grande energia que ia aquecendo todos nós.

Era fim de tarde e a iluminação pifou. O que foi maravilhoso, pois fizemos o espetáculo iluminado pelos derradeiros raios de sol, entre as árvores. A tarde foi escurecendo, com pesadas nuvens, que faziam a "luz cair em resistência".

Com esse espetáculo reencontrei o ponto de luz perseguido desde os idos de 1948, quando uma réstia de sol iluminou o rosto do Hamlet/Sérgio Cardoso, numa manhã na Escola Normal, no dia em que conheci o Paschoal. Foi, sem sombra de dúvida, o momento mais feliz e mais bem realizado desta trajetória, um belo final para uma história de amor.

Mas era também o epílogo. A grande lembrança que guardamos de Arcozelo, dentre tantas outras lembranças tão importantes, foi uma longa conversa com Paschoal, no seu quarto cheio de cartazes, livros e, sobretudo, de esperanças. Ele queria que fizéssemos juntos *Romeu e Julieta* para apresentar nas ruas de Santa Teresa, nas casas e nas salas de sua própria casa.

Estive depois na casa dele para planejarmos a produção da peça. Dizia ele: *Nesta sacada, que dá para o pátio interno, faremos a cena do balcão, serão moças e rapazes do Brasil inteiro na grande cena do baile, as cenas de rua vão para as ladeiras deste morro, depois recolhemos o espetáculo para o teatro Duse.*

Fizeram uma vez, num programa de televisão tipo "essa é sua vida", uma homenagem ao Paschoal e eu fui chamada pela produção. Ele falou do Teatro do Estudante, eu apareci, a gente se abraçou, se beijou, chorou, foi um momento superemocionante.

Saímos para jantar depois do programa – ele já estava bem velho – e falava o tempo todo: *Theresinha, vamos fazer pelas ladeiras de Santa Teresa* Romeu e Julieta. *Você vai dirigir e nós vamos fazer o grande baile na minha casa.*

Nessa época, eram poucos os que acreditavam no romântico herói de Santa Teresa e muito menos na delirante montagem de *Romeu e Julieta*. Vendo a Aldeia de Arcozelo em ruínas, eu lembro de uma frase dita por Paschoal, tempos depois, já exilado da sua casa: *Os homens públicos são transitórios, mas podem, na sua transitoriedade, fazer todo o mal do mundo.*

E a Casa de Santa Tereza, que abrigou tanta gente, ele não conseguiu mais administrar. No fim da vida, Paschoal estava morando num apartamento onde eu cheguei a visitá-lo. Mas aí não era mais o Paschoal, já tinha médico, tinha enfermeiro que cuidava dele. Mas ele ainda sonhava em fazer *Romeu e Julieta* em Santa Teresa. Claro que ninguém acreditava, mas eu falava: *Ah, Paschoal, vamos fazer, vai ser lindo.*

E depois eu não o vi mais. Ele morreu e com ele morreu esse mecenato. Ele era um mecenas, era um louco que acreditava que através da cultura você construía um país. Uma cultura que investia na juventude. Paschoal era um erudito que queria popularizar a cultura. Só que a bandeira do Paschoal não conseguimos vender pra nenhum governador, nenhum prefeito.

Paschoal Carlos Magno marcou profundamente a vida do teatro nacional, criando o movimento de estudantes que cruzou este país de ponta a ponta, semeando cultura e teatro. Nessa missão, Paschoal Carlos Magno empenhou tudo o que possuía, até a própria vida.

Hilda Hilst no seu escritório

Hilda Hilst
Fui a primeira pessoa que montou as peças da Hilda Hilst.

Nós já éramos amigas, eu freqüentava a chácara dela quase todas as noites. Ela já tinha uma bela produção, mas ninguém montava. Talvez tivessem medo da obra dela, que realmente não é fácil. Mas é belíssima!

A primeira peça foi *O Rato no Muro*, que montei como exame na EAD a convite do dr. Alfredo Mesquita, onde a Ester Góes fez a irmã superiora. Depois, remontei com outra turma da EAD e a Jandira Martini interpretou o personagem que tinha sido da Ester Góes.

A Hilda estava ansiosíssima porque ninguém nunca tinha feito o teatro dela, e confesso que nós também estávamos. O texto é complexo, subjetivo, sobre freiras que vivem trancafiadas num convento à espera da chegada de alguém ou algo. Do lado de fora, a ameaça ou a salvação. Bom, uma grande viagem, poética, como não podia deixar de ser.

Levamos esse espetáculo para o Festival de Teatro Universitário na Colômbia, e foi um momento incrível. Eu não queria fazer o espetáculo num teatro convencional, então propus que apresentássemos pelas ruas, até chegar à frente da catedral.

E saímos com o elenco pelas ruas de Manizales, quando começou a armar uma grande tempestade. E aquelas freiras enlouquecidas pelas ruas, cantando, gritando e foi juntando gente, parando pessoas...

Chegamos ao lado da catedral antiga e apresentamos o espetáculo sob um céu de fim de tarde, ameaçadoramente lindo, com relâmpagos faiscando. Quando me lembro, ainda fico arrepiada.

Depois, montei da Hilda *O Visitante,* que é uma peça também super-hermética, difícil. Com o grupo da Faculdade de Arquitetura de São Paulo, fiz *O Novo Sistema.* Outro desafio.

Com *O Rato no Muro* chegamos a fazer uma temporada em São Paulo no teatro Sesc Anchieta. Na véspera da estréia, varamos a noite ensaiando, montando o cenário do Geraldo Jurgensen que era uma cruz completamente torta, cheia de candelabros esquisitos, com um anjo velho, despedaçado, ao fundo.

O espetáculo era tão impactante que quando acabou, o público se manteve uma fração de segundos no mais absoluto silêncio. Aí a Hilda, que era muito louca, disse bem alto: *Eu sabia que ia ser uma merda*. Quando ela acabou de falar, o teatro veio abaixo, as pessoas aplaudiam, gritavam, foi uma loucura esse *O Rato no Muro* no Anchieta.

Posso dizer que fiz um estágio em minha vida com a Hilda Hilst. Um estágio de sabedoria e loucura, que marcou fundo, para valer. Outra vez, a santa loucura que não existe mais.

Teresa e Abujamra

TBC e Abujamra

Logo depois que fizemos as *3.650 Noites do Rotunda* em comemoração aos 10 anos do grupo, fui embora para São Sebastião. Estava esgotada, tinha sido um espetáculo maravilhoso, mas muito difícil – tinha me endividado para arcar com a produção e até empenhei minha Variant 79 (que era novinha naquela época e que, felizmente, continua comigo até hoje!).

Estava realmente decidida a ficar morando com os caiçaras, olhando para o mar. Até que um dia o Paulo Hesse – que tinha sido meu aluno na EAD – me disse: *Você é louca, não vai agüentar ficar aqui, vamos pra São Paulo, o Abujamra está reabrindo o TBC e está precisando de uma pessoa. Eu te apresento pra ele.* Estávamos na praia do Guaecá e para falar a verdade, já estava ficando enjoada de ficar sem fazer nada.

Fomos para São Paulo e o Paulo Hesse me levou aos subterrâneos do TBC, num porão tenebroso onde ficava a salinha do Abujamra. E com aquela cara de Abujamra que todo mundo conhece ele falou: *Senta aí e conta toda sua vida.* Aliás, essa é uma frase que incorporei e uso sempre: *Conta sua vida.*

Conversamos um pouco e ele falou: *Estou abrindo o TBC e fazendo um espetáculo muito lindo, muito difícil e você vai fazer comigo. É* Dona Rosita, a Solteira, *do Lorca, lá no teatro da Nicette Bruno, o Paiol. Está aqui o texto, esteja amanhã às 2 horas da tarde para o ensaio.*

Nicete Bruno em Dona Rosita, a Solteira

Trabalhar com a Nicette Bruno, para mim, foi uma escola. Uma atriz maravilhosa, de uma competência, de uma disciplina, de uma humanidade imensas. Também foi nesse espetáculo que eu conheci a Márcia Real, com quem trabalhei depois e é também uma atriz impressionantemente disciplinada, competente.

Um pouco antes da estréia, o Abujamra foi viajar e me deixou sozinha e, evidentemente, morta de medo. Foi a mesma sensação de quando a

Cândida Teixeira, um século antes, me deixou sozinha fazendo *A Bruxinha que Era Boa*.

Eu comandei a estréia e a primeira parte da temporada. Um dia, num espetáculo vendido para escola, começou uma baderna na platéia. A Nicette, que fazia maravilhosamente bem a Dona Rosita, parou o espetáculo e disse: *Vocês estão me atrapalhando e atrapalhando o espetáculo, se forem continuar assim, a gente pára aqui. Agora, se vocês quiserem ver o espetáculo que eu estou oferecendo pra vocês, o comportamento tem que ser diferente. Eu vou fechar a cortina, me recompor e recompor o elenco, e a gente retoma o espetáculo. Nesse período, aqueles que quiserem ir embora podem ir.* E se retirou para o camarim. Tinha um elenco grande de jovens e ela passou tanta força para todos e impôs tanto respeito perante a platéia, que não se ouvia um mosquito. E foi o espetáculo mais bonito da temporada.

Enquanto fazíamos *Dona Rosita* no Paiol, os trâmites para abertura do TBC seguiam. Havia umas questões jurídicas que precisavam ser resolvidas e levei umas amigas minhas advogadas, a Wilma Laino e a Ruth Barbosa, que ajudaram muito o Abujamra nessa questão de legalizar o uso do TBC.

Depois de aberto o TBC, o Abujamra montou no Assobradado *Os Órfãos de Jânio* do Millôr

Fernandes. Eu continuava a ser sua assistente e posso dizer, sem falsa modéstia, uma assistente muito competente, já que às vezes ele sumia e eu ficava lá, segurando as pontas.

Mas eu adorava esse espetáculo, o texto do Millôr. Foi um espetáculo simples, direto, que contava uma história, um espetáculo completamente diferente de *Dona Rosita*. Tinha no elenco a Clarice Abujamra, outra grande atriz.

Depois de *Os Órfãos de Jânio* fomos fazer um espetáculo sobre a carreira do Hélio Souto. Essa produção acabou não dando certo por problemas internos, mas foi aí que conheci a Ileana Kwasinski, uma das melhores atrizes que já passaram pela minha vida.

Ela era uma pessoa especial. O Francarlos Reis, que trabalhava como ator em *Os Órfãos de Jânio* e fazia a produção executiva para o Abujamra, dizia que se ela jogasse um guardanapo no ombro virava moda, de tão forte que era a personalidade dela, de tão exuberante. E ela era muito engraçada, tinha dias que ela chegava reclamando: *Porra, gente, falo que estou com o maior problema e todo mundo começa a dar risada! Por quê?* É que ela era muito alto astral. Às vezes a gente se encontrava em São Sebastião, na praia do Guaecá, onde ela tinha uma casa.

Cena de Walfredo, meu Anjo *- Márcia Real e Ileana Kwasinski*

Trabalhei com ela em outra produção no TBC, do Amadeu Tilli, *Walfredo, Meu Anjo* do Benê Rodrigues. Nessa peça atuaram também a Bárbara Bruno, que fez um excelente trabalho, a Márcia Real, o Amadeu Tilli e o Dênis Derquian.

Infelizmente, a Eliane Kuasinski morreu muito cedo, não sei muito bem como e nem por quê. Era uma pessoa tão vigorosa, tão incrível, tão cheia de vida!

Enfim, foram cinco anos de TBC e de Abujamra, onde aprendi muitas coisas. Mas acho que na construção de um espetáculo, sou muito diferente do Abu, ele não sofre tanto, pelo menos não se deixa flagrar sofrendo. Essa é uma característica – ele nunca vai à estréia dos espetáculos. Ele morre de medo. Então ele fica em casa, ligando: *Tem gente? Quantas pessoas têm? Tem pipoqueiro? Ah, se o pipoqueiro já chegou, então eu fico mais aliviado. Quando tem pipoqueiro, tem gente!* Isso era uma coisa que ele falava. E outra coisa que dizia sempre: *Vamos trabalhar pouco e bem.* Ele era contra essa fúria de varar a madrugada ensaiando.

Nessa época, tinha um bar em frente ao TBC aonde o pessoal ia chegando e se reunindo. E o Abu ficava lá, falando aquelas coisas todas que ele gosta de falar até hoje. Ninguém entendia nada, mas todo mundo ficava fascinado, inclusive eu.

O Abu é um diretor muito inspirado, no meio dos ensaios ele tinha uns *insights* e ajudava muito os atores a encontrarem seus caminhos. Vi ele fazer isso várias vezes, dando pequenas chaves, aparentes descaminhos para os atores, mas que no fim ajudavam construir o personagem ou a cena. De repente, uma coisa bate na cabeça dele e ele põe para fora, desassombradamente. Eu acho que tenho um pouco isso, são momentos em que bate uma luz na cabeça, momentos do espetáculo que não foram programados.

Mas por incrível que pareça, o Abujamra é um menino. Um dia, ele estava dirigindo uma novela na Bandeirantes com Carlos Alberto Riccelli e a Bruna Lombardi e foram fazer umas gravações numa cachoeira perto de São Paulo. Para começar, ele não gostava de acordar cedo – no que tem toda razão. Depois, na tal da cachoeira existiam muitos pernilongos, que, claro, picaram todo mundo. Ele saiu da gravação e foi direto para o ensaio. Assim que chegou telefonou para mulher dele, a Belinha, que é uma figura, e falava com voz de coitadinho: *Ai, Belinha, os mosquitos morderam minha mão, o que que eu faço?* Parecia um menino de sete anos telefonando para a mãe. E na seqüência ele saía de lá e dava esporros homéricos no elenco. Depois, virava para a gente e falava: *E aí, será que eu exagerei?*

Enfim, eu acho o Abujamra uma grande figura, um profissional competente, que sabe das coisas. A passagem pelo TBC e a convivência com o Abu foi numa época muito importante na minha vida.

Passagem pelo Sesi

Fui durante dez anos ensaiadora teatral do Sesi, em Campinas. Primeiro em uma turma de adultos, mas como era difícil a leitura e compreensão de textos, convidei uma amiga para "ensaiar" leitura em grupo. Alegrinha, coloquei em meus relatórios essa façanha, que não onerava os cofres de ninguém. Veio uma advertência de São Paulo – eu não podia continuar com esse "aquecimento", porque o Sesi disponibilizava classes especiais para isso. Cheguei a fazer valentemente um espetáculo no Municipal com essa turma *A Casa Fechada*.

Na sequência, comecei a trabalhar com os filhos dos industriários, surgindo assim o grupo do "Sesinho". Fizemos vários espetáculos, inclusive a indefectível *Bruxinha que Era Boa* da Maria Clara Machado. Maria Clara, que sempre me dizia ao telefone – *faz seu teatrinho, se sobrar um dinheirinho você me manda*. Felizmente, bem depois, consegui mandar algum dinheirinho para ela – e viva *Tribobó City*.

Cena de A Bruxinha que era boa, *no Sesinho em Campinas*

Cena de Dona. Baratinha, *no Sesinho em Campinas*

Tempos depois, eu trabalhava no cartório e chegou um homem enorme e me disse:

- Lembra de mim? Oh Teresa, você se esqueceu! Eu sou o bruxo do "Sesinho".

Que bom que ele não se esqueceu.

E foi nessa época que o Sesi levou para São Paulo, o Eduardo Curado. Que pena!

O mar e sua gente
O "cuidar dos presos" – minha primeira declaração de princípios, feita ainda na infância naquela longínqua festa de família – veio concretizar-se já há quase 20 anos através do trabalho sociocultural que faço no Centro Cultural São Sebastião Tem Alma.

A ligação com os povos do mar vem da infância em Ubatuba. Porém, meu reencontro com essa paisagem me foi proporcionado pelo teatro, quando meu amigo dos tempos do Teatro do Estudante, Ernesto Vivona, convidou-me para um trabalho que acabou se transformando na "Missão de Teatro" no litoral norte.

Ao longo de pelo menos dez anos, a prioridade para mim foi – " Salvar o Mar para Salvar os Povos", a partir da cidade de São Sebastião. Claro que essa "salvação" passava pelos traços culturais. Projeto maravilhoso!

Mas só "caiu a ficha" quando o mestre Toninho Pequeno negou ser canoeiro. Depois, a confirmação da necessidade de ampliar as ações veio quando tivemos nosso primeiro contato com a comunidade isolada da Ilha da Vitória, mar adentro: *Como dançar, cantar, fazer barquinho, se não temos médico, professor, água, nem roça!* Esse era Seu Maneco, patriarca da Vitória.

E as fichas continuaram a cair – os povos do mar estavam (e continuam) em processo de extinção. Graças a Deus nunca voltei prá casa chorando porque apanhei na rua. Assim, a duríssimas penas, colocamos em ação o Programa SOS – Saúde, Educação, Agricultura e Pesca. Colocamos a seguir, também a duríssimas penas, os mestres artesãos na rede oficial de ensino – saíram de suas tocas e da "clandestinidade" para dar aulas de artesanato, pesca, trançado, rede e objetos de barro. Colocamos a Congada de São Benedito – depois de uma reclusão de várias décadas – na rua. As Folias de Reis e do Divino voltaram a percorrer a cidade.

Enfim, lá estamos, desde 1989, não só em São Sebastião mas em todo o litoral brasileiro, numa luta sem tréguas, na qual o "fazer teatral" tem ajudado muito.

Fossem o poder público e as empresas que vivem do nosso sangue mais atentos, teríamos o homem do mar produzindo alimentos – bastava que tivéssemos uma política pesqueira séria e permanente.

As empresas que querem transformar nossos litorais num "arremedo de Cancún" seriam menos burras se interligassem, na sua fome imobiliária animal, as culturas dos povos do mar, em vez de destruí-las. Até mesmo a legislação ambiental, que veio em boa hora, infelizmente está tão enxovalhada, tão manipulada pelos seus "vigilantes", que se permite o aterro do mangue para implantação de condomínios e *resorts* de luxo e pune, com mão pesada, o canoeiro, o artesão, o pescador, o roceiro de mandioca, porque, segundo sua lógica, esses sim são os grandes "destruidores da natureza".

Somos, junto a alguns companheiros, uma das últimas fronteiras, e com nossas armas estamos em guarda com:

• Encontros Nacionais e Internacionais dos Povos do Mar, em sua 10ª edição. O próximo terá como tema as alterações na legislação ambiental.

• A TV Povos do Mar, primeiro exibida na Band Vale, depois na STV, que sem *glamour* de telenovela mostra a vida dessa gente.

• A Rede de Comunicação Povos do Mar não deixa mais ninguém isolado, procurando unir meu povo e torná-lo visível.

E viva as mulheres do mar, maiores produtoras de alimento do mundo – pescam e amamentam seus filhos!

Jornal de Brest - França

Árvore caída, construção de canoa

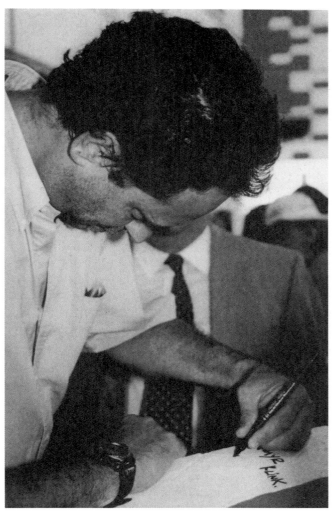

Amyr Klink autografando a Canoa, na Expo-Portugal

Canoa na Expo-Portugal

Encontro de Mulheres Pescadoras, Teresina-Piauí

Capítulo IV

Um pouco de história
O teatro em Campinas

Campinas tem uma tradição teatral dentro do interior do Estado impossível de ser negada. A primeira casa de espetáculos construída na cidade foi o Teatro São Carlos, em 1850, e o primeiro grupo teatral importante – a Companhia Dramática Campineira – nasceu em 1869.

Um fato importantíssimo para a vida cultural da cidade foi a apresentação no Teatro São Carlos do espetáculo *A Dama das Camélias* de Alexandre Dumas, em 1886, com a grande atriz Sarah Bernardt. Dá pra imaginar o que a apresentação dessa artista, acostumada a representar para "príncipes e reis nos cenários mais ricos da Europa", numa peça falada em francês, significou para Campinas!

O velho e bom Teatro São Carlos foi demolido, mas em seu lugar surgiu, em 1930, o belíssimo Teatro Municipal. De 1919 a 1949, atuou na cidade um grupo amador, o Grêmio Artístico Bandeirante, que teve, assim como outros grupos, uma produção importante. Outro grupo que atuou de 1953 até 1971 foi o Teatro de Arte da Prefeitura

(TAP). O diretor e principal ator do TAP era o dr. Carlos Maia, o querido Carlito Maia, que emocionava a cidade com sua atuação como Jesus Cristo na *Via-sacra*, que era apresentada todos os anos, na Semana Santa, e que mais tarde faria parte da vida do TEC.

Mas a gente pode dizer, sem sombra de dúvidas, que o grande marco moderno para o teatro campineiro foi a chegada em 1948 do Teatro do Estudante do Brasil, do Paschoal Carlos Magno.

Grupo com Paschoal Carlos Magno - T.E.B. em Campinas

Capítulo V

O Teatro do Estudante

O Teatro do Estudante do Brasil

O que há de bom no teatro Brasileiro? Eu grito aos brados: fique contrariado quem quiser, o que tem de bom no teatro brasileiro saiu do Teatro do Estudante. O Teatro do Estudante nasceu de minha mais total loucura. Eu tinha vindo da Europa e vi a situação caótica do teatro brasileiro, um teatro sem orientação técnica, representado por atores e atrizes sem a menor preparação. Uma situação melancólica, com uma crescente ausência de público e um número cada vez maior de companhias que multiplicavam seus frágeis esforços, suas energias, sem encontrar eco por parte da platéia e da imprensa. Aí eu me lembrei que todos os movimentos importantes do Brasil tiveram origem no meio estudantil. Então eu os chamei à casa de minha mãe. Havia uma mulher notável, hoje já esquecida por todos, uma das maiores atrizes do Brasil, a Itália Fausta. Fui procurá-la para dirigir o Teatro do Estudante do Brasil e ela chorou: "Mas eu nunca tive chance de fazer isso!" Ela foi então dirigir Romeu e Julieta. *Um espetáculo formidável, que deu de presente ao teatro Brasileiro, numa só noite, a Sônia Oiticica, o Paulo Porto, o Sandro Polônio. Toda a imprensa abriu coluna para eles. E deram uma lição de teatro, pois todos sabiam o texto de cor, falavam português com acento brasileiro. Isso, quando todos ainda usavam o ponto e falavam, no palco, com sotaque lusitano. Um dos maiores atores do Brasil, o Leopoldo Fróes, falava em cena como se fosse um lisboeta. Nós impusemos a língua brasileira no palco. Quando fui a um congresso de língua falada, na Bahia, todos os congressistas, homens ilustres, disseram que o Teatro do Estudante vencera uma batalha, colocando a língua brasileira no palco do Brasil.*

Paschoal Carlos Magno
(in depoimentos ii MEC-DAC-FUNART-SNT, 1977, p 159,160)

Monumento Túmulo a Carlos Gomes - Homenagem do T.E.B.

O Teatro do Estudante atraía jovens de escolas superiores, secundárias, técnicas, normais e aceitava qualquer pessoa que quisesse fazer teatro e fosse menor de 30 anos. Eram todos estudantes... de teatro.

Com o tempo, começaram a se multiplicar pequenos teatros pelo Brasil afora, seguindo o modelo e os processos do Teatro do Estudante. Eram grupos de amadores, operários, funcionários públicos de todos os Estados do país que queriam estudar, discutir, experimentar teatro. E claro, inovar.

As transformações na arte dramática não vinham isoladas, estavam dentro do movimento geral – criação de grandes indústrias, fundação de Brasília, intensificação da vida política e cultural. Eram as novas forças sociais que surgiam, as novas classes dispostas a participar ativamente do processo.

Com o Teatro do Estudante, o espetáculo brasileiro começava a procurar seus próprios caminhos, deixando de lado as influências do teatro francês, italiano e inglês, e os atores começavam a reagir contra a chamada escola portuguesa.

As contribuições do Teatro do Estudante do Brasil foram muitas: a implantação da fala brasileira no palco sem acento lusitano, a retirada do "ponto" e o início de uma tradição trágico-dramática. Mas claro que as grandes transformações no teatro nacional não podem ser creditadas unicamente às atividades do Teatro do Estudante do Brasil. Durante a década que se aproximava, um teatro cada vez mais local despontaria também da atuação do Teatro Brasileiro de Comédia, do Teatro de Arena e do Teatro Oficina, na criação da EAD.

Depois de um certo tempo à frente do Teatro do Estudante, Paschoal, que era diplomata, se afastou do país e chamou para ocupar seu lugar na direção a Maria Jacintha. Ela teve um papel muito importante na história do Teatro Brasileiro, pois foi quem difundiu a idéia de um repertório comprometido com a consciência do público e voltado para a transformação social.

E Paschoal voltou da Europa, com uma idéia – maluca, para a época – de encenar no Brasil o Hamlet, de Shakespeare. Apesar de a idéia ter servido de piada – era inconcebível montar o Hamlet no Brasil – Paschoal insistiu, conseguiu uma verba de 80 mil cruzeiros do MEC (a montagem custou mais de 400 mil!) E chamou para dirigir o espetáculo Hoffmann Harnish. Depois de sete meses de ensaios o espetáculo estreou, lançando os estudantes Sérgio Cardoso, Sérgio Britto, Maria Fernanda, Jaci Campos, Fregolente, Luiz Linhares e um novo cenógrafo, o Pernambuco de Oliveira.

E a montagem de Hamlet *pelo Teatro do Estudante do Brasil, realizada num nível que poderia ser colocado ao lado de importantes montagens internacionais, permitiu sonhar, concretamente, com o projeto de instauração de um teatro verdadeiramente moderno e adulto no Brasil. Uma agitação permeada de orgulho começou a percorrer o país de ponta a ponta. O* Hamlet *de 1948 era a afirmação, no teatro, da grande confiança que, talvez um pouco ingenuamente, depositávamos em nós mesmos naquele momento. E o mais importante era que essa afirmação vinha também (ou principalmente) do teatro de estudantes.*

O Hamlet de 48

Eu gostaria de dar um testemunho a esse respeito. Nós viajamos com o Hamlet *e sinceramente eu nunca vi nenhum acontecimento teatral comparável a tudo o que aconteceu durante as apresentações. Nem na Europa. Cada apresentação era um ato de amor, de magia, uma coisa incrível. O público vibrava. Os teatros ficavam superlotados. Uma coisa fantástica. Eu gostaria de perguntar ao Paschoal o que aconteceu com o teatro desse tempo para cá: por que ele não é mais aquele ato de alegria?*

Maria Fernanda
(in depoimentos ii MEC-DAC-FUNART-SNT, 1977)

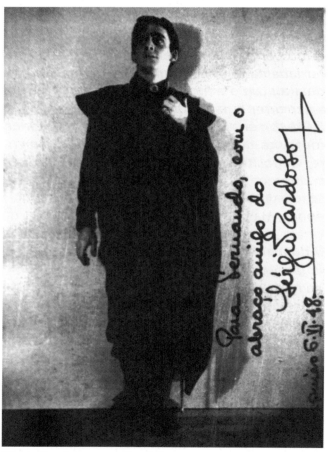

Sérgio Cardoso como Hamlet

Montar Hamlet *no Rio de Janeiro em 1948 era tarefa arriscada e só possível para um grupo amador, provavelmente, diante do que seria o custo de uma produção profissional adequada; estou perfeitamente persuadida de que no panorama de falta de tradição de montagem dos clássicos, de extrema juventude e conseqüente inexperiência e limitação técnica do elenco, a linha romântica, alemã, era realmente a mais indicada para a conquista do público. Talvez fosse realmente a única possível. E o que não é possível pôr em dúvida é a importância da montagem do Teatro do Estudante do Brasil naquela época:* Hamlet *simplesmente tomou conta da cidade, tornou-se o tema de todas as conversas, influiu até na moda. Disse Elia Kazan em algum lugar que o fenômeno mais estranho no teatro na noite de estréia, é que todas as noites daí em diante passem a aparecer no teatro exatamente 50 pessoas. O mesmo acontecerá se forem 100 ou 200 ou quantas queiram e, em 1948, foi exatamente isso que aconteceu no Teatro Fênix, de saudosa memória: o teatro estava cheio na noite da estréia e cheio ele permaneceu durante toda a temporada. "Aconteceu" alguma coisa no Rio de Janeiro com aquela estréia; de repente, o teatro passou a ser uma coisa excitante que captou a imaginação coletiva de boa parte da população. Em alguns casos o "clima* Hamlet*" resultou em*

*atitudes absolutamente fanáticas, com casos com-
provados de mocinhas que assistiram literalmente
a todas as récitas da temporada! Não saberia dizer
se o espetáculo foi bom, ótimo, mau ou péssimo;
posso garantir, no entanto, que a inexperiência
do elenco era em grande parte superada por uma
eletrizante entrega emocional, por uma generosa
paixão pelo que se fazia, que os monólogos do
príncipe da Dinamarca arrancavam lágrimas e
paroxismos de aplausos de um público que se en-
tregava ao espetáculo ao mesmo nível de paixão
com que a ele se entregavam os que dele toma-
vam parte. Posso dizer, também, que não tenho
lembrança de haver testemunhado em outro caso
algo semelhante à revelação de um talento tão
fulgurante quanto o de Sérgio Cardoso no papel
que dominou para sempre sua carreira. Claro que
ele não era um ator acabado, claro que precisava
de disciplina, de amadurecimento, mas naquela
linha alucinadamente romântica ele podia atrair
de corpo e alma e, com a simples força de seu
talento, criar um Hamlet que existia e se comu-
nicava com força memorável.*

Bárbara Heliodora
(in depoimentos ii MEC-DAC-FUNART-SNT, 1977)

*Hamlet conseguiu um impacto terrível. Durante
50 noites foi representado no Teatro Fênix super-
lotado, com um calor terrível. O espetáculo me-*

receu críticas, crônicas e comentários jornalísticos os mais favoráveis. Eu mesmo tenho aqui em casa quatro ou cinco volumes de recortes sobre a presença do Hamlet *no teatro brasileiro. Uma promoção cheia de entusiasmo. Inclusive, vou confessar aqui o que raras vezes falei a alguém. Preocupado em firmar o espetáculo entre nós, eu mandava cartas para meus amigos, na Europa, solicitando todo o apoio deles. Uma coisa assim: "John Gielgud, você me faz o favor de me mandar o telegrama que aí vai no texto: – saúdo o Teatro do Estudante. Desejo todo o êxito, John Gielgud". Fiz isso com muita gente. Com o Vitório Gassmann. E então os jornais ficavam cheios de telegramas e os malditos ainda dizendo que o Paschoal Carlos Magno dá a impressão de que o mundo inteiro vai parar porque ele está apresentando* Hamlet. *O certo é que fizemos o maior sucesso.*

Paschoal Carlos Magno
(in revista Dyonisios do MEC/FUNDART, 1978)

Moças e rapazes de Campinas, esse é Hamlet, e esta é Ofélia.

Foi a primeira vez que ouvi a voz de Paschoal Carlos Magno. Eu tinha 14 anos, e junto com outras centenas de estudantes que apinhavam o anfiteatro da Escola Normal, aguardava ansiosa a chegada dos estudantes do Rio de Janeiro, que iam falar sobre o espetáculo que seria apresentado naquela noite no Teatro Municipal – *Hamlet* de Shakespeare. Seria a primeira vez que eu assistiria a um espetáculo teatral. Antes, só o circo da minha infância.

Paschoal Carlos Magno, diretor do Teatro do Estudante do Brasil, acompanhava os atores para uma conversa com os alunos, antes da sessão da noite. E assistimos todos, extasiados, Sérgio Cardoso e Maria Fernanda, iluminados por uma réstia de sol daquela manhã de inverno de 1948, vestidos com roupas normais, representarem trechos de *Hamlet*. Talvez aquele Sol que entrava pela janela incomodasse os atores. Mas para mim, aquele Sol que batia direto no rosto de Sérgio/Hamlet era a luz ideal, perfeita e eu continuei perseguindo aquele momento por toda a minha vida.

A apresentação do *Hamlet* em Campinas foi programada pela união universitária (composta por estudantes das faculdades de Filosofia, Canto Orfeônico e Ciências Econômicas), que armou uma estratégia para o sucesso do empreendimento. Primeiro, interessou o empresário teatral que trazia os espetáculos de fora, Henrique José Pereira, que usou de seu prestígio junto à sociedade local lotando platéia, frisas e camarotes e reservando aos estudantes o resto do teatro – o que já era muito, já que o velho Municipal de Campinas comportava muitas pessoas.

Se para o Rio de Janeiro o impacto do espetáculo foi tão expressivo, imaginem o que significou para cada canto do Brasil onde o *Hamlet* foi mostrado! Seria impossível catalogar o número de movimentos teatrais surgidos por causa do espetáculo. E assim, o fenômeno *Hamlet* pode ser considerado um divisor de águas também para a cidade de Campinas.

Para mim, menina chegada ontem, tímida e caipira, a voz de Paschoal foi como um chamado, o chamado de um sacerdote para participar de uma cerimônia cotidiana, o encontro com o milagre do teatro. E esse chamado persiste até hoje, mesmo quando o predestinado Paschoal se retirou para sempre, certamente de volta à sua casa de Santa Teresa, do jeito que era antes – sua espécie de Olimpo.

O Teatro do Estudante de Campinas

Acho sem dúvida que o trabalho do TEC e dos outros grupos ajudaram a transformar Campinas. Mas uma companhia de teatro, um grupo que consiga sobreviver em Campinas é tão raro! Um grupo dar certo. Há quanto tempo que não dá certo nada...

Regina Duarte

O Teatro do Estudante de Campinas nasceu sob a luz de duas estrelas de dimensões diferentes, mas que de uma forma ou de outra, acabaram por apontar-lhe o caminho a ser seguido: Paschoal Carlos Magno e Alfredo Mesquita.

Paschoal Calos Magno, que levou em 1948 os moços do Teatro do Estudante do Brasil para apresentar *Hamlet* de Shakespeare, nunca mais cortou a ligação profunda que estabeleceu com os jovens locais, deixando a semente do Teatro do Estudante de Campinas.

Alfredo Mesquita, em contrapartida, foi o tutor sempre presente e eficaz na sua tarefa de bem educar para o teatro. Não há dúvida de que os princípios que durante um longo período nortea-ram a formação cultural do grupo, bem como um mais amplo entendimento do que fosse teatro, basearam-se na atuação da Escola de Arte Dra-mática de São Paulo.

Esses princípios eram muito nítidos:

a) Intelectual – consciência de não conhecer o suficiente; logo, não improvisar a partir do nada, mas procurar aprender.

b) Artístico – procura e preocupação constan-te do aperfeiçoamento estético da obra teatral concebida como pesquisa e trabalho.

c) Político – atuação dentro dos limites para os quais apontava o objetivo primeiro: fazer teatro; mas sempre que foi preciso unir forças, o TEC assumiu o seu papel de entidade atuante na política estudantil.

d) Social – interferência constante no circuito social da cidade, em todos os espaços oficiais ou alternativos, centrais ou periféricos.

e) Econômico – produzir sempre sem fins lucrativos.

f) Humano – paixão exercida com liberdade.

Antes mesmo de conhecer o teatro e seu espaço de Peter Brook, o TEC procurava o clímax da celebração. Pura intuição. Sempre foi livre, independente, já que no princípio cortou as cordas que o amarravam às faculdades e nunca mais assumiu outro compromisso que não fosse o ofício do teatro, que exercia com a devoção dos que acreditavam ser possível acontecer o milagre da celebração. Como toda a juventude da época, seus integrantes dispunham de tempo (tempo interior) para elaborar sua proposta de vida. Não havia cobranças a curto prazo.

O Teatro do Estudante de Campinas foi o resultado da atitude conseqüente de uma geração que pôde elaborar todo um processo de desenvolvimento cultural, mediante o exercício do livre pensamento. Essa mesma geração, porém, sofreu o afunilamento repressor resultante do Golpe de 64. Qualquer ação conjunta de estudantes passou a ser proibida: umas, ostensivamente, desde que fossem entidades políticas; outras, como agremiações culturais e artísticas, por via indireta. E o grande espaço vazio que deixaram não foi preenchido pela política de produção massificada da cultura. Era o Golpe de 64.

O Teatro do Estudante do Brasil visitou Campinas em junho e já em agosto foi realizada a primeira assembléia de estudantes para a aprovação do estatuto para a fundação do Teatro do Estudante de Campinas (TEC). Apesar de serem estudantes da Faculdade de Filosofia (que depois se tornaria a PUCC), o grupo era independente. A idéia de um teatro com base em determinadas exigências de caráter estético, definida tanto na escolha dos textos quanto na opção por um cuidadoso trabalho de montagem, estava presente desde o primeiro momento.

Já em setembro, o TEC consegue uma sede – um dos camarins do Teatro Municipal – e começam as discussões sobre os primeiros projetos do grupo, com orientação do professor George Raeders, da Faculdade de Filosofia.

O grupo decide montar, como primeiro espetáculo, *As Artimanhas de Scapino*, de Molière. A estréia do grupo fez muito sucesso, tanto assim que depois de uma temporada na cidade o espetáculo seguiu para o interior.

O segundo espetáculo do grupo foi *Flores de Sombra,* de Cláudio Souza. Porém, depois da sua segunda temporada em Campinas, o TEC caiu num inexplicável silêncio até 1953, quando então nossas histórias se uniram.

Isso aconteceu numa tarde de março de 1953, no mesmo anfiteatro onde, cinco anos antes, o Teatro do Estudante do Brasil tinha desembarcado. E embora a locação fosse a mesma, o ponto de vista da câmera era outro, as personagens eram outras. Eu, sentada no centro da mesa, me preparava para fazer um discurso de posse, já que, numa campanha baseada num feminismo tão desarticulado quanto precoce, fui eleita a primeira presidente mulher da associação normalista Álvares de Azevedo.

Ao me levantar para ler meu discurso – escrito em tiras de papel pautado – me lembrei da réstia de Sol que iluminou o rosto daquele Hamlet-Sérgio Cardoso, ponto de luz cravado em minha memória. Senti uma sensação estranha, que alterou profundamente minha "proposta de governo".

E assumi, naquele momento, o compromisso inadiável de fazer renascer o Teatro do Estudante de Campinas.

Meu discurso de posse se baseou numa notícia de jornal que fez vibrar a equipe que assumia a direção do Grêmio: líderes juvenis de várias partes do mundo reuniam-se na Grã-Bretanha para estudar o trabalho das organizações estudantis.

Teresa no Grêmio

Desse acontecimento, eu partia para apresentar um programa de realizações concretas, como cimentar o pátio do recreio da escola, promover debates sobre questões políticas e sociais e realizar pelo menos três bailes por ano! Até aí, tudo bem, tudo simples, se não fosse aquele ponto de luz que martelava no inconsciente e iria deflagrar um processo que não teria mais fim – um novo tempo teatral para Campinas.

No fim da cerimônia só um dos professores, Norberto de Souza Pinto, fez uso da palavra e me disse: *Você não é só un´enfant terrible! Você é uma anarquista. Que bom!* Meus opositores, discentes e docentes acharam graça daquelas palavras, mas eu entendi.

Um mês depois, em abril de 1953, já estávamos reunidos: Fernando Catani (que participara do início do TEC em 1948), Ademar Guerra (um dos grandes diretores de teatro que o Brasil teve e que naquela época era normalista), alguns outros companheiros e eu. E com a direção do dr. Carlos Maia, grande artista campineiro, o TEC reassumia seu lugar na cidade. Os ensaios aconteciam na biblioteca da Escola Normal e em maio daquele mesmo ano, apresentávamos *A Comédia do Coração,* de Paulo Gonçalves. O espetáculo foi o ponto alto das comemorações do Cinqüentenário da Escola Normal Carlos Gomes.

Em junho do mesmo ano, o TEC participou de uma espécie de gincana com propósitos intelectuais – a Maratona Cultural dos Estudantes. Logo depois, levamos para Campinas o mimodrama *O Escriturário*, com o Luís de Lima, que estava saindo da Escola de Arte Dramática de São Paulo.

Com a intenção de criar na cidade uma política cultural, organizamos o *Teatro das Segundas-feiras*. O movimento começou muito bem, apresentando o espetáculo *Pega-fogo,* de Jules Renard, com a Cacilda Becker. E o movimento continuou, levando para Campinas por mais de dez anos os mais importantes espetáculos de fora.

Ademar Guerra, então presidente do TEC, apresentou uma proposta para o espetáculo de 1954: *A Altitude 3.200,* de Lucien Luchaire e indicou também três nomes para a direção – Ruggero Jacobbi, José Renato e Ziembinski, só!

Enquanto fazíamos os ensaios de *A Altitude 3.200*, sob a direção do José Renato, acontecia na sede da empresa de eventos artísticos Jussara um curso com aulas ministradas por José Renato, Ruggero Jacobbi, Ziembinski e Francisco Jaquieri. Dá para imaginar o que esse curso significou para todos nós!

Ademar Guerra

Nesse período tivemos contato com o avesso do espetáculo – a caixa do palco – e aprendemos a usar os instrumentos que criam a magia do teatro. Manoel Erbolato foi o mestre-artesão que ensinou como lidar com respeito com as coisas do teatro. A gente tinha medo e consideração por ele – era severo, mas muito sábio. Joaquim Fortunato e Luís Langoni foram seus substitutos nessa função. Aprendemos a conviver com cordas, bambolinas, fios de som e luz. Até mesmo com uma resistência de iluminação movida a água e sal dentro de um tambor, onde seu Elias mergulhava fios e produzia maravilhas!

Esse período coincidiu com a partida de Ademar Guerra em busca de seu destino maior e a montagem de *A Altitude 3.200* não conseguiu vingar. Esse fato levou a um período muito difícil, que acabou atirando o TEC num vazio de projetos.

Atravessamos uma fase muito ruim – o TEC e eu. Era um tempo diferente: saíamos da Escola Normal e enfrentávamos os duros primeiros anos da faculdade de direito. Cheguei à vice-presidência do Centro Acadêmico XVI de Abril com a carga ideológica e de atuação do movimento secundarista, o que acabou rendendo alguns problemas e confrontos com a própria reitoria.

Mas até que foi bom, paradoxalmente, esse período ruim, pois houve um momento definitivo – o reitor Monsenhor Salim me chamou para um acordo: *Vou reativar o Teatro do Estudante, mas preciso de você.* Estávamos num gabinete sombrio, em que eu entrava pela segunda vez (na primeira, tinha ido receber uma advertência por ter defendido, em uma aula de religião, o professor Norberto de Souza Pinto, acusado de ser ateu e comunista).

Quando o reitor da faculdade me fez o convite, agarrei o TEC com as unhas e o coração, e parti para anarquizar de vez as posturas do teatro campineiro. Começamos a crescer.

Na verdade, não fizemos nenhum espetáculo vinculado à PUCC, que, por conta disso, criou o Teatro Universitário.

Assumindo os destinos do TEC

Este período compreende, sem dúvida, os melhores anos de nossas vidas, a minha e a do TEC. Primeiro, porque éramos ambos jovens, cheios de paixão, de esperança, vigor e obstinação; depois, porque fomos as personagens de muitas peripécias, aventuras maravilhosas – e algumas desventuras. Sofremos muito, mas também fomos muito felizes juntos, ao lado de outros companheiros com os quais marcamos uma época dentro da cidade de contornos tão especiais como Campinas.

E o TEC seguiu, independente. Fomos a São Paulo buscar o Sérgio Cardoso no Teatro Bela Vista, e ele foi novamente a Campinas, a 20 de setembro de 1956, para minha posse – dessa vez na presidência do TEC. E no salão nobre do Centro de Ciências, Letras e Artes, Sérgio Cardoso falou sobre "o teatro no Brasil", dois dias antes da realização do Congresso de Estudantes do qual íamos participar.

Dr. Bonatto Secretário de Cultura, Paschoal, Teresa, Dra. Neide Caricchio e Dr. Marino Promotor em Cerimônia no Centro de Ciências, Letras e Artes

Oito anos após sua fundação, alguns altos e baixos e já dispersas as primeiras pessoas – aquelas de 1948 – formou-se o grupo do TEC que permaneceria estável por praticamente dez anos consecutivos e que levaria a cabo a tarefa proposta desde o primeiro momento.

O projeto básico do TEC era realizar um teatro de estudantes, mas não apenas para estudantes, e construir esse teatro com um nível de qualidade artística capaz de atrair os interesses culturais dos mais variados setores da comunidade. Isso levava o TEC a trabalhar não só no sentido de arregimentar forças de renovação existentes ao redor como a tentar ampliar seu próprio potencial intelectual e artístico. Daí o querer aperfeiçoar-se, procurar alcançar fontes de conhecimento mais atualizadas; desejar sondar todas as possibilidades que a renovação teatral no Brasil oferecia no momento, e até mesmo ambicionar contribuir para essa renovação. Enfim, ser em Campinas um promotor de atualização em matéria de teatro.

Foi assim que começou a buscar, onde pudesse, apoio de pessoas e instituições. No final de 56, após a realização de uma grande assembléia de estudantes convocada pela imprensa, fomos pedir socorro ao dr. Alfredo Mesquita, fundador e diretor da Escola de Arte Dramática (EAD).

A nova fase do TEC
Alfredo Mesquita e Paschoal Carlos Magno

A primeira vez que cheguei na EAD, que era na Rua Maranhão na Praça Buenos Aires, encontrei o dr. Alfredo Mesquita, que eu conhecia muito de nome. Ele era um homem de profundos olhos azuis, um bigode diferente do que se usava na época, vestido com paletó, colete, relógio de bolso. Extremamente bem educado, daquele tipo de educação que também não se usava mais na época, uma educação "de berço" dos chamados "bem-nascidos".

Além de bem educado, era extremamente generoso. Essa generosidade se manifestava no trato com as pessoas e no cuidado com os alunos, tanto assim que antes das aulas era servido o "lanchinho do dr. Alfredo", que era uma sopa e goiabada de sobremesa!

Quando a EAD mudou para o prédio do Liceu de Artes e Ofício (onde hoje é a Pinacoteca do Estado), ele manteve a escola por muitos anos, com um corpo docente de excelência. O afastamento de Alfredo Mesquita da direção da escola, quando foi para a USP, deixou uma lacuna que nem mesmo brilhantes sucessores conseguiram preencher.

Mas voltando à minha chegada à EAD, falei para o dr. Alfredo que precisávamos de "professores" de teatro no TEC. Depois que contei nossa realidade e expectativa, ele disse que tinha como me ajudar e me levou para o teatrinho da Rua Maranhão. O teatrinho ficava em cima de uma garagem no casarão e tinha um *slogan* na parede escrito por ele: "Teatro é duro". A idéia era mesmo desestimular as pessoas que iam lá só para passar o tempo. Os alunos do terceiro ano estavam fazendo seu exame público e após a apresentação da peça *Somos como Éramos,* de Adamov (o primeiro espetáculo do teatro do absurdo que eu assisti), dr. Alfredo me apresentou Cândida Teixeira, que estava se formando.

Ciclo Cândida Teixeira
Foi em 56 ou 57, não lembro bem a época, mas eu fui para Campinas por um período longo, duas vezes por semana. Era um grupo de estudantes com vontade de fazer teatro, naquela época de transição de vida. Tinha um grupo bastante grande, interessado, e como eram todos bastante novatos, sem experiência, optei por fazer peças bem modernas em que a inexperiência do ator fica mais disfarçada. E tinha que ser várias peças curtas, que dava maior oportunidade para todos que queriam participar.

Então fizemos o espetáculo de Jean Tardieu, que era uma espécie mais de uma brincadeira moderna, e foi a primeira vez que ele foi levado aqui no Brasil. Esse foi o primeiro espetáculo e fez bastante sucesso, todo mundo ficou muito animado e com vontade de continuar. Teresinha foi, desde aquele tempo, muito aceita no teatro. Ela nunca deixou de se aperfeiçoar, se apegou a todas as carreiras que o teatro oferece, desde a

Cândida Teixeira

direção ao magistério. O que ela nunca experimentou foi ser atriz.

No Teatro do Estudante, as pessoas estavam num período de transição, num tempo de escolha, de busca. Eram na maioria estudantes secundaristas, eram poucos universitários."
Cândida Teixeira

Cândida começou a ir para Campinas trabalhar com o TEC. Entrávamos numa nova fase. Animados pelo trabalho com Cândida e pelo gesto acolhedor de Alfredo Mesquita, nos sentimos confiantes para buscar novos apoios. E fomos em julho ao Rio de Janeiro, ao Palácio do Catete, atrás do Paschoal Carlos Magno.

Cheguei na recepção e falei: *Eu quero falar com o Ministro Paschoal Carlos Magno.* Acho que as pessoas estranharam um pouco, mas acredite, eu esperei muito menos do que eu espero hoje nas ante-salas. Eu estava com guarda-chuva, bolsa, pasta e na hora que entrei na sala derrubei tudo. E ele falou: *Nossa, menina, o que é isso?! Vamos pegar as coisas do chão.* E aí eu desatei a falar: *Olha, eu tenho o Teatro do Estudante lá em Campinas, onde vocês levaram o Hamlet, e tá difícil fazer com que isso exista na minha cidade, queria que o senhor fosse lá falar com as pessoas...* E ele falou: *Calma, eu vou ver aqui o dia que eu posso ir lá e você me telefona, se comunica comigo. Eu vou lá, marca o dia que eu vou lá.*

É claro que fui embora meio macambúzia, porque eu achava que ele não iria jamais. Mas para surpresa minha, ele foi. Na data marcada eu fiz o agito nas escolas, chamei as autoridades que eu conhecia na prefeitura e ele foi para Campinas de ônibus e no Centro de Ciências, Letras e Artes fez uma palestra – teatro e juventude – que as pessoas que estavam lá não se esquecerão jamais.

Foi tão empolgante que ele acabou perdendo a condução de volta. Embarcou no último ônibus e, na passagem inutilizada, deixou a mensagem escrita:

Theresinha, para você me devolver na estréia do TEC. Um beijo do Paschoal.

Esta estréia realmente aconteceu, em outubro de 1957, com o espetáculo *Festival Tardieu*, dirigido por Cândida Teixeira. A apresentação compunha-se de quatro peças em um ato, todas de Jean Tardieu: *Um Gesto por Outro; Osvaldo e Zenaide; Há Recepção no Solar* e *Senhor Ego*. Voltávamos, assim ao Teatro Municipal, com um elenco de 17 pessoas, mais as comissões e os técnicos.

Festival Tardieu - Osvaldo e Zenaide, Ernesto Vivona, Luiz G. Toledo e M. Aparecida Silveira

Na época, a presença do estudante secundarista em Campinas era da maior importância, tanto que a imprensa estudantil mantinha quatro publicações de pequenos jornais: o *Arauto da Uces*, o *Liberal da República Estudantina Castro Alves* e o *Normalista da Associação Normalista Álvares de Azevedo*, ligados à Escola Normal (depois Instituto de Educação Carlos Gomes); e O Ateneu do Colégio Ateneu Paulista. A UCES (União Campineira de Estudantes Secundários) via no TEC a sua expressão na área cultural. E foi justamente no velho casarão da Associação Campineira de Imprensa que o TEC encontrou finalmente sua sede oficial – o sótão, onde eram também recebidos os elencos do teatro das segundas-feiras.

Guiados pelas mãos de Cândida Teixeira entramos no difícil – e estimulante – campo da experiência. E da vanguarda francesa de Jean Tardieu passamos para o exercício do teatro medieval com *O Chapéu de Fortunatus* e *As Esposas Confundidas ou os Maridos Refundidos*, textos de autores anônimos recolhidos por Léon Chancerel.

Foi também com a Cândida Teixeira que o TEC produziu seu primeiro espetáculo infantil, *A Bruxinha que Era Boa* de Maria Clara Machado. E foi quando aconteceu uma coisa muito louca! Às vésperas da estréia do espetáculo no Teatro Municipal, a Cândida falou: *Agora é com você, porque eu preciso ir embora e não posso voltar até a estréia.*

Bom, o chão saiu debaixo dos meus pés e eu não sabia o que fazer, perdida naquele palco imenso. Foi quando seu Erbolato, administrador do teatro, me perguntou: *A senhora vai querer rotunda de que cor?* Eu voei, não sabia nem o que era rotunda. Claro que ele percebeu, mas como era uma pessoa muito humana, foi lá atrás e mostrou aquele pano imenso. Para minha cabeça, na hora, aquilo era uma coisa infinita. A rotunda, enfim, é o pano que limita o fundo do espaço cênico e como o palco do Teatro Municipal era enorme e altíssimo, a rotunda, não quero exagerar, mas para mim tinha um quilômetro. E eu falei, com uma segurança que eu não tinha: *Quero uma Rotunda preta.* Nascia uma diretora – acho!

Quando a gente transformou o Teatro do Estudante num grupo profissional, imediatamente veio na minha cabeça: *Vai se chamar Rotunda*. E é como se chama há quase 40 anos. Legal, não é?

E ainda lá no palco do Teatro Municipal me perguntaram que refletores eu queria, se eu queria calha (que são aquelas lâmpadas em série que iluminam de baixo para cima, de cima para baixo), se eu queria luz lateral com refletores de quantos watts... Parei de novo e pensei: *Ou vou embora chorando ou fico e resolvo*. Pedi para o seu Elias – iluminador das minhas primeiras – ilusões – ascender os refletores e mandei as bruxinhas e seus caldeirões ficarem nos seus lugares e aí fui começando: *Eu quero que ilumine esse lado, quero que ilumine aqui*. E tinha uma coisa no teatro (que não se usa mais hoje) que é a ribalta, que são as lâmpadas que ficam no chão na boca de cena, que iluminavam um frontal debaixo para cima, que dá um efeito que gosto muito.

Outra novidade que eu encontrei nesse Teatro Municipal, que foi brutalmente posto abaixo, era um buraco na boca de cena, uma espécie de alçapão com uma cadeirinha e uma lampadinha: era o ponto. Lá, naquele buraco escondido por uma pequena cúpula, ficava uma pessoa com o texto na mão e quando os atores esqueciam, passavam perto e o ponto dizia as suas falas. Achei aquilo ótimo! Quando fiz no Teatro Paiol em São Paulo, muito tempo depois, o Festival da Comédia Brasileira com peças de Martins Pena, Gastão Tojeiro, Arthur Azevedo e José Maria Monteiro, coloquei o ponto em cena, como era no começo do século. Só que quem fazia o ponto era o Iacov Hiller, hoje crítico e diretor de teatro.

Nessa época descobrimos Maria Clara Machado, não só montando seus textos como também assinando a revista Caderno de Teatro, editada pelo seu Tablado. O TEC passou a assinar também a revista da Sbat, porque os jornais não satisfaziam

Mário Stuart, Teresa, Salvador Julianelli, Secretário de Cultura, Romeu Santini e Fernando Catani. Visita de Salvador Julianelli da CASES – Ministério da Educação

a fúria de "saber das coisas". Começamos também a organizar uma biblioteca.

O primeiro contato do TEC com a administração pública vem confirmar a veracidade da frase: *A história se repete*. O TEC e a União Campineira de Estudantes Secundários foram procurados por Salvador Julianelli, em nome da campanha de assistência social aos estudantes do Ministério da Educação e Cultura, a fim de, juntos, conseguirem a doação de um terreno da municipalidade onde seria erguida, pela Cases, *uma majestosa construção composta de restaurante, biblioteca, salão para exposições, salão para entidades que venham a administrar a unidade e um teatro*.

Ficou em nossas mãos, desse projeto, um croqui da "majestosa construção", da qual nunca mais tivemos notícia. Esse projeto do ministério não deu em nada, pois a prefeitura de Campinas não cedeu o terreno. Aliás, desde aquela época, entra administração, sai administração, seguem dormindo em gavetas pelos gabinetes vários pedidos nossos de cessão de espaço para construção de um teatro!

Enfim, mais felizes que o pessoal da UCES – que saiu desse sonho com as mãos vazias – voltamos para o nosso exercício do teatro e apresentamos, em dezembro de 1958, nas escadarias do Teatro Municipal, *O Boi e o Burro no Caminho de Belém*, de Maria Clara Machado, com o patrocínio da Associação Comercial e Industrial de Campinas. Experimentávamos agora o teatro ao ar livre.

Com metros e metros de aniagem fizemos desaparecer as portas do teatro. O largo, em frente, comportava uma multidão e à revelia da Companhia de Tração, Luz e Força, paramos os bondes. A luz dos postes foi desligada clandestinamente.

O espetáculo foi apresentado ainda como resultado do trabalho de Cândida Teixeira, desta vez com o apoio ainda jovem, porém já capaz, de Laerte Morrone. Como tínhamos desligado a

Escada do Municipal - Ensaio Boi e o Burro

força, não podíamos ligar o som – uma poderosa vitrolinha Sonata. Para resolver o problema, o Laerte Morrone subiu numa banca de jornal que estava fechada e começou a bater com as mãos na lataria da banca, marcando o ritmo das músicas, enquanto os atores cantavam.

Essa foi a primeira vez que usamos escadarias para fazer espetáculos – "cenário" de que gosto muito e que usei outras vezes ao longo de minha carreira.

A procura de um espaço cada vez mais diversificado passou a ser preocupação do grupo, que via nisso não só um estímulo para novas propostas de trabalho como também o exercício prático da teorização de Cândida Teixeira a respeito do teatro medieval feito nas praças, ao lado do povo.

A saída do espaço convencional foi também muito importante para a conquista de um público diferenciado: o público das ruas, um público que aderia a partir do momento em que se interessava pelo espetáculo. Aquela platéia era livre para ir e vir, já que estava de passagem. Isso era uma novidade, afinal, estávamos em 1958 e anarquizávamos o ritmo normal da vida no centro da cidade com o teatro. Além disso, tinha a possibilidade de ampliar o público – chegamos a ter três mil pessoas nessas apresentações.

Foi nesse tempo que assumiu a Secretaria de Educação e Cultura local o padre Ismael Simões, que cria um curso de teatro, fato que o grupo recebeu muito bem. Percebemos, porém, que o TEC era considerado "muito inovador" e que *O Boi e o Burro no Caminho de Belém*, apresentado no largo do teatro, não foi do agrado da ala conservadora do clero, muito menos do padre Ismael. Mas mesmo assim continuamos nessa linha e trouxemos *A Via-sacra,* de Ghéon, encenada por um grupo ligado à Escola de Arte Dramática dirigido por Cândida Teixeira e do qual faziam parte Laerte Morrone, Juca de Oliveira e Maria Célia Camargo. Com esse espetáculo chegamos ao fim do Ciclo Cândida Teixeira, diretora-professora que nos deixou um nítido caminho a ser seguido para a compreensão do fenômeno teatral. Estávamos conscientes de que teatro era cultura, numa época em que a frase ainda não havia se tornado *slogan* comum e era levada a sério.

Ciclo Eduardo Curado

Com a saída de Cândida Teixeira, o grupo voltou sua atenção para o teatro contemporâneo através de textos que enfocavam a problemática da juventude – *Alô! ô de Fora,* de William Saroya e *Os da Mesa Dez*, do argentino Osvaldo Dragun. E chamamos para dirigir os espetáculos Eduardo Curado.

Curado era um jovem diretor que despontava em São Paulo e, como a família morava em Campinas, se aproximou do TEC no Centro de Ciências, Letras e Artes, onde ensaiávamos.

TEATRO SÃO CARLOS, *a primeira casa de espetáculos construída nesta cidade, inaugurada em 1850 e demolida em 1922. Reformado várias vezes, durante setenta e dois anos de atividades*

Ele tinha trabalhado com o Teatro do Estudante de Coimbra e no Brasil tinha sido assistente de direção de Adolfo Celi, Luciano Salce e Alberto D' Aversa, no TBC.

TEATRO MUNICIPAL, *já demolido. Inaugurado a 10 de setembro de 1930, com a ópera* O Guarani *de Carlos Gomes, a grande e majestosa casa de espetáculos, que substituiu o* São Carlos

Noite de gala no Teatro Municipal

Por essa época, o edifício do Teatro Municipal começou a adoecer. As primeiras rachaduras foram detectadas, e o prédio foi fechado para as reformas iniciais em março de 1960. No começo desse ano, porém, o TEC já tinha pronta outra produção que, sem o palco e o público do Municipal, foi colocada no teatrinho do Externato São João. Fazendo as adaptações no local (desde, limpeza até reforma de instalações elétricas), o grupo apresentou *Jenny do Pomar,* de Charles Thomas, e *Viajantes para o Mar,* de Jonh M. Synge, com direção de Eduardo Curado. Montagens fortemente poéticas, na primeira dominava uma atmosfera nevoenta – era um "espetáculo de brumas" – enquanto na segunda vivia-se um clima lorqueano de aldeia marítima, onde mulheres rústicas e solitárias esperavam seus homens perdidos na lida com o mar.

Nesse teatrinho do Externato São João, encontramos um público diferente, próprio de um bairro encravado na Campinas antiga, e que assistia atento o espetáculo. Organizamos, então, algumas apresentações de *Três Peraltas na Praça,* com direção de Avelino Lemos Couto, a fim de conquistar as crianças carentes que freqüentavam o externato.

O Demorado Adeus, de Tenesse Williams, com tradução de José Renato, foi a montagem seguin-

Cenário de A Moratória

Cena de A Moratória - *Sergio Pombo e Fernando Catani*

te do TEC, num ano em que o grupo não parou um só momento. A busca do espaço alternativo, forçada pela ausência do Municipal, fez com que o espetáculo fosse apresentado no ginásio de esportes do Sesc, sobre um tablado erguido no meio da quadra. Além da encenação, vários estudos foram feitos sobre o teatro norte-americano, culminando com uma palestra do Sábato Magaldi no dia da estréia da peça.

O Ciclo Eduardo Curado, marcado por essa variedade de tons e de estilos, se encerrou com *A Moratória*, de Jorge Andrade, primeira experiência do grupo com o teatro brasileiro contemporâneo. O autor ao alcance da mão era fato inusitado e aproveitando a oportunidade, exaurimos Jorge Andrade, indo a São Paulo várias vezes para demoradas e produtivas reuniões com ele.

O Municipal reabriu as portas para comemorar seus 30 anos de existência e para acolher *A Moratória*. Paralelamente a esses eventos, porém, o Teatro das Segundas-feiras continuava, com a temporada da Companhia Tônia-Celi-Autran.

E foi nesse período também, com os espetáculos de Cândida Teixeira e Eduardo Curado, que começamos a participar dos festivais de Teatro do Estudante.

Os festivais de Teatro do Estudante

Ah! Os Festivais do Estudante! Quando a gente é jovem, qualquer pretexto é válido pra se encontrar. No palco daquele festival eu fazia uma ponta. Era uma peça do Brecht chamada Aquele que Diz Sim, Aquele que Diz Não *e eu tinha duas ou três frases, mas de grande atuação. No momento em que entrei em cena, tive certeza que tinha acontecido alguma coisa. Você pode imaginar que eu conheci Pagú nesse festival de Campinas! Inesquecível mulher. A minha referência era aquela mulher, já quebrada, mas tão linda, tão inteira, sentada naquela escada, cheia de jovens o tempo inteiro, desde as 8 horas da manhã querendo conversar com ela. Essa foi a referência dos trabalhos mais importantes da minha vida, o Festival do Paschoal em Porto Alegre e o Festival do Estudante de Campinas.*

Dina Sfat

Cena de Auto da Compadecida - *Festival de Porto Alegre - 1º Trabalho de Regina Duarte com o TEC*

Eu adorei participar do Festival de Porto Alegre, para mim foi uma experiência de vida. Mesmo hoje acho que a existência dos festivais traz um benefício enorme, é uma troca de estímulos fantástica. Nos festivais você conhece o que o outro está fazendo, como é que você pode aprimorar tuas interpretações. Acho importantíssimo festival. Acho que é uma injeção indispensável a qualquer grupo poder se encontrar com outro, trocar, mostrar.

Regina Duarte

O maior benefício dos festivais era o entrosamento entre pessoas diferentes. Alguns deles apresentaram autores e atores novos, como o Carlos Queiroz, a Etty Frazer. Todos eles vieram de festivais e são ótimos artistas.

Cândida Teixeira

Falar dos Festivais de Paschoal – como passaram a ser chamados nas duas décadas seguintes – realmente daria um outro livro. Eram os encontros da inteligência dos moços, como ele costumava dizer.

Em julho de 1958, Paschoal Carlos Magno realizou em Recife o 1º Festival Nacional de Teatros do Estudante e nos convidou para participar como observadores.

Começamos a perceber, o grupo e eu, que era fundamental mostrar o resultado do trabalho não só para o público local – já que a resposta, embora simpática, não era crítica – mas também para públicos desconhecidos. E essa nossa necessidade era suprida nos Festivais de Paschoal, onde os erros e os acertos eram debatidos por pessoas competentes, num clima onde o que importava era a troca e não a competição. Para o TEC, isso era uma lição de vida.

Durante toda a trajetória da retomada do TEC, mantivemos contato estreito com Paschoal. Continuamos a nos comunicar, a escrever cartas, e a partir dessa convivência, ele me designou para organizar no Estado de São Paulo os Festivais de Teatro do Estudante. E finalmente, com a coragem da ignorância, eu fiz dois Festivais Estaduais de Estudante em Campinas, em setembro de 1958 e julho de 1962.

O 1º Festival Estadual do Teatro do Estudante, realizado entre os dias 31 de agosto e 7 de setembro de 1958, no Teatro Municipal de Campinas, com apoio da Comissão Estadual de Teatro e do seu presidente Francisco Luiz de Almeida Salles, teve a participação de Paschoal Carlos Magno. A comissão julgadora e debatedora foi composta por Guilherme Figueiredo, Maria José de Carvalho, João Ernesto Coelho e o Dr. Carlos Maia. Durante toda uma semana, foi apresentada uma peça por dia:

A Mão do Macaco, de W. Jacobs – Teatro do Estudante de Ituverava.

A Dama da Noite sem Fim, de Érico Veríssimo – Teatro do Estudante de Sorocaba

O Inimigo das Mulheres, de Osvaldo Rosas – Teatro do Estudante de Casa Branca

O Homem da Flor na Boca, de Pirandello e O *Pedido de Casamento* de Tchekov – Teatro do Estudante da Faculdade de Filosofia da PUC – São Paulo

Flâmula do Festival

Teresa e os premiados do TEC

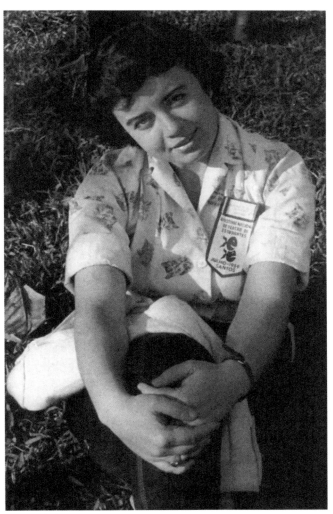
Festival de Santos

Humulus, o Mudo, de J. Anouilh, e *Os Cegos,* de Ghelderode – Teatro do Estudante de São José dos Campos do Instituto Técnico de Aeronáutica.

O Chapéu de Fortunatus e *As Esposas Confundidas ou os Maridos Refundidos,* de Léon Chancerel e *A Bruxinha que Era Boa,* de Maria Clara Machado – Teatro do Estudante de Campinas.

O Festival se encerrou com *O Baile dos Personagens* e com a distribuição dos prêmios, quase todos atribuídos ao ITA (Instituto Técnico da Aeronáutica de São José dos Campos) com *Humulus, o Mudo.*

O interessante era que, cada dia, pela manhã, no saguão do Municipal, os espetáculos eram debatidos publicamente. Esses debates faziam parte dos propósitos que constavam das bases da organização do festival – a preocupação de estudar, debater, aperfeiçoar, além de aproximar os grupos de amadores e estudantes.

O 2º Festival Nacional de Teatro de Estudantes aconteceu em Santos, em 1959. Para se ter uma idéia de como esses festivais eram importantes para a vida cultural do país, é só citar que aconteceu em Santos – o Centro Acadêmico XI de Agosto, da Faculdade de Direito do Largo de São Francisco, apresentou *A Incubadeira,* de José

Celso Martinez Correia, com direção de Amir Haddad e Etty Frazer como protagonista. Desse espetáculo nasceu o Teatro Oficina de São Paulo. A Universidade do Pará apresentou *Édipo Rei*, de Sófocles, com direção de Maria Sílvia Nunes, que ganhou bolsa de estudos para Paris e que, ao voltar ao Brasil, convocou Amir Haddad, que com Carlos Moura e Yolanda Amadei, fundaram a Escola de Teatro do Pará. Milton Bacarelli, que participou da montagem *Devoção à Cruz*, de Caldéron de la Barca, pela EAD, foi convidado para a Escola de Teatro da Universidade Federal de

Apresentação em Santos de Olá, o de fora, de M. Saroyan com o TEC

Pernambuco. Wilson Maux, integrante do grupo de Mossoró (Rio Grande do Norte) foi mais tarde trabalhar com o TEC.

Esse era o ideal do Paschoal – promover o aprendizado e o intercâmbio. Mas tudo era feito com muita seriedade e firmeza. Tanto assim que o grupo de Araraquara, que era ótimo, foi desclassificado – e voltou para casa – porque os integrantes foram à praia no horário das atividades de trabalho! Como dizia o dr. Alfredo Mesquita, *teatro é duro*!

No 2º Festival Paulista do Teatro do Estudante que realizamos em Campinas, o Plínio Marcos participou com um espetáculo de Santos. Foi aí que ele conheceu a Walderez de Barros, que participava com o espetáculo da Filosofia. No final dos festivais, sempre tinha uma festa de confraternização, e nessa um engraçadinho de Campinas começou a mexer com ela, e o Plínio Marcos, assumindo o personagem "machão santista", partiu para cima dele. E assim eles se conheceram, namoraram, casaram e fizeram filho.

Esses festivais eram espaços muito respeitados de trabalho, momentos importantíssimos para os quais os grupos se preparavam anos.

Por exemplo, no Festival Nacional de Teatro do Estudante em Santos teve um grupo do Pará

Flâmula do Festival de Campinas

Reunião preparatória do Festival - Fernando Catani, Teresa, Dr. Grimaldi e o prefeito Miguel V. Cury

Paschoal, Teresa, Pagu e Barbara Heliodora - nas escadarias do Teatro Municipal com os participantes

que fazia uma tragédia grega, *Édipo Rei*, que chegou e se isolou até a estréia, como jogadores de futebol em concentração. Nós, de Campinas, estávamos em pânico por participar daquele festival de talentos. Mas o Plínio Marcos, que já era uma figura, na hora de apresentar o espetáculo do grupo dele no antigo Teatro Municipal de Santos, abriu a cortina e falou para o público: *Olha a gente fez o espetáculo na base do agrião* (era uma gíria da época que queria dizer de "qualquer jeito") *a gente fez como pôde, não tô nem aí, entendeu*. Isso, daquele jeito esculhambado dele! Não preciso nem dizer o choque que foi, porque aquele Festival era um altar em que nós todos íamos nos imolar em nome da arte. Esse era o Plínio Marcos – esculhambado mas legal!

Mas continuando – o TEC decide não participar do 3º Festival Nacional de Teatro de Estudantes, em julho de 1960, em Brasília, para preparar um espetáculo digno de sua primeira participação em um Festival do Teatro Amador de Campinas. *A Moratória,* de Jorge Andrade, foi encenada então, encerrando o ciclo Eduardo Curado.

Mas com o Municipal fechado outra vez para reforma, o ano de 1961 começa com um clima estranho no ar – desgaste do grupo, das pessoas, das associações de classe estudantil, do país.

E na tentativa de aliviar o clima, chamamos Wilson Maux, de Mossoró, que conhecemos no Festival Nacional de Teatro do Estudante de Santos, para montarmos o *Auto da Compadecida,* de Ariano Suassuna. Só que ao invés de aliviar tensões, o espetáculo cria uma série de polêmicas, outra vez com a ala conservadora da igreja católica – aquela que já não tinha aprovado *O Boi e o Burro a Caminho de Belém*, que achava os espetáculos "desrespeitosos" para com a religião.

Mesmo assim, o espetáculo corre a cidade e acaba por ser inscrito no 4º Festival de Teatro Amador de São Paulo. Regina Duarte, então com 14 anos, que fazia a personagem do "palhaço", ganha o Prêmio Governador do Estado como a melhor coadjuvante feminina.

Neste momento, Jânio Quadros renuncia à Presidência e todos nós paramos. Paschoal Carlos Magno, designado para a embaixada brasileira em Varsóvia, não vai, mas a possibilidade de seu afastamento do País é um susto a mais para nós, estudantes de teatro.

Entre sustos e polêmicas, abrimos o ano de 1962 em Porto Alegre, onde a *Compadecida* participou do 4º Festival Nacional de Teatro de Estudantes. Paschoal Carlos Magno não só não foi para Varsóvia como realizou com grande sucesso o 4º Festival dentro da Universidade do Rio Grande do Sul. Desse encontro, ficou um compromisso político-cultural selado pela juventude, que viria a ser a mola mestra do movimento de resistência da área cultural que se desencadearia no futuro próximo.

Durante o festival, o grupo de teatro do Mackenzie, de São Paulo, sob a direção de Antônio Ghigonetto, encenou *Os Fuzis da Senhora Carrar,* de Brecht, usando canções antifalangistas da revolução espanhola, cantadas por Yara Amaral (a grande revelação) e acompanhadas por uma multidão de estudantes vindos dos quatro cantos do Brasil. Um momento inesquecível!

Em realidade, saímos todos sabendo qual o lugar que ocupávamos no Brasil. Como, porém, o festival era um ato público, todos ficaram sabendo disso, e os estudantes foram cada vez mais isolados e impedidos de cantar.

Resistimos, e estivemos presentes com nossas armas, isto é, o espetáculo na mão e a palavra de ordem na cabeça: liberdade.

Em julho, retomando seu ritmo e sentindo que era chegada a hora, o TEC promoveu o 2º Festival Paulista de Teatro de Estudantes, desta vez conseguindo mobilizar a cidade, reabrir o Municipal, envolver as autoridades e manter durante oito

Reunião de avaliação (Saguão Municipal) - comissão julgadora e participantes

dias o público tão interessado que, mesmo no período da tarde, o teatro lotava.

A comissão julgadora era formada por nomes de peso – Bárbara Heliodora, Patrícia Galvão (a Pagú), Moisés Leiner, Francisco Ribeiro e Paschoal Carlos Magno. E se apresentaram grupos significativos do movimento cultural estudantil:

O Sr. Leonidas Enfrenta a Reação, de Ion Luca Caragiali – Teatro de Estudante de Campinas, com a presença do ministro da Romênia.

A Fome das Almas, de Celso Paulini – Teatro Universitário da Faculdade de Filosofia de São Paulo.

O Mistério dos Mistérios, de d. Marcos Barbosa – Teatro do Estudante de Barretos.

O Balanço - Criação Coletiva – Grupo Experimental da Faculdade de Filosofia de São Paulo.

Quando o Pano Sobe, de Eugênio Kusnet e A. C. Carvalho – Grupo Teatral da Faculdade de Medicina de São Paulo.

Pic-nic no Front, de Fernando Arrabal – Grupo Teatral Politécnico de São Paulo.

Uns Dizem Sim, uns Dizem Não, de Bertold Brecht – Grupo Teatral Mackenzie.

A Quadratura do Círculo, de Valentim Katayeff – Teatro do Estudante da UEE.

As Rédeas, de Osvaldo Leituga – Teatro do Estudante da Vanguarda de Santos.

Sr. Ego e um Gesto por Outro, de Jean Tardieu – Teatro do Estudante de Americana.

Do Tamanho de um Defunto, de Millôr Fernandes – Teatro Acadêmico Alexandre de Gusmão da Faculdade de Direito de Santos.

A Ceia dos Cardeais, de Júlio Dantas e *As Cadeiras,* de Ionesco – Teatro do Estudante de Ribeirão Preto.

Tio Vânia, de Tchecov – Escola de Arte Dramática de São Paulo.

Esse festival também revelou outro talento nacional: Dina Sfat. Por sua participação em *Uns Dizem Sim, uns Dizem Não,* de Brecht, espetáculo dirigido por Emílio de Biasi, Dina ganhou o prêmio de melhor atriz.

De tudo que acontecia nos festivais, acho que o mais importante eram mesmo os debates, a crítica fundamentada, que buscava a construção.

Agora, esse princípio nem sempre foi bem aceito. Certa vez aconteceu um fato muito engraçado. Quer dizer, engraçado agora, mas que na hora nos colocou num grande apuro. Éramos – Lauro Cézar Muniz, Paschoal Carlos Magno e eu – membros da comissão julgadora do 7º Festival Estadual de Teatro Amador em Ribeirão Preto, que aconteceu em outubro de 1969.

Como era costume do Paschoal, ele nunca participava de um festival para dizer você é o melhor, você é o pior e tchau. Ele sempre insistia nos debates. Assim que o Festival foi aberto ele propôs que, na manhã seguinte de cada apresentação os espetáculos fossem discutidos. No dia seguinte foi feito isso, só que as pessoas detestaram, esvaziaram a sala dizendo que não estavam ali para serem criticadas por ninguém. A partir daí o clima ficou tão ruim para nós que o Paschoal falou assim: *O que que nós estamos fazendo aqui? Vamos embora antes do encerramento*. Os caras estavam mesmo a fim de meter o pau na gente, não de conversar. E fomos para nossos quartos, pegamos nossas malas e literalmente fugimos de Ribeirão Preto no meu carro – eu, Laurinho e Paschoal.

O organizador desse festival, que depois de muitos anos foi Secretário de Cultura de Santos, o Carlos Pinto, não perdoou a gente. Me lembro que chegamos de madrugada em São Paulo, deixei o Paschoal num hotel na Avenida Ipiranga, em cima do Cine Ipiranga, e ele falava *olha, somos os fugitivos*. E viemos dando risada. Na verdade, tivemos que fugir porque naquela época o pessoal já não queria mais discutir o espetáculo, já eram todos "atores", já eram "os bons", não tinham mais aquela sede de conhecer, sede de ouvir uma crítica nem mesmo de uma pessoa como Paschoal, que tinha se despencado do Rio de Janeiro para ver seu espetáculo.

Nós ainda participamos do festival que Paschoal organizou no Rio – que é um episódio à parte que depois falaremos. Estávamos na ditadura e há outros episódios interessantes. Mas quem viveu essa época, sabe que os festivais foram fundamentais para a formação cultural e humana da classe artística brasileira, a mesma classe que seria num futuro próximo fundamental para a resistência política nacional.

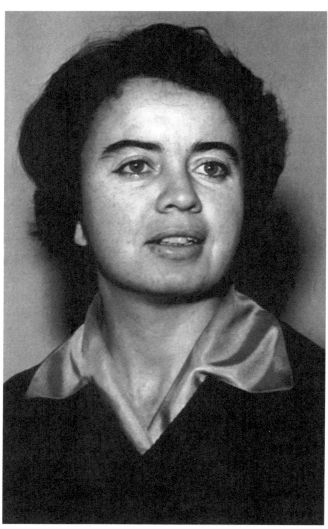

Líder estudantil - para resolver os problemas artísticos e sociais do mundo! (a gente acreditava)

Um homem com o perfil do Paschoal, que animava a juventude intelectual e artística do Brasil, não existe mais. Com o desaparecimento dele, os festivais também desapareceram. E a política cultural do Brasil, dos anos 60 para cá, foi se tornando esse horror, esse descaso que é hoje.

Ciclo Teresa Aguiar

Eu já era presidente do TEC desde a saída do Ademar Guerra, e após o ciclo de espetáculos dirigidos pelo Curado, assumi definitivamente a direção artística do grupo. Mas foi só após anos de experimentação, estudo e observação das técnicas básicas do trabalho com atores, que me aventurei a assumir os primeiros trabalhos de direção no TEC. Tive oportunidade de ser assistente de bons diretores.

Numa ocasião em que o Paschoal foi visitar o TEC – tínhamos um espaço emprestado para trabalhar na sede da Associação Campineira de Imprensa, um sótão onde recebíamos os elencos do *Teatro das Segundas-feiras* – ele levou de presente sete refletores e uma rotunda preta. Com isso, nós éramos o grupo mais importante do mundo: tínhamos independência de luz e uma rotunda. Era o máximo!

E para inaugurar essa nova fase, escolhemos de Henri Ghéon, *A Via-sacra*. Pensando agora, a Hilda Hilst tinha mesmo razão – o sacro já presente no primeiro momento. Mas era também uma maneira do TEC dar continuidade à tradição de comemorar com espetáculos as festas religiosas da cidade, se integrando à vida da comunidade. Como o espetáculo era "portátil", sem grandes estruturas cênicas, foi colocado em toda parte: igrejas, clubes, agremiações, sindicatos, praças. Na famosa catedral, literalmente tomada, foi um momento especial – o público assistiu ao espetáculo de joelhos, como se fosse uma oração coletiva.

Tivemos outros bons momentos com esse espetáculo. Em maio do mesmo ano, Nagib Elchmer, presidente da Comissão Estadual de Teatro de São Paulo, convidou o TEC para apresentar *A Via-sacra* no Teatro Maria Della Costa, em São Paulo. Fizemos o espetáculo aproveitando os cenários de *Depois da Queda,* de Arthur Miller, que estava em temporada no teatro. Era um cenário composto de vários níveis, formando uma espécie de grande escadaria. E usamos cada plano do cenário como uma parte da subida do calvário. E foi nesse espaço improvisado, numa segunda-feira, para uma platéia lotada, que apresentamos *A Via-sacra* em São Paulo.

Nessa mesma linha de preocupações, montamos um texto brasileiro de dois autores pouco conhecidos, Áurea Andrade e Derly Barroso – *Natal de Jesus Severino*. Era um espetáculo despojado, com forte carga social, no qual o nascimento de Cristo se espelhava no nascimento de cada criança pobre – Jesus nascia na Rodoviária de São Paulo e morria numa oficina mecânica.

Começamos a preparar a *Revolução na América do Sul,* de Augusto Boal, até que um integrante do grupo foi chamado por "um amigo influente", que o desaconselhou a montar o texto. Era 1963 e já se percebia que o Brasil começava a adoecer.

Montamos então *O Tempo e os Conways,* de Priestley, que foi um momento de reflexão sobre o grupo e a necessidade de aprofundar estudos e pesquisas, de preocupações culturais, estéticas. Mas foi também um espetáculo que comoveu platéias, pois é um texto em que o autor, habilmente, manipula o tempo e faz fluir a emoção do público. Ou seja, ele faz o primeiro ato, o terceiro e depois o segundo. Tudo acontece numa festa familiar, com os jovens fazendo mil planos para o futuro. No segundo ato – que é o fim da história – não deu nada certo, estão todos infelizes. A menina que fazia 15 anos, que era interpretada pela Regina Duarte, tinha um único sonho na vida – viver. Mas ela morre. No terceiro ato – quando a gente já sabe como acaba a história – eles estão novamente naquela festa, alegres, falando sobre o futuro.

Mas esse espetáculo me levou para um outro caminho. Me levou para a escola!

Animados com o resultado, chamamos Cândida Teixeira para assistir ao espetáculo. Ao final da apresentação ela disse *está tudo errado, esse espetáculo está ruim. É um sucesso para Campinas e para vocês. Se você quiser ser um gênio em Campinas, fique. Se você quiser aprender teatro, vá se informar.* Dá para imaginar o que isso causou em mim, apesar do sucesso do espetáculo. Mas graças a Deus eu tive esse alerta na minha mais tenra idade teatral e resolvi ir embora estudar teatro – o que eu faço até hoje. Foi quando fui para São Paulo, para a EAD. A partir daí meu olhar para o fato teatral se transformou – não era mais uma autodidata eventual.

Continuando na direção artística do TEC, descobrimos o universo brechtiano com a montagem de *O Delator*, no auditório do Centro de Ciências, Letras e Artes, encenação precedida de um longo tempo de estudos sobre o autor e sua proposta. Fazíamos um espetáculo extremamente didático.

Partimos depois para outro Ghéon, *O Natal na Praça*, que conta a história de Jesus numa comparação com a vida de um grupo de ciganos. Nesse trabalho, nos baseamos no método de Stanislavski e durante o período de ensaios, convivíamos com famílias de ciganos residentes na cidade, para assimilarmos suas atitudes, atividades e até sua filosofia de vida.

E depois, com *A Lição*, de Ionesco e *Somos Como Éramos*, de Adamov, retomamos os complicados caminhos do "teatro do absurdo".

Não havia barreiras para a experimentação: de Brecht a Stanislaviski, sempre nos dedicando aos estudos e pesquisas. Os livros eram preciosos e em

A Lição - *Lucy Mistura, José de Oliveira e Altair Perez*

torno deles fazíamos círculos de debates, sempre com alguns convidados. Com isso, crescíamos. A EAD nos alimentando.

Queríamos que o público fosse atingido pelas novas produções e para tanto, armamos o esquema do teatro domicílio, onde o espetáculo era servido "à sobremesa" de jantares que a sociedade se oferecia. Mas como após a apresentação – sempre na linha do "teatro social paupérrimo" – fazíamos questão dos debates, os convites foram rareando e acabamos por apresentar nosso *Natal de Jesus Severino* onde era possível. Só não foi viável apresentá-lo na rua, como pretendíamos. Era 1964, e o último espetáculo foi feito no sindicato da construção civil.

Esse ano iniciou-se com o curso programado pelo grupo e pela EAD e realizado no Centro de Ciências, Letras e Artes. No processo de afunilamento da fala e da expressão que crescia no país, novamente só o teatro infantil parecia não sofrer restrições. Vieram então as montagens de *Gifredo, o Anjinho das Reformas*, que foi gravado pela TV Excelsior, canal 9, e *Rapunzel*, peças de Léa Ziggiatti.

Nesse período, nós artistas e o público campineiro, sofremos um grande baque – a destruição do Teatro Municipal. Um dia apareceram rachaduras na cúpula, o que foi contornado com a colocação de uma espécie de cobertura de concreto sobreposto. Depois, as rachaduras começaram a aparecer no porão. O teatro passou por várias reformas, que não resolveram nada – eram mais remendos. Em dezembro de 1964 o Teatro Municipal foi fechado para sempre. Só seria reaberto pela violência das pancadas demolidoras. Aí, sem dúvida, falhamos e, conosco, toda a cidade.

O Teatro Municipal de Campinas era semelhante ao de São Paulo, só que menor – a mesma pompa e circunstância. Era todinho trabalhado, em alto relevo, com pinturas douradas. O lustre central, quando era arriado para limpeza dos cristais, só era alcançado por grandes escadas. Enfim, era uma preciosidade! Em momentos de festa, era colocado um tablado sobre a platéia e o teatro se transformava num imenso salão de bailes. Aliás, minha formatura foi nesse mágico salão.

Outro momento mágico era a "cerimônia" de fechamento das cortinas das entradas laterais e central do saguão para a platéia, com seus porteiros impecavelmente uniformizados.

Devíamos ter "ocupado" o Teatro Municipal, chamando a atenção das autoridades e do povo, para impedir o inexplicável episódio. Porém, faltou-nos o desassombro da ação. Assistimos, impotentes, ao desabamento, passo a passo, escrevendo em jornais, brigando, polemizando com uma energia tão grande que teríamos ganho uma guerra... de palavras. Naquele 1964, especialmente, falou-se mais do que nunca. E em vão. E no lugar do majestoso teatro, Campinas assistiu, impassível, a construção de um grande – e triste – estacionamento de uma loja de departamento. Enquanto isso, o país desmoronava também.

O ciclo Teresa Aguiar, afinal, encerra-se na aldeia de Arcozelo, onde o TEC se apresentou novamente com *A Via-sacra de Ghéon*, por ocasião do festival de música sacra realizado durante a Semana Santa de 1967 – outro grande momento que o espetáculo nos propiciou. Mas vamos deixar essa história para mais tarde. Porque agora, chegou a vez do Rotunda.

Teresa na época da fundação do Rotunda

Capítulo VI

Nasce o Rotunda

Esse grupo de moços comandados pelo dinamismo, pela capacidade de trabalho, pela dignidade de ação de Teresa Aguiar, representa um capítulo não só da história do teatro de São Paulo, como da história do teatro brasileiro. Teresa Aguiar, depois de haver levado avante com uma coragem inacreditável o Teatro do Estudante de Campinas, num país onde não há acústica, onde as pessoas não se interessam em ouvir as vozes daqueles que lutam pelos grandes ideais, ela não se fatigou, porque pertence à estirpe dos que não se cansam nunca. Meteu-se numa outra aventura: foi aquela de dar o melhor de seu espírito e de seu coração, criando um teatro de verdade – o Rotunda. Isso numa cidade ilustre como Campinas, que abriga talvez a mais importante universidade do Brasil.

Deixou a experiência amadorística do Teatro do Estudante e criou o Rotunda.

A história do Rotunda é conhecida de todos: disciplinou valores, apresentou um repertório de qualidade, e fez mais do que isso, deu à cidade de Campinas um teatro que merecia e merece a melhor das acolhidas. O Rotunda faz hoje 12 anos. Sou eu um velho combatente que não se fatiga nunca, irmão mais velho de Teresa Aguiar – irmão mais velho de todos os que no Brasil sonham o mesmo sonho de disciplinar a cultura e a inteligência por meio do teatro – que vem dizer com o entusiasmo que não se apaga com o tempo, que não diminui com as desilusões, que não se fatiga porque nunca o compreenderam de fato, que vem dizer aos lutadores do Rotunda que podem ficar descansados: escreveram com o sangue do seu espírito, com o melhor de si próprios, uma página do teatro brasileiro.

Campinas, pois, está de parabéns.

O Rotunda deve continuar sua marcha, cada vez mais para o alto. Não sei se Campinas tem ainda aquele teatro, que um prefeito numa hora de loucura destruiu, quando o Teatro do Estudante do Brasil foi a Campinas, para criar o Teatro do Estudante de Campinas.

Numa das principais praças havia um teatro lindo. Um teatro que um cavalheiro fantasiado de administrador resolveu jogar abaixo. Mas, graças a Deus fui informado de que surgiu outro. Os homens públicos no Brasil, em sua maioria, esqueceram a sua transitoriedade, e as vítimas de sua vaidade são sempre obras como os teatros que derrubam, com uma facilidade impressionante. Mas, como o teatro é uma arte da humildade, é

*uma arte que dá aos que o realizam a permanên-
cia na história de um país, comove a tenacidade
dos que com uma Teresa Aguiar à frente criam e
mantêm o Rotunda.*

*Essa gente do Rotunda foi, há muitos anos,
representar A Via-sacra, de Ghéon dentro das
árvores da minha Aldeia de Arcozelo. Essa Aldeia
de Arcozelo, que embora a má vontade dos go-
vernantes e a indiferença dos homens públicos,
num país onde não há realmente mecenato, ela
há de sobreviver, como o Rotunda sobreviverá. O
Rotunda continuará pelos tempos provando que
as luzes que acendem destinos são tão luminosas
como as estrelas que a gente vê tão perto, que
representam luzes que comandam o espaço, há
muitos séculos e séculos.*

*Este velho combatente quer dizer aos integrantes
do Rotunda que esse pessoal realizou e vem rea-
lizando uma obra digna do grande Estado de São
Paulo, que eu já disse de uma feita que era um
país dentro do continente brasileiro. O Rotunda
representa um aspecto admirável de tenacidade,
de heroísmo, de perseverança, de idealismo que
merece de todos os que abraçam a mesma causa
os aplausos mais calorosos. De Santa Teresa, neste
Rio de Janeiro, no dia 18 de setembro de 1979,
meu mais caloroso e sincero abraço.*

Paschoal Carlos Magno

Num certo momento da vida do TEC, em que éramos todos estudantes – década de 60 a 70 – e tínhamos um elenco permanente, formávamos, de fato, um grupo, como muitos que existiram nessa época. De repente, deixamos de ser estudantes – um se formou advogado, outro foi trabalhar no cartório... ficamos "gente grande", infelizmente. E aí não tínhamos mais aquela disponibilidade.

Começamos então a discutir muito se o TEC deveria se transformar num grupo profissional. A gente se sentia deslocado de fazer Teatro do Estudante, posto que não éramos mais, apesar do Paschoal dizer *vocês são eternos estudantes de teatro*. Decidimos que o TEC deveria continuar, paralelamente ao Rotunda, e o Amadeu Tilli passou a ser o responsável.

E o grupo montou, entre 1966 e 1976, *O Cavalinho Azul*, *O Rapto das Cebolinhas*, *Pluft, o Fantasminha*, *O Aprendiz de Feiticeiro*, *Maroquinhas Fru-fru*, *O Boi e o Burro no Caminho de Belém*, *Obras de Maria Clara Machado*, com direção de Amadeu Tilli e Maria Luíza Vasconcellos, além de *Sabe-tudo, O Espião*, de Ricardo Gouveia e *Libel, A Sapateirinha*, de Jurandir Pereira. Foi o último espetáculo do TEC. Uma pena que a gente não soube fazer sucessores.

A verdade é que tentamos criar um grupo profissional sem acabar com o TEC, deixando-o para as novas gerações. Só que elas já eram outras e o Teatro do Estudante, como alguns previam, acabou. Mas se os estudantes mudaram, é porque o Brasil pós 64 mudou. O acordo MEC/USAID mudou toda a estrutura de ensino, foi uma perda qualitativa enorme. É claro que as novas gerações, que não tiveram a felicidade de ter acesso a uma formação humanística, não seguraram a onda.

Embora tenha perdido o título de tequiana, tive a ventura de participar, de alguma forma, dos derradeiros festivais nacionais de teatro de estudantes: 5º Festival da Guanabara, em 1968; o 6º, na Aldeia de Arcozelo e o 7º e último, também realizado na aldeia em 1975. Deste, que era um festival infantil, participamos com a peça *Tribobó City*, de Maria Machado, com alunos da Escola de Arte Dramática.

Enfim, o Rotunda. Eu me lembro que foi no apartamento de uma das integrantes do grupo, a Lucy Mistura (que eu não consegui encontrar mais, uma pessoa maravilhosa, gente finíssima e uma atriz excelente) que era escrevente do cartório, que nós decidimos criar um grupo profissional. A Lucy bateu no liqüidificador um champanhe (que devia ser o mais ordinário possível) com compota de pêssego e foi ao sabor desse coquetel que a gente passou do TEC para o Rotunda, com uma tristeza escondida no coração, mas com uma esperança enorme de fazer um teatro profissional de qualidade.

Decidimos fazer teatro profissional, mas não "viver de teatro", porque tínhamos as nossas profissões. Mas não queríamos mais ser amadores, porque achávamos uma coisa pouco comprometida, queríamos aumentar o ritmo de produção do Teatro do Estudante. Na realidade, isso não ocorreu. Quando éramos estudantes, ensaiávamos todas as noites e quando viramos "gente grande", cada um passou a ter compromissos familiares, de casamento, de namoro, de tudo. E começou o famoso *ah! Não posso, quinta-feira não posso, sexta-feira tenho não sei o que*. O "não posso" até então não fazia parte do nosso vocabulário, pois não tínhamos agendas complicadas. Com a profissionalização e a idade adulta, é claro, a gente começou a ter que gerenciar o tempo. Que horror!

O Rotunda, um pouco por força do destino, é um grupo de tripla cidadania. Apesar de ter suas raízes em terras campineiras, estreou em São Carlos e produziu muitos espetáculos em São Paulo. É que na época de estréia de *Electra,* de Sófocles (primeiro espetáculo do Rotunda, em setembro de 1967), Campinas só dispunha de um pequeno e precário teatro, anexo ao prédio da Secretaria de Cultura, já que o municipal tinha sido demolido.

Depois das apresentações no Teatro Municipal de São Carlos, fizemos uma breve temporada em Campinas, no auditório do Convento das Missionárias, na Avenida da Saudade, e seguimos para São Paulo, em 1968, para uma temporada no Teatro Anchieta.

Só para se ter uma idéia, depois da demolição do municipal, Campinas teve apenas um precário teatro na Secretaria de Cultura e só em 1970 foi

Ensaio de Electra

aberto o Teatro Castro Mendes – um grande cinema adaptado, com 880 lugares e um quarteirão de profundidade. Só que o Castro Mendes viveu em reformas até 1975. E em 1976 foi aberto o Teatro do Centro de Convivência e um teatro particular, o Barracão, do Jonas Lemos.

Dentro dessas circunstâncias que obrigaram o Rotunda a atuar fora de Campinas, alguns companheiros tiveram que ficar e outros foram entrando no ninho.

Uma das diferenças da mudança do Teatro do Estudante para o teatro profissional, foi a realização de temporadas mais longas e continuadas, nas quais podíamos sentir o resultado da repetição para espetáculo, além, é claro, da exposição à crítica especializada e a um público estranho.

E ficamos em São Paulo de 1968 até 1971. Estávamos montando a peça *O Novo Sistema* de Hilda Hilst, para apresentar no Anchieta, quando Miroel Silveira, diretor artístico do teatro, pediu que remontássemos *Electra* para uma temporada paulistana, para depois entrar com a peça da Hilda. Na verdade, não chegamos a montar *O Novo Sistema*, pois em plena temporada de *Electra*, que estava indo muito bem, tivemos que interromper as apresentações porque foi deflagrado o confronto violento entre os estudantes da USP e do Mackenzie, que estavam há dois quarteirões do Anchieta, na Rua Maria Antônia.

A situação estava tão pesada, que chegaram a invadir o teatro, e a direção resolveu fechar as portas. Mas um fato engraçado, pensando hoje, foi o José de Abreu, que era o Orestes em *Electra*, vestido de grego, fazendo discurso inflamado para o público, no palco, no fim do espetáculo, quando recebemos a notícia que tínhamos que encerrar a temporada.

Depois, produzimos outros espetáculos: no teatro Anchieta *O Cavalinho Azul,* de Maria Clara Machado e *João Guimarães – Veredas,* de Renata Pallottini. Já tínhamos um elenco de futuras estrelas: Ney Latorraca (que ganhou seu primeiro prêmio como melhor ator), Carlos Alberto Ricceli, Maria Eugênia

Cena de João Guimarães - Veredas, 1969

de Domênico, Ariclê Perez (no cavalinho) e Jofre Soares e Nydia Licia (no Guimarães).

No Teatro Paiol, fizemos o Festival da Comédia Brasileira composto de quatro peças de um ato de Martins Pena, Gastão Tojeiro, Arthur Azevedo e José Maria Monteiro e dividíamos o teatro com Orlando Senna, que fazia *O Desembestado*. Em escolas, igrejas e outros locais, apresentávamos *A Via-sacra, de Ghéon* e *Vida e Obra de García Lorca,* de Renata Pallottini.

Aliás, em uma dessas apresentações em escolas, aconteceu uma coisa engraçada. Quem vendia os espetáculos era a Maria Alice Vergueiro, que nem pensava em ser atriz – eu bem que tentei que ela substituísse uma das atrizes que tinha ficado doente mas não teve jeito. E quem coordenava os debates com alunos sobre Lorca após as apresentações era o José Possi Neto. Num dia, num colégio de freiras, uma das alunas perguntou para o Possi quem era o toureiro Inácio, e porque o Lorca fazia tantos poemas para ele. Diante do embaraço geral, Maria Alice não teve a menor dúvida e respondeu, bem alto e articulado – *era o namorado dele*. Dá para imaginar a confusão, com as freiras correndo de um lado para o outro, encerrando os debates e recolhendo as alunas para as salas de aula!

Depois de quatro anos de ausência, tão logo foi possível voltamos, em 1972, para Campinas, inaugurando a arena externa do Teatro do Centro de Convivência com *Hipólito*, espetáculo impressionante que vale um capítulo à parte. A partir daí, alternamos as produções entre São Paulo e Campinas, viajando também com as peças para outras cidades e Estados.

Nos anos de 1973 e 1974 realizamos a missão do teatro, em cidades do litoral norte de São Paulo. E assim voltei novamente às minhas origens, retomando o contato com o mar, tão importante na minha infância. Mas vamos deixar para depois, e seguir pelas novas produções, que demonstram bem o caráter que buscávamos imprimir ao grupo.

Em 1973, eu já era professora da EAD e, em plena ditadura militar, realizei com os alunos um exercício, baseado em Grotowiski, que chamei de "liberdade em cinco tempos". Começava com os alunos fazendo uma fila, e quando eram chamados pelo nome, diziam um texto contra a guerra, os campos de concentração, enfim, contra a violência do homem sobre o homem, davam uma cambalhota no ar e caíam na piscina (que era como chamávamos a sala que tinha um declive). Nesse tempo, a USP recebia a ronda da polícia. Como fazíamos o espetáculo com todos os vitrôs abertos, a polícia, a cavalo e armada ostensivamente, ficava do lado de fora da sala, assistindo. Era muito tensa a situação, era uma espécie de confronto silencioso. Sabíamos que a qualquer momento eles podiam entrar lá e acabar com aquela graça. Mas a gente fazia aquilo com uma verdade tão grande que acho que os policiais ficavam até assustados de ver aquela moçada gritando, numa escola de teatro.

Esse exercício causou muita polêmica, até mesmo dentro da escola. Chegaram até a fazer uma reunião de professores, pois alguns consideravam o espetáculo brutalizante. Mas sem ligar para as polêmicas, continuei com outra série de exercícios, até que surgiu um espetáculo do Rotunda: *A Via-sacra Hoje* ou *Calvário do Zé da Esquina*.

Foi um espetáculo considerado inovador para a época. Porém, tivemos problemas com a censura, que cortou, com seu temível lápis vermelho, trechos enormes do texto. Foi um momento muito importante para o amadurecimento do grupo, que começava então a adquirir uma consciência cada vez mais clara da dimensão real do papel do ator na vida social. Fizemos carreira pelos colégios religiosos de Campinas e nos apresentamos até no pátio da Cúria Diocesana!

O *Calvário do Zé da Esquina* e *As 3.650 Noites do Rotunda* foram minhas incursões pela dramaturgia. Na verdade, eram meros roteiros para espetáculos.

A partir de 1974, aos poucos o grupo foi voltando para Campinas, com a montagem de *Pedro Pedreiro* e *O Crime da Cabra*, de Renata Pallotini. Embora em 1976 produza novamente em São Paulo, é em Campinas que o Rotunda faz a primeira temporada de *Laço de Sangue,* de Athol Fugard, inaugurando o Teatro Barracão do Jonas Lemos, com Rofran Fernandes e João Acaiabe. Foi um espetáculo muito importante pela sua temática – o *apartheid*. Mandela estava preso, a situação era extremamente delicada, e o ótimo texto do Athol segurava o jogo dos atores, com pouquíssimos recursos cênicos, abordando os conflitos entre dois irmãos sul-africanos – um branco e um negro – cada qual sofrendo as pressões de uma sociedade dividida.

Fizemos, depois de Campinas, uma boa temporada em São Paulo, no Teatro Ruth Escobar, quando Acaiabe recebeu a indicação para o prêmio Molière.

No ano seguinte voltamos a Campinas, onde por quatro anos (de 1977 a 1980), montamos vários espetáculos: *Romeu e Julieta,* de

Shakespeare, *Olá! Herói*, de Neusa Doretto, *As 3.650 Noites do Rotunda* (texto que escrevi em comemoração ao aniversário de 12 anos do grupo), *Bye, Bye Pororoca*, de Timochenco Webbi e Mah Lully e *Libel, a Sapateirinha*, de Jurandir Pereira.

Em 1981, o grupo dividiu suas atividades entre São Paulo e Campinas, produzindo *Tribobó City*, de Maria Clara Machado (que nos emocionou com sua presença durante a temporada) e *Fala, Poesia*, roteiro de Renata Pallottini com poemas da própria Renata, Ilka Laurito, Neide Archanjo e Olga Savary, no TBC. Em Campinas, montamos *A Cantora Careca*, de Ionesco com direção de Jonas Lemos, *Um Elefantinho Incomoda Muita Gente*, de Oscar Von Phful com direção de Amadeu Tilli e *O Superpirata Erva-doce*, de Jurandir Pereira com direção de Mariluce Lopes.

Essa duplicação dos locais de trabalho continuou em 1982, quando montamos *Morre o Rei*, de Ionesco no teatro da Aliança Francesa em São Paulo, e *O Baú da Inspiração Perdida*, de Benê Rodrigues com direção de Amadeu Tilli e *A Lição*, de Ionesco com direção de Jonas Lemos, em Campinas.

O Rotunda, mesmo sendo um grupo profissional, seguiu a direção do TEC enquanto projeto estético – repertório variado, preparação dos espetáculos precedida de estudos, preocupação social presente na temática e na exibição e circulação das obras.

A condição de dupla cidadania do grupo, no entanto, causou alguns problemas, especialmente na hora de receber apoios institucionais – era um grupo de Campinas ou São Paulo? Desde 1969 o Rotunda tinha deixado de receber ajuda da prefeitura de Campinas, já que também contratava atores e técnicos de São Paulo. Enfim, mais um dos problemas de se tornar "gente grande"!

Mas esse amadurecimento teatral não aconteceu apenas com o Rotunda e nem só em Campinas. No interior do Estado, grupos teatrais conscientes de sua importância na sociedade proliferaram – Araraquara, Santos, São José do Rio Preto, são outros exemplos paulistas da nova era teatral que começara. Afinal, por que razão o interior deveria ser reduzido a mero consumidor de espetáculos vindos de São Paulo ou de centros maiores? Os grupos teatrais do interior paulista desse momento deram uma grande contribuição para a criação de um público.

E continuamos a produzir espetáculos variados – clássicos, contemporâneos, experimentais, alguns dos quais marcaram fundo e sobre os quais falaremos a seguir.

Hoje, começamos a preparar as comemorações dos 40 anos do Rotunda (meu Deus!), com a produção do espetáculo *João Guimarães – Veredas* de Renata Pallottini, projeto que nos rendeu o prêmio Flávio Rangel de teatro profissional da Secretaria de Estado da Cultura de 2005.

Capítulo VII

O espetáculo

Eu não sei fazer espetáculo por encomenda, por contrato. Quem me conhece já sabe, só produzo o que quero fazer, o que me motiva como diretora. Não sei fazer um trabalho no qual não acredite, que eu não sinto.

Quando leio o texto já sinto o espetáculo, vejo tudo pronto. Se isso não acontece logo de cara, posso desistir que nada vai rolar. Todo mundo fala que escolher texto para produzir, para dirigir, é muito difícil e é mesmo. Principalmente a dramaturgia brasileira, que andou em baixa durante um bom tempo. Agora, felizmente, já temos novos e bons autores, bons textos, mas ainda não é suficiente, a demanda é maior.

Uma das primeiras coisas que penso é no público, afinal, é para ele que fazemos o espetáculo. Quando penso que as pessoas saem de casa para ver o meu trabalho, sinto que tenho a obrigação de dizer alguma coisa para elas.

Claro que teatro é, antes de tudo, entretenimento, mas para mim, cada vez mais, é importante passar um conteúdo, uma mensagem social – sem perder a preocupação estética.

Seja qual for o espetáculo, ele só não pode ser chato. E o público é um crítico astuto, que foi lá para se distrair, se divertir, se emocionar. E ele tem esse direito.

Eu fico grávida dos textos por anos. Fico com aquele texto que eu ouvi dizer, ou que eu li, ou que vi um dia na vida em algum lugar do mundo. E fico com aquilo na cabeça e vou às últimas conseqüências, me preparo para fazer daquele texto um novo trabalho.

Uma coisa que ajuda muito nessa gestação é a música. Durante o processo de criação, fico curtindo uma melodia, um som. No último espetáculo que a gente fez, *Prá lá de Bagdá*, eu estava ouvindo muito a Nina Simone. Eu ficava em casa em São Sebastião, quieta, ouvindo a música e olhando o mar. Depois, pegava o carro, sozinha, e continuava ouvindo aquelas músicas. E aí o espetáculo começou a vir na minha cabeça. Num domingo, estava tudo quieto em São Sebastião, pensei *ah, vou escutar uma Nina Simone* e o espetáculo apareceu, fulminante, em mim. Foi a Nina Simone que me levou ao encontro de *Prá lá de Bagdá*. Ironias do destino.

É como as melodias que eu vou colocar no filme *Topografia de um Desnudo* – os temas dos personagens Russo, Teo, do Boêmio que o Ney Latorraca vai cantar. Na rua, na farmácia, no fruteiro, me pego cantando os temas dos personagens e começo a ver cenas do filme.

Na verdade, são processos que não sei direito definir, não controlo. A melodia me preenche. Não tenho nenhuma disciplina para isso, simplesmente o espetáculo me invade.

Não dá para falar de todos os trabalhos que fizemos, por isso, vou citar apenas alguns.

Electra, de Sófocles
Fizemos *Electra* como segunda opção: o famoso plano B. Queríamos estrear o Rotunda com *A Revolução na América do Sul,* do Augusto Boal.

Cena de Electra

Mas estávamos passando por uma fase dura no País (1967), chegando às portas do AI-5, e um dos meninos do elenco – que era meu namorado e que fazia estágio numa delegacia – foi chamado por um superior que lhe disse: *Olha, nem pensem em fazer isso.*

Já que a gente não podia fazer um espetáculo politicamente engajado, decidimos nos voltar para as origens – o teatro grego. Eu já tinha um interesse especial pela tragédia grega, tanto assim que depois de *Electra* eu fiz *Hipólito*.

Optamos por montar o espetáculo o mais fiel possível ao "espírito grego", ou seja, montamos a tragédia com pouquíssimas adaptações – o que foi um ato bem corajoso! Mas essa é minha posição da qual não abro mão, porque eu tive o privilégio de conhecer o teatro grego feito na Grécia, o Shakespeare feito na Inglaterra, o Moliére feito na França. E assisti também os clássicos feitos no Brasil com uma grande seriedade, sem concessões que "aliviam" a tragédia ou "aproximam" os clássicos por meio de gírias, piadas, etc. Os clássicos são clássicos porque se mantêm atuais, universais.

Enfim, demos ao espetáculo o mesmo caráter de estudo que estávamos acostumados no TEC. Nossa, o que a gente estudou, o que a gente

*Geraldo Jürgensen cenógrafo e Lélio Coluccini
Máscaras,* Electra

pesquisou... A equipe era dedicadíssima: Geraldo Jurgensen nos cenários, o escultor Lélio Coluccini nas máscaras, Nilza de Castro Tank na preparação vocal. E como tínhamos um elenco pequeno (a maioria oriunda do TEC), duplicamos o coro com máscaras autônomas, que ficavam em cima de grandes bastões, com os quais os atores do coro jogavam.

Na montagem, tivemos preocupação com uma linguagem estética, a partir da harmonia e a força do movimento que os gregos deixaram na sua escultura. A narrativa trágica era colocada como se os atores fizessem reviver alguns frisos da estatuária grega, tanto em solos como no conjunto. Mas evitamos a possível rigidez que essa excessiva plasticidade das figuras poderia sugerir, trabalhando as emoções dos atores para transformá-los nos heróis sofocleanos.

E foi com essa peça que o Rotunda estreou, no dia 9 de setembro de 1967, no teatro do vizinho. Isso mesmo, estreamos o grupo campineiro no Teatro Municipal de São Carlos, já que Campinas tinha demolido seu municipal.

Décio de Almeida Prado

Mas levamos para lá nosso público – 600 pessoas que lotaram 15 ônibus, organizados pela estratégia militar do major Rodolpho Pettená, do serviço de turismo da Prefeitura. Essa gloriosa excursão, por ironia do destino, saiu do largo do antigo Teatro Municipal.

Electra foi mais que um espetáculo, foi um longo ritual. Mas valeu a pena, porque foi muito bem acolhido. A primeira crítica, assinada por Décio de Almeida Prado e publicada em *O Estado de S.Paulo*, além de favorável, valeu como uma bênção. Sim, porque Décio foi para São Carlos e, depois do espetáculo, reuniu-se com o pessoal para uma longa avaliação do trabalho.

O passional João Apolinário também esteve lá e fez uma belíssima crítica no Última Hora.

Depois do sucesso em São Carlos, ficamos mais estimulados a mostrar o espetáculo em Campinas – mas onde? A única solução foi colocar o imenso e belíssimo cenário de Geraldo Jurgensen no palco do auditório da Casa das Irmãs Missionárias, na Avenida da Saudade. E foi nessa temporada campineira que dr. Alfredo Mesquita foi assistir o espetáculo e publicou no *O Estado de S.Paulo* um comentário de meia página, extremamente estimulante.

> Theresa Aguiar iniciou-se sob o influxo de dois mestres do teatro
> nacional. De Paschoal Carlos Magno recebeu o gosto pela encenação
> aventurosa dos grandes clássicos universais - os gregos, Shakespeare.
> Com Alfredo Mesquita aprendeu a importancia do trabalho coletivo e
> bem realizado, talvez não perfeito ou genial, mas executado no limi-
> te das possibilidades de cada um. Foi pelo menos o que me lembro de
> ter visto em sua *Electra*, quando ainda era crítico profissional.
> Neste livro ela retraça a sua historia, de pioneira entusiasta em
> mais de um terreno, inclusive por não ser homem numa época em que as
> mulheres, no teatro, não costumavam assumir cargos de direção, dentro
> ou fora do palco. As suas palavras respiram a alegria de quem revê
> o passado com a consciencia tranquila, porque fez o que pôde e o que
> devia.
>
>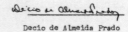
> Decio de Almeida Prado

Texto do Décio, sobre Teresa

Com a boa repercussão, recebemos um convite de Miroel Silveira, diretor artístico do Teatro Anchieta, para uma temporada paulistana. Em três semanas, o espetáculo foi remontado com algumas substituições: Lourdes de Moraes, José de Abreu e Kito Junqueira. Ariclê Perez vinha da montagem original, assim como Ana Lúcia Vasconcellos, a protagonista, que ganhou com o espetáculo o prêmio "revelação de atriz" de 1968, concedido pela Associação Paulista de Críticos de Teatro – APCT.

A imprensa abriu espaço considerável para o espetáculo, e a crítica foi favorável em sua maioria. Sábato Magaldi publicou no *O Estado de S.Paulo*:

O Teatro Anchieta acabou de apresentar o Teatro da Cidade, grupo profissional de Santo André, e mostra agora o Teatro Rotunda, de Campinas, primeiro conjunto profissional criado no interior do Estado. Ambos testemunham, cada um à sua maneira, que a descentralização teatral pode ser uma realidade, orientada por sólidos modelos.

É importante lembrar que o Teatro da Cidade, que mereceu os melhores elogios da crítica, apresentara *Jorge Dandin*, de Moliére, dirigido por Heleny Guariba, um grande talento, uma companheira da maior valia para a causa do teatro, que desapareceu na avalanche de escuridão e violência que assombrou o país nesse 1968.

Também *Electra* foi suspenso nesse ano, pois as ruas Maria Antonia e Dr. Vila Nova transformaram-se em praça de guerra: Faculdade de Filosofia da USP x Mackenzie. Mas deixou lembranças boas e muita, muita saudade.

Hipólito, de Eurípides

O arquiteto Fábio Penteado defendia que o tratamento acústico da arena externa do Cen-

Hipólito - Arena do Centro de Convivência (Campinas)

Hipólito - Arena do Centro de Convivência (Campinas)

tro de Convivência de Campinas era perfeito. O teatro de arena (como é conhecido) é rodeado por quatro blocos de arquibancadas enormes de cimento e entre uma e outra existe um espaço bastante grande. É rodeado de grandes árvores, plantadas, segundo ele, a partir de um estudo de acústica. Nossa discussão começou porque eu dizia que o local era inadequado por ser uma rótula de trânsito. Ou você fecha o trânsito naquele pedaço do Cambuí, que dá saída e entrada para vários lugares, ou só faz espetáculo quando não tem carros na rua.

Hipólito - Arena do Centro de Convivência (Campinas)

Hipólito - Arena do Centro de Convivência (Campinas)

Quando eu fiz *Hipólito* ali, inaugurando a arena em 1972, tivemos o privilégio de ter atores com vozes possantes, como a Lourdes de Morais, o Rofran Fernandes e a Selma Pelizon. Mesmo assim, fiz as marcações de forma que as vozes eram jogadas sempre em direção aos blocos de arquibancada, porque se fosse jogada para os intervalos entre uma arquibancada e outra, o som se perdia totalmente. Logo, não existe nenhum tratamento acústico, a prática revelou.

Bom, mas vamos falar do espetáculo, que realmente foi impressionante. A gente se preparou muito, ensaiamos durante muitos meses, em contato direto com a natureza, tirando dela toda a força para compor os personagens. Falando desse período de preparação, lembrei de um episódio engraçado. A gente ensaiava na chácara do Amadeu Tilli, e um dia o Rofran Fernandes, que fazia Teseu, ficou tão enlouquecido que arrancou um arbusto e saiu correndo pela chácara, no meio da noite, gritando *Hipólito morreu, Hipólito morreu!*. Os empregados escutaram aqueles gritos e ficaram tão assustados, que chamaram a polícia!

Quisemos levar para o público essa força da natureza. Fizemos uma coisa que hoje seria inconcebível – cobrimos a arena com dez caminhões de areia da praia. O então prefeito Orestes Quércia e o Secretário de Cultura José Alexandre dos Santos Ribeiro, deram toda cobertura necessária para que o espetáculo fosse um grande evento. E assim chegaram os caminhões de areia, que além do efeito cenográfico, ajudou muito a acústica.

No dia da estréia, fomos surpreendidos por um fato até então inimaginável: Adilson Wladymir, que fazia o *Hipólito*, foi gravar uma novela no Guarujá (contra minha vontade) e não chegou em tempo. O público chegando, o elenco aflito, até que decidimos que Amadeu Tilli iria ler o texto de *Hipólito*. E lá fomos nós.

Lourdes de Morais, que fazia Fedra, começava o espetáculo submersa nas areias, respirando por

Lourdes de Moraes

um canudinho. O espetáculo era totalmente iluminado por grandes tocheiros, colocados à volta de toda da arena.

Na estréia, a arquibancada estava lotada – 5 mil pessoas. Os atores entraram em cena para acender os tocheiros, e logo o segundo susto: um grupo de alunos da Unicamp, sob o comando do professor Gambini, começou a cantar *parabéns pra você*. Não preciso nem contar como ficamos – já pensou se a gracinha pega e 5 mil pessoas começam a cantar "parabéns"?

Só que a Lourdes de Morais, enterrada na areia, teve uma presença de espírito e uma força admirável. Enfrentando o público, ela levantou do meio da areia e disse *eu sou Fedra*. Foi incrível, mas as 5 mil pessoas ficaram absolutamente em silêncio!

A força daquela atriz salvou o que poderia ter sido um grande fiasco, e a gente conseguiu fazer o espetáculo até o fim. É que a Lourdes, assim como todo o elenco, estava segura de seu personagem.

Afinal, a gente tinha preparado aquele momento durante muito tempo. Todos os trabalhos que faço são assim – gerados, gestados. Não acredito no espetáculo feito do dia para a noite. Eu fico grávida do espetáculo por anos, e quando eles vêem à luz – certos ou errados – é porque estão prontos. E os atores também – para o que der e vier. Esse momento da Lourdes de Morais é um exemplo do ator que respeita seu trabalho e que se faz respeitar.

Uma noite, Selma Pelizon cortou o pé em cacos de vidro, o que nos alertou, tardiamente, para a necessidade de vasculhar a areia antes de cada espetáculo. E foi assim que numa noite tivemos uma grande surpresa: no local onde um dos atores caía com o peito nu, em saudação à Afrodite, encontramos um punhal solidamente colocado em posição vertical, apontando uma lâmina de 20 cm para cima. Graças aos deuses, havíamos evitado um acidente de proporções provavelmente terríveis.

Com essa montagem, fizemos uma leitura da tragédia grega diametralmente oposta àquela de *Electra*, de Sófocles. O trabalho do grupo era todo dirigido no sentido de fazer aflorar, de forma vigorosa, a emoção visceral e orgânica de sua sensibilidade, estimulada pelas forças da natureza – tínhamos o mar, o ar, o fogo.

Depois, o espetáculo foi levado ao Teatro Municipal de Santo André e para São Paulo, na sala galpão do Teatro Ruth Escobar.

O Crime da Cabra, de Renata Pallottini

Essa comédia da Renata Pallottini talvez tenha sido, ao lado de *Tribobó City*, da Maria Clara Machado, um dos espetáculos que eu produzi e dirigi maior número de vezes na minha carreira. Montei em Marília, em São Sebastião, umas três vezes em Campinas... e só numa das montagens é que usamos uma cabra de mentira, sempre era uma cabra de verdade.

E é claro que isso dava um trabalho enorme, porque ninguém segura boca de cabra, e elas comiam tudo que achavam pela frente – até textos, peças de figurino, do cenário. Mas o problema era quando a cabra fazia a digestão em cena. Tinha um

1ª montagem de O crime da cabra

momento na peça em que um dos personagens entrava pela platéia puxando a cabra, e aconteceu várias vezes da cabra "dejetar" no meio do público. Isso causou vários problemas, especialmente quando apresentamos no Teatro do Centro de Convivência, em Campinas, todo acarpetado. Até arrumamos uma pazinha e uma vassoura para o ator, o Joel Barbosa, que fazia o dono da cabra recolher os "dejetos". O pessoal do teatro não gostava muito, brigava com a gente, queriam suspender o espetáculo, mas o público adorava!

Mas o mais bacana mesmo foi a temporada que fizemos no circo irmãos Almeida, em Campinas. Acho que o circo é uma das manifestações culturais da maior importância. Falo do circo de lona, circo do pau-de-roda, do circo da arquibancada, da pipoca, o circo ingênuo, do palhaço. Comecei no circo, passei pelo circo, fui dona de circo e ainda quero fazer mais alguma coisa no circo.

Enfim, viva o circo!

Doutor Zote, de Neri Gomes de Maria
Numa conversa com um grupo de amigos, entre os quais alguns autores preocupados com a dramaturgia nacional, surgiu a idéia de fazermos um festival do autor nacional. A única montagem que saiu dessa noite do "vamos fazer", foi o texto inédito do inédito autor Neri Gomes de Maria,

Teresa ensaiando os atores - Dr. Zote.

Doutor Zote. Com a ajuda generosa da Elzinha (professora Elza Cunha de Vincenzo), enveredei pelos difíceis caminhos do expressionismo.

Os cenários – mais uma vez do Geraldo Jurgensen – em proporções anormais, eram maquinados sem muita lógica, com uma iluminação criada para resultar em zonas de luz e sombra. Figuras indefinidas que se emaranhavam pelas sombras, criavam um ambiente propício para os delírios do protagonista – bom trabalho de Paulo Hesse.

Quando esse lado negro do pesadelo dava uma pausa para a cabeça atormentada do protagonista, era a vez do estilo "história em quadrinhos" o assombrar. Esse espetáculo revelou outro ator – Herson Capri.

Fizemos carreira na sala Gil Vicente do Teatro Ruth Escobar, e o espetáculo teve as mais controversas opiniões. Mariângela Alves de Lima disse sobre nossa estranha aventura:

O trabalho da direção enfatiza a embriaguez do poder. Os atores constróem as personagens como figuras oníricas que desempenham uma função completamente simbólica. Não há personagem com vida própria. Marginais e empresários se comportam como se existissem apenas para corporificar os recalques e desejos do protagonista.

Já Miroel Silveira me disse: *você precisa botar a cabeça debaixo de uma torneira de água fria. Tá ficando louca e fazendo os outros ficarem loucos!* Ele falou isso muito bravo, mas na verdade, adorei sua opinião!

Laço de Sangue, de Athol Fugard

Em 1976 o Rotunda surpreende a crítica e o público com a montagem de *Laço de Sangue*, de Athol Fugard, sul-africano pouco conhecido no Brasil, que trata das agruras do *apartheid* a partir da própria vivência do autor.

João Acaiabe e Rofram Fernandes em cena da peça Laços de Sangue

O espetáculo fez carreira no Teatro Ruth Escobar e João Acaiabe foi indicado ao prêmio Molière de melhor ator.

A montagem de *Laço de Sangue* foi um jogo bem-sucedido e bom para nós, que participávamos dele: João Acaiabe, Rofran Fernandes e eu. Apresentar e discutir o problema do preconceito racial, duramente apontado na peça, já teria valido todo o esforço, bem como a participação no Festivafro – mostra de cultura negra que a Fundação Getúlio Vargas realizou naquele ano.

A peça fez uma carreira grande de viagens, sempre com acalorados debates ao final, uma vez que Mandela, o líder negro sul-africano estava preso.

Além do interior de São Paulo, como Campinas no Teatro Barracão (do Jonas Lemos) fizemos Brasília e Mato Grosso.

Esse foi sem dúvida um dos espetáculos importantes do Rotunda.

Romeu e Julieta, de Shakespeare
Em 1977, para comemorar o décimo aniversário do Rotunda, produzimos, com o patrocínio da prefeitura de Campinas, *Romeu e Julieta.*

Bons tempos aqueles em que, embora já num grupo profissional, podíamos ensaiar fins de semanas a fio!

O Barracão do Jonas era nosso quartel general, onde entrávamos na sexta-feira à noite e só saíamos na segunda de madrugada. Mas como nunca fui partidária de "viver em comunidade", cada um ia dormir, pelo menos algumas horas, em suas próprias casinhas!

Apesar da grande carga horária de ensaios, corria uma energia tão boa que nunca chegávamos à exaustão.

Fazíamos exercícios de voz, preparação física, trabalhos de mesa, interpretação e esgrima. A preparação física e a resposta imediata aos estímulos era tão grande, que ensaiávamos subindo em várias escadas, dessas em forma

Elenco na escada e na corda - Romeu e Julieta

Ensaio de cena, Romeu e Julieta

de "A", e nunca tivemos nenhum acidente. Se bem que um dia, quando quase todo o elenco estava em cima de uma dessas escadas, alguém se desequilibrou e, claro, a escada começou a adernar. Mas o elenco era tão ágil, estava tão preparado, que um a um foram pulando e caindo em pé, sob os aplausos da equipe técnica que estava de fora!

Mais uma vez, a música me levou ao espetáculo – era Nino Rota. Mas também Fellini me levou pela mão nesse espetáculo, que teve muito forte a presença do circo. O espetáculo abria com o elenco todo fazendo acrobacias, escaladas em cordas, que levavam aos diferentes espaços. O segundo

Ensaio de Romeu e Julieta *na Catedral de Campinas*

Ensaio - Romeu e Julieta

ato abria com todos os meninos lutando esgrima. Os figurinos do querido amigo Fernando Grecco eram, além de muito bonitos, adequados ao elenco de acrobatas e saltimbancos.

Uma cortina de tule finíssima, quase invisível, separava o palco da platéia. Através de um sistema complicado de irrigação e captação de água, à medida que a tragédia se aproximava, gotas de água começavam a escorrer pela cortina invisível. Geraldo Jurgensen, cenógrafo de quase todos os meus espetáculos, fazia milagres para apresentar a concretude de meus sonhos.

Claro que, para chegar a esse efeito, fizemos ligação com o encanamento do intocável Teatro do Centro de Convivência de Campinas. Quando a gente chegava no teatro o pessoal já se arrepiava, mas eram todos de uma dedicação plena, procurando o melhor resultado, juntos. Gente, era muito lindo! Isso tudo somado ao vigor daquela moçada inesquecível. Uma corrente de energia que brilhava unia elenco, técnica e público.

Desde a entrada do teatro, estava contada a história de dez anos de vida, por meio de uma exposição retrospectiva dos espetáculos do Rotunda, com fotos, figurinos, adereços e detalhes que lembravam cada uma das montagens realizadas. A temporada foi tão bem que a prefeitura recuperou todo o investimento só com a bilheteria.

Tudo foi realizado com muito amor, e a cidade retribuiu, recebendo e participando dessa festa de aniversário com muito carinho.

As 3.650 Noites do Rotunda, de Teresa Aguiar

Certa vez assisti, em Bristol, Inglaterra, a um espetáculo que contava a história dos 200 anos do famoso *Royal Theatre* daquela cidade: o espetáculo chamava-se *Sixty Thousand Nights*.

Fiquei à espera de uma oportunidade para fazer o mesmo em Campinas, o que aconteceu em se-

3650 Noites do Rotunda

Zeca Ibanhez - coreógrafo e apresentador das 3.650 Noites do Rotunda - irmão espiritual

Éramos felizes e sabíamos - 3.650 Noites do Rotunda

tembro de 1979, com a montagem de *As 3.650 Noites do Rotunda*, um *revival* caboclo.

Mariluce Lopes e eu costuramos as cenas dos espetáculos produzidos pelo Rotunda e criamos um grande *show*! Nos cenários de Jucan, com escadarias e portas espelhadas que se abriam ao fundo, os atores com fraques prateados e cartolas e as mulheres com longos coloridos, abrem o espetáculo com coreografias do Zeca Ibanhez e preparação corporal da Yara Machado.

Depois dessa abertura, cada cena era uma homenagem a um espetáculo, com atores usando figurinos da peça, detalhes cenográficos e trilha própria. Era um espetáculo imenso, um musical elaborado, com dezenas de atores, técnicos e complicados recursos cênicos, tudo preparado para o Teatro do Centro de Convivência. Tanto assim que depois da temporada, o espetáculo não cabia em nenhum outro lugar em Campinas.

Na verdade, foi o único "musical" que fiz, uma loucura, que nos fez muito felizes e deixou saudade!

Fala, poesia, de Renata Pallottini

Em 1981, Renata Pallottini, como dramaturga, soube juntar aos seus poemas os de Ilka Brunhilde Laurito, Neide Archanjo e Olga Savary, e escrever um roteiro no qual a poesia não só resistiu a um tratamento teatral como resultou em um espetáculo com uma proposta maior: mostrar, além da força da poesia em si mesma, a visão da mulher-poeta em face da própria mulher, do poema, do amor, da memória, da morte e do povo.

Esse espetáculo procurava revelar as autoras e sua preocupação com o social, o existencial e com o questionamento da própria palavra, ao mesmo tempo que pretendia arrancar a poesia do livro, dando-lhe vida, sentimento, corpo e voz.

Isadora de Faria e Danúbia Machado, interpretavam os poemas, que eram interligados pela

Folha de S.Paulo, 07/09/1981

música popular brasileira, nas vozes de Maricene Costa e Bete Sá, acompanhadas, ao vivo, por Filó e seu conjunto, que nesse momento já fazia sucesso no Boca da Noite em São Paulo.

Não era propriamente um *show*, mas um espetáculo feminino. Em dias e espaços alternativos, às segundas e terças-feiras, no recém-inaugurado assobradado, do Teatro Brasileiro de Comédia, *Fala, Poesia* cumpriu longa temporada, e foi apresentado posteriormente em colégios, bibliotecas públicas e cidades do interior.

Morre o Rei, de Eugene Ionesco

Eu fui introduzida ao teatro do absurdo pela Cândida Teixeira, que fez com a gente, no Teatro do Estudante, Tardieu e Adamov. Já no Rotunda, fizemos, de Ionesco *A Cantora Careca* e *A Lição*. Mas, falar de Ionesco, para mim, é falar de *Morre o Rei*. Produzimos esse trabalho em São Paulo, com o Sérgio D' Antino. Minha cunhada, Laura Vivona, fez uma tradução brilhante.

Eu estava tão fascinada pelo texto, que numa de minhas estadas em Paris resolvi procurar o Ionesco. E do mesmo jeito que anos atrás eu tinha invadido os salões do Palácio do Catete no Rio de Janeiro para falar com o Paschoal Carlos Magno, descobri o endereço do Ionesco e fui até lá.

Ionesco recepcionado na Câmara de Comércio e Indústria Franco-Brasileira

Ionesco, Teresa e elenco

Jandira Martins e Marcos Caruso, melhor trabalho em teatro de ambos

Quando cheguei na porta de seu apartamento, onde estava escrito num cartãozinho ao lado da campainha – "messieur Ionesco", confesso que tive um medo brutal. Mas toquei assim mesmo, ele atendeu e eu falei – *sou Teresa, estou chegando do Brasil para falar com você, quero montar* Morre o Rei. Ele respondeu *oui*, e eu ouvi um "pleft" – era o portão de madeira que se abriu. Eu entrei e me vi perdida no mundo naquele pátio grande, que dava entrada para os apartamentos. E com a famosa coragem da ignorância subi as escadarias – era um prédio antigo, sem elevador. Antes de ter tempo de desistir, toquei a campainha e quem abriu a porta foi o próprio Ionesco. Aí eu pensei: *bom, Teresa, agora você decide – desmaia, finge que desmaia ou diz a que veio.* E no meu pobre francês, tentei me explicar como pude. Ele deve ter achado uma coisa bizarríssima, uma maluca saída do Brasil distante, e falou: Morre o Rei, *como toda a minha obra, como todo teatro do absurdo é uma obra aberta, e eu estou muito curioso de ver como você, mulher brasileira, tropical, vai fazer o espetáculo.*

Eu falei *olha, pode ter certeza que você vai na estréia!*

Já no Brasil, começamos a montagem da peça, que foi produzida pelo Sérgio D'Antino e teve a produção-executiva do eficientíssimo Francarlos Reis. Por intermédio de Luís Contier, casado com uma prima, armei um esquema com o consulado da França, que por sua vez conseguiu adesão da câmara de comércio e indústria franco-brasileira, da casa de cultura francesa, e enfim, depois de muita confusão, trouxemos Ionesco para o Brasil para a estréia de *Morre o Rei*.

Foi um espetáculo muito interessante, com um cenário incrível do Campello Neto. A Kalma Murtinho foi para Campinas, no barracão do Amadeu Tilli onde guardávamos as sobras dos espetáculos. Com o acervo do TEC e do Rotunda, criamos um figurino extraordinário. Na minha opinião, foi o melhor trabalho que o Marcos Caruso, a Jandira Martini e o Francarlos Reis fizeram como atores.

Bom, voltando ao Ionesco, fomos ao Rio de Janeiro esperar sua chegada. Assim que ele desembarcou, me abraçou e disse: *se eu não gostar do espetáculo, levanto e vou embora*. Eu respondi *corro o risco*.

E tive o prazer de assistir ao espetáculo ao lado de Ionesco, que não só não foi embora como, depois, durante o jantar, no meio da conversa, fazia perguntas e comentários, demonstrando interesse pelo processo de criação e concepção.

Na hora de ir embora, ele me abraçou e disse: *então, eu vim e fiquei até o fim. Você está feliz?*

Isso lá é pergunta que se faça?

Liberdade, Liberdade, de Millôr Fernandes e Flávio Rangel

Dirigir liberdade em 1984, era um projeto antigo e um grande desafio, visto que a montagem de Flávio Rangel, em seu memorável espetáculo de 1965, parecia definitiva e única.

Começamos nosso trabalho a partir do princípio ritualístico do teatro, resumido afinal pelas mãos lavadas e o abraço antes de cada ensaio. A partir de um determinado momento, convencionado pela procura dos olhos uns dos outros, estávamos disponíveis para a criação e busca da emoção. Pelo confronto dos contrários, a ação da peça, que percorre todas as vias, da violência ao humor, passando pelo épico e pelo romântico, desenvolvia-se um clima de *soirée* dos "anos dourados". O elenco usava *smokings* e vestidos longos, brancos. O resto ficava por conta de uma iluminação que servia ao espetáculo. Não havia cenários, apenas alguns planos elevados.

Nessa época não tínhamos ainda o TAO – Teatro de Arte e Ofício. Peregrinamos atrás de datas e espaços, o que me lembrava muito os velhos tempos do Teatro do Estudante.

Ensaio de Liberdade, Liberdade - banda de Marcos Tadeu

Estréia - Final do espetáculo

Vencemos algumas batalhas e conseguimos fazer temporada no Teatro do Centro de Convivência e no Castro Mendes em Campinas, além de outras aventuras.

Eu gostava muito do espetáculo. Talvez porque marcou um de meus retornos a Campinas. Tínhamos uma banda que tocava e cantava ao vivo, o elenco cantava (mais ou menos) com a Delma Medeiros salvando a pátria já que era cantora.

Esse espetáculo revelou Ariane Porto, que hoje além de atriz é produtora de teatro, cinema e televisão, e com bravura e coragem construiu este livro.

Para dar um exemplo de como a vida imita o teatro, o Marco Ghilardi um dos atores do elenco me deu flores no dia da estréia com um cartão: *apesar de tudo, vivos e eternos neste milagre que é o teatro*. Deixou a gente cedo demais.

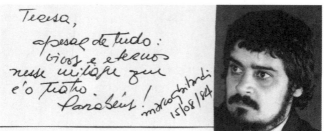

Marco Ghilardi

Remontar *Liberdade, Liberdade* faz parte de meus projetos futuros.

Topografia de um Desnudo, de Jorge Diaz
Esse texto tem história, e vale a pena contar.

Tudo começou em Manizales, na Colômbia, onde estávamos com alunos da EAD apresentando dois espetáculos no Festival de Teatro Universitário: eu estava com minhas alunas fazendo *O Rato no Muro,* da Hilda Hilst e o Silney Siqueira com os alunos dele fazendo *Pedro Pedreiro,* de Renata Pallottini.

Eu e um grupo de brasileiros – entre eles o Ney Latorraca e a Renata Pallottini – assistimos a um espetáculo apresentado pela Universidade Católica do Chile, e ficamos impressionados. Era o *Topografia de um Desnudo*, que retratava um fato recente da história do Brasil – a "operação mata-mendigos". O autor criou um texto denso, brutal, baseado numa notícia de jornal que chegara ao Chile sobre esse episódio vergonhoso de nossa história.

Chegamos ao Brasil, Renata Pallottini traduziu o texto e com a ajuda da Universidade Católica do Chile conseguimos contato com Jorge Diaz, que estava na clandestinidade. Nosso contato era super difícil, tínhamos que ligar cada vez para um lugar diferente. Era um momento difícil para eles

Delma Medeiros, Ariane Porto, Márcio Cruz

Ensaiando com projeção de super 8

e para nós – 1972. Tanto assim que logo depois, Jorge Diaz se exilou na Espanha.

Depois da autorização do autor, mandamos o texto para a censura federal do Brasil, onde ficou por 15 anos!

Em 1985, tentamos novamente concretizar o projeto. E depois de muitas idas e vindas, conseguimos "liberação provisória" para montar o espetáculo. Esse certificado provisório tinha que ser renovado a cada 15 dias, o que envolvia horas de chá de cadeira na polícia federal.

Mas estreamos o espetáculo em Campinas, no Teatro do Centro de Convivência. O pessoal do teatro – velho conhecido – dizia com razão: *meu Deus, lá vem espetáculo da Tatá (como sou conhecida por muitos companheiros)*. Nesse trabalho, eles ficaram mais enlouquecidos do que de costume, pois literalmente "desmontei" o palco do teatro – abri o poço da orquestra, coloquei iluminação dentro e o transformei em um "rio", tiramos as tapadeiras e deixamos as coxias à mostra, tiramos bambolinas e expusemos todos os refletores. Enfim, "desnudamos" o espaço cênico.

A partir do ponto de vista do personagem central que está no tênue limite que separa a vida da morte, toda a trama se desenvolve.

Márcio Cruz na capa do livro de Teresa Aguiar

Instalamos microfones no palco, que serviam para os atores/personagens fazerem seus depoimentos, transformamos o ciclorama numa grande tela na qual projetávamos um filme super-oito que realizamos com o Marcos Craveiro em lixões da cidade, usando atores e moradores do local. Com uma máquina de solda, fazíamos a cena da tortura, em que o ator Márcio Cruz, nu, tomava choques que cortavam, juntamente com seus gritos, o blecaute geral. No cenário de Jucan, vultos se esgueiravam pelo lixão surreal.

O elenco? Pobre elenco. Feliz elenco. Foi um trabalho árduo, do ponto de vista profissional e pessoal, com visitas aos lixões e confronto com a dura realidade dos excluídos sociais. Nesse trabalho, usamos de tudo – Stanislawiski, Grotowiski, Brecht, o expressionismo alemão, o realismo fantástico. E mais do que tudo, nossa sensibilidade e solidariedade para com esses nossos compatriotas "desnudos".

Depois do Centro de Convivência, fizemos uma temporada em nosso teatro, o TAO, e seguimos para uma temporada paulistana, no Teatro Ruth Escobar, onde recebemos as melhores críticas.

Se fiquei satisfeita? Não, quero mais. E agora estamos na fase final de gestação de outra etapa – o longa metragem *Topografia de um Desnudo*, que filmamos em 2006.

Caminhos que Fazem Darro e o Genil até o Mar, de Renata Pallottini

Em 1986, à convite da Secretaria de Cultura do Estado de São Paulo, o Rotunda participou do evento *Garcia Lorca – 50 anos de Eternidade*, que relembrava os 50 anos do assassinato do poeta.

E fizemos uma temporada, na Sala Paschoal Carlos Magno do Teatro Sérgio Cardoso, do espetáculo de Renata Pallottini *Caminhos que Fazem o Darro e o Genil até o Mar*.

Paula Martins, mestra absoluta das coreografias, danças e palmateios espanhóis, nos deu a honra de trabalhar nossos atores. No elenco, alguns encontros felizes como a atriz Nilda Maria, e outros reencontros também felizes como Carlos Arena – o meu Lorca de 1976 – e Rofran Fernandes de *Laço de Sangue*. As espanholas natas, Rosa Yagui, cantora, e Elvira Perpinya, percussionista, deram um "toque de legitimidade" ao espetáculo.

O texto de Renata Pallottini, como o nome sugere, pontua momentos especiais dos caminhos feitos pelo poeta – de uma vida admirável para uma morte prematura executada pela mão nazi-fascista do regime de Franco.

O espetáculo era despojado e discreto, juntando trechos de peças, poemas, canções, e

Ariane Porto, Carlos Arena, Nilda Maria

Ariane Porto, Carlos Arena, Nilda Maria e Rofran Fernandes

finalmente mostrando a alma de Lorca viva pelo personagem/duende, interpretado por Ariane Porto. Uma alma inteira, prazerosa, encantando a todos.

Caminhos seguiu seu destino, apresentando-se no Centro de Convivência de Campinas.

Quarta-feira, sem Falta, lá em Casa, de Mário Brassini

Esse é um exemplo de texto muito bem estruturado, despretensioso, simples. A narrativa flui, enredando duas personagens, cuja amizade atravessou décadas, numa trama cheia de coincidências, que embora previsíveis, não tiram o sabor desse texto, no qual o drama e a ternura se alternam com o cômico.

O público se sentia tão envolvido na intimidade das duas velhas amigas que se encontravam para o chá das 5, que resolvemos servir antes do espetáculo um chá com biscoitos para todos.

Danúbia Machado e Ariane Porto, duas atrizes tão mais jovens que as personagens, acertaram o tempo do jogo como dificilmente uma dupla acerta.

Quarta-feira inaugurou o TAO – Teatro de Arte e Ofício e após uma temporada campineira que incluiu o Centro de Convivência, seguiu para

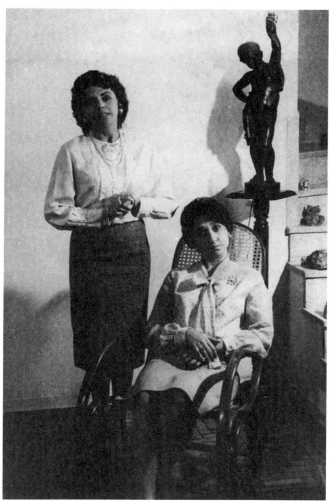

Danubia Machado e Ariane Porto

Danubia Machado e Ariane Porto

Placa comemorativa da 100ª apresentação de 4ª feira oferecida pela Prefeitura de Campinas

São Paulo, onde fez longa temporada no Teatro Câmara de Arte, na Rua augusta. E foi lá que o espetáculo comemorou 150 apresentações e depois seguiu para o interior do Estado.

Sonho de uma Noite de Verão, de Shakespeare
Se eu tivesse que responder à famosa pergunta dos *talk shows* sobre os "maiores amores de minha vida", certamente citaria o *Sonho de Uma Noite de Verão*. Acho que foi o filho com o qual mais sonhei.

Assisti a várias montagens do texto, a primeira nos anos 60 em Londres, no *Hyde Park*, e depois muitas outras, mais ou menos marcantes. Até que nos anos 80 assisti uma montagem escocesa no Festival de Teatro de Edimburgo, e aí disse para mim mesma – *agora é minha vez*.

E realizei meu "sonho" em 1994, fazendo um espetáculo no meio das árvores do Parque Taquaral, em Campinas.

O cenário principal era uma enorme figueira no meio do mato, onde o espetáculo abria com todo o elenco subindo pelos seus galhos, cantando a belíssima trilha composta pelo Khá Machado, que também participava do elenco como um fauno que tocava seu violino, acompanhado de outras fadas com suas singelas flautas.

Ariane como Puck

Encenação de Sonho de Uma Noite de Verão *na praia*

Como não havia estrutura nenhuma, adaptamos tudo – do alto de uma torre de metal operávamos a luz, e o público se acomodava numa arquibancada por onde os gambás e outros bichos pequenos se esgueiravam, participando do espetáculo ora como espectadores, ora como atores.

Para conduzir o público até o local, colocamos um varal de lâmpadas pelo meio do parque, criando um clima mágico desde a entrada até o local da cena.

Mas fazer o espetáculo ao ar livre tem também seus problemas! Justo na noite em que a tradutora do texto e maior autoridade em Shakespeare, a crítica Bárbara Heliodora foi assistir o espetáculo (que medo!), caiu o maior temporal.

Mas o público esperou mais de uma hora, e ao final, quando estiou um pouco, apresentamos o espetáculo. Sob uma chuvinha fina, e com um pequeno mas valente público, Bárbara Heliodora e Benito Juarez, então maestro regente da Orquestra Sinfônica de Campinas, assistiram ao espetáculo. Depois, em torno de um carrinho de cachorro quente – única refeição que conseguimos naquele fim de noite molhado – conversamos com Bárbara, que gostou e comentou o espetáculo, prometendo voltar numa noite de lua.

Depois dessa memorável temporada no Taquaral, recolhemos o espetáculo para o TAO, onde fizemos mais uma série de apresentações, com direito a cascata no palco e tudo mais.

Fizemos uma outra apresentação, igualmente inesquecível, na praia, em São Sebastião. Era uma noite linda, e as fadas saiam do mar, cantando e dançando. O público ficava no meio do espetáculo, que se desenrolou entre coqueiros.

Foi realmente um sonho lindo. Quem fez o trabalho ou o assistiu nunca mais vai esquecer!

Prá lá de Bagdá, de Ariane Porto
Ontem, teve um amanhecer sépia em Bagdá
Deus esteve aqui comigo e estava triste, triste
Bagdá não vai ter mais.
Mas lá, vai estar sempre amanhecendo!

Com este trecho de um poema meu – uma de minhas breves incursões pelo amado mundo da poesia, se encerrava o prólogo desse espetáculo, cuja segunda parte era o *piquenique no front* do Fernando Arrabal.

Nesse momento em que estávamos todos – e ainda estamos – chocados com a força bruta do poder que, ao arrepio de todas as convenções internacionais continua a destruir o mundo, nasceu

Prá lá de Bagdá. A primeira parte do espetáculo era composta de poemas, músicas e imagens das guerras que vêm destruindo nosso mundo no último século. Para falar sobre a África – tema que me toca particularmente com grande intensidade – pedi a amiga Renata Pallottini que escrevesse algo, e ela nos presenteou com um belíssimo poema, atual, urgente.

Os atores sentados, diziam suas falas ao microfone. Nos poemas, valia a emoção. O cenário despojado de Viktor Akkas era baseado em dois andaimes de construção e um praticável em forma de cruz. O papel pintado ostensivamente

Rafael Belletti e Ariane Porto

Prá lá de Bagdá - Pic-nic no Front

cobria o fundo da cena e buscava reproduzir a imagem daquela madrugada sépia de Bagdá ainda inteira. Era incrível como o público se incomodava em ver ou rever a realidade.

Quando começava *O Piquenique no Front*, sátira bem-humorada sobre a guerra, o público custava a mudar o clima, e quando estava começando a relaxar, fechávamos o espetáculo voltando à emoção da perda.

E tive uma grande colaboradora na concepção desse espetáculo – Nina Simone, que com sua voz me levou a um mergulho num mundo de dor e alerta.

João Guimarães – Veredas, **de Renata Pallottini**
Meu primeiro enfrentamento com Guimarães Rosa deu-se no fim de 1969 no Teatro Anchieta, com Nydia Licia, grande dama do teatro brasileiro. Eu tinha também no elenco Emmanuel Cavalcante e nada menos que Jofre Soares, com os quais caminhei de mãos dadas naquele difícil momento de minha carreira. Jofre me disse num desses momentos a grande frase-lição da minha vida: *É preciso humanizar o ofício tão pesado do teatro.* Os ensaios eram feitos no então Teatro Bela Vista, uma beleza de teatro.

Bem, eu tinha "o sertão" ao meu lado, mas Guimarães era um amigo muito novo. Mas por falar em sertão, *Sarapalha* foi o grande acerto do espetáculo.

Depois de décadas, outra vez Guimarães no Teatro de Arte e Ofício, em Campinas. Em 2005, ganhamos o Prêmio Flávio Rangel de Teatro Profissional e montamos *João Guimarães – Veredas.* Depois da temporada campineira, fizemos algumas viagens pelo interior e depois uma temporada no Teatro Sérgio Cardoso, construído onde era o Teatro Bela Vista. Confesso que chorei. Foi muito estranho, uma saudade gostosa do Jofre.

O elenco, dessa vez, foram os "meninos de Campinas". Assim eu chamo meu atual exército tea-

Cartaz da primeira montagem, 1969

Elenco da segunda montagem, 2006

Cartaz da segunda montagem, 2006

tral. Porque quando anuncio que vou fazer esse ou aquele trabalho para alguns "amigos", sempre ouço: *... mas com os meninos de Campinas?!* Sim, meninos de Campinas, brava gente, que com paixão, muito trabalho, mas muito trabalho mesmo, conseguimos fazer um espetáculo que foi muito bem recebido. Não tivemos ainda *a* "crítica", o que espero ter em breve, mas e daí?! Gosto de viver perigosamente – quero a crítica de Mariângela Alves de Lima. Essa é das boas.

Outro fato que me aproximou muito de Guimarães dessa vez foi o Lima Duarte. Eu nem pensava ainda em reencontrar o espetáculo, aparece o Lima no Rapaterra. Eu passava no hotel para apanhá-lo e irmos ao *set* de filmagem – e só falávamos de Guimarães. Um dia não pudemos descer do carro quando chegamos – ele disfarçando uma "furtiva lágrima" e eu em prantos. Ele acabava de dizer *Soroco, sua mãe, sua filha*. Antes de descermos, a bronca: *para com isso, que coisa mais boba!* Depois sorria: *mas é bonito demais, não é mesmo?*

Agora, licença poética: acho que as lágrimas que derramei, ao som do Lima Duarte dizendo Guimarães, regaram o espetáculo que iria florescer tempos depois. Babaca, mas verdade.

Durante as filmagens do *Desnudo* esse "Guimarães" estava em cartaz, então, meu convívio com Lima – Russo, mendigo *Desnudo* – foi muito especial.

Capítulo VIII

Passagens, lugares, pessoas

Conservatório Carlos Gomes

Um episódio importante na minha vida e que tem suas passagens pitorescas, foi a criação do curso de teatro do Conservatório Carlos Gomes em Campinas. A Léa Zigiatti foi minha colega de classe na Faculdade de Direito da PUC – ela era boa aluna e eu era vice-presidente do Centro Acadêmico, logo, não tinha muito tempo para estudar. E como eu mais fazia teatro do que outra coisa, a Léa me convidou para dar umas aulas para umas crianças do seu conservatório. Eram os menininhos que iam lá tocar instrumento, e que eu chamava de a turma do "firim fim fim".

E começamos a fazer umas experiências de teatro, umas aulinhas para as crianças, mas não deu muito certo, porque na verdade eu achava um pouco chato. Acho que eu não tenho muito jeito para isso. Daí surgiu a idéia de organizar um curso de teatro dentro do conservatório. Chamei a Yolanda Amadei para dar expressão corporal, Milene Pacheco para dar aula de voz – que eram professoras da EAD – e fiquei com a improvisação e interpretação.

E o curso pegou. Muitas pessoas que estão na atividade teatral hoje passaram pelo conservatório. Por insistência nossa, a Léa construiu no salão de festas do conservatório uma arquibancada de madeira e uma cabine de luz. Levei para lá a "herança" do Paschoal – os 7 refletores que ele tinha dado para o TEC e a Rotunda – e improvisamos lá o teatrinho da Léa.

Era muito gozado, pois a gente disputava aquele espaço com todo o "firim fim fim" dela – afinal, era um conservatório musical! E começamos a tomar violentamente o espaço. Quando chegava a professora para dar aula de piano, a gente estava ensaiando e ficava lá, não saía de jeito nenhum. E a Léa chegava, gritava, mas a gente não dava a menor importância. Sitiamos o conservatório. Dessa "tomada da bastilha" nasceram espetáculos muito importantes. Fizemos duas peças da Renata Pallottini (*Pedro Pedreiro* e *O Crime da Cabra*) e um Brecht, *Horrores e Misérias do Terceiro Reich*. Para esse espetáculo, transformamos o espaço num campo de concentração, e para isso bolamos uma espécie de tampa redonda, toda tecida em arame farpado, que através de uma corda subia para o teto, já que o pé direito era razoavelmente alto. Quando os atores entravam e começava o espetáculo, aquela grande cúpula descia e prendia os atores lá dentro.

Cena de Terceiro Reich

No *Terceiro Reich* tinha um monólogo que chamava *A judia* e que era feito por uma moça chamada Eva Ilg – ela era muito legal, pena que não fez mais teatro. E claro que, com aquela instalação de luz que Amadeu Tilli e eu fizemos, no meio do monólogo a luz acabou, e ela, uma pessoa absolutamente amadora, continuou o monólogo com o maior vigor no escuro, até que a luz veio. Era bem legal, e isso tudo assim, roubando horas de ensaio, fechando a porta para ninguém entrar. Atormentando a Léa o máximo.

E depois fizemos *Morre o Rei,* do Ionesco. Isso tudo com alunos do conservatório, e o bacana é que para a banca examinadora, eu levava os críticos de São Paulo: Alberto Guzick, Sábato Magaldi.

O conservatório foi uma coisa importante, onde fizemos espetáculos memoráveis. Foi um momento muito bom, muito engraçado, muito produtivo, de muita pesquisa, de muito trabalho, de muita loucura.

Depois que a Léa mudou o conservatório para perto do viaduto, eu falei *Léa não faça isso* mas ela insistiu e no auditório do novo espaço botou meu nome – chamava Teatro Teresa Aguiar. Fui lá, teve inauguração com festa e tudo. Mas eu achava esquisito andar na rua e ver um cartaz assim: "no Teatro Teresa Aguiar".

Depois o teatro mudou para o Cambuí e fiquei sabendo que não chamava mais Teresa Aguiar. Fiquei muito brava, não porque "limaram" meu nome, mas porque eu podia ter sido comunicada. Eu soube por acaso, fiquei chateada e a gente não se viu mais.

Mas foi uma época muito legal essa do conservatório em Campinas, onde a gente fez bons espetáculos. Quando tinha formaturinha dos meninos do "firim fim fim", eles não queriam dar a chave para a gente ensaiar à noite. Mas tinha dona Hilda, que era a zeladora e que fazia tudo que a gente queria – e conseguíamos a chave. E então ela falava *só até às 10 horas*, mas a gente só saia de lá às 3 horas da madrugada. Claro que a Léa sabia, mas fingia que não. O que a Léa não sabe até hoje, é que pulávamos a divisória da secretaria para roubar os docinhos e salgadinhos da festa de formatura!

A EAD

Depois que a Cândida Teixeira assistiu *O Tempo e os Coways* e fez aquela crítica terrível, fui para São Paulo fazer a EAD, que funcionava na Avenida Tiradentes, onde hoje é a Pinacoteca do Estado. Mas como eu trabalhava na prefeitura de Campinas, pegava o trem das 17 horas e chegava 18h30 na Estação da Luz e ia para a aula. Depois, pegava o último trem de volta para Campinas, e no dia seguinte levantava cedo para ir trabalhar.

Por isso é que eu sempre digo nas minhas palestras – as pessoas precisam se mover, se mexer para aprender, se elucidar, saber das coisas, procurar o conhecimento. Se eu sou um pouco "sabida" hoje em dia, é porque rodei o mundo atrás de aprender a fazer as coisas. Percorri países, meti a cara, gastei o meu dinheiro, gastei o meu tempo. Me dá muita aflição a moçada que fica olhando para frente achando que é gênio. "Gênio" é uma coisa muito rara, você pode ter talento mas tem que ir atrás do conhecimento.

Bom, segui nesse vai-e-vem até que Cândida me chamou para ser assistente dela na cadeira de "improvisação" (na EAD tinha interpretação e improvisação). Foi um estágio muito eficiente.

Um dia, doutor Alfredo me chamou para dirigir *O Rato no Muro,* da Hilda Hilst (de quem eu já era amiga) com a turma que fazia exame. E lá fui eu, morta de medo. Na EAD – Escola de Arte Dramática, fiz duas versões de *O Rato no Muro* – a primeira para exame, da qual a Estér Góes participou, e a segunda para viajar para a Colômbia, para o Festival de Teatro Universitário de Manizales. Uma turma fazia a peça da Renata Pallottini *O Pedro Pedreiro,* com o Silney Siqueira, e eu fazia *O Rato no Muro* com a turma que tinha muita mulher.

A segunda montagem de *O Rato* foi com a Jandira Martini fazendo a freira chefe. Depois montei dois teatros do absurdo – *O Mestre,* de Ionesco, com o Paulo Hesse, João Acaiabe, e *Em Família* do Jacques Prevet, no qual a Maria Eugênia de Domenico tirou nota máxima, e depois eu fiz *O Visitante,* de Hilda Hilst. Nesse período, estávamos com *Electra* no Teatro Anchieta.

Quando a EAD foi para a USP (para o B9) o doutor Alfredo não agüentou. Na Av. Tiradentes, a EAD era *a escola do doutor Alfredo* onde ele, com muita felicidade e capacidade, formou gerações.

Ele tinha um corpo de professores maravilhoso, uma seriedade que dava medo. Os alunos, até se formarem, não podiam sequer declamar um poema em festa de aniversário. Eles só podiam se expor ao público depois de formados. Hoje a moçada do primeiro ano já está fazendo espetáculo, já é "ator profissional".

De todas as pessoas que conheci e trabalhei na EAD, me lembro com muito carinho da Maria José de Carvalho, professora de preparação vocal. Acho que foi a mais competente, engraçada e desvairada (no bom sentido!) que a EAD já teve. Eu freqüentava a casa dela no Ipiranga. No andar de cima tinha uma clarabóia por onde ela tomava banho de lua.

Ela ia para Campinas dar aulas para o pessoal do TEC, e para os mais tímidos, ela dizia que tinha uma receita infalível – fazer os exercícios de voz, nus, na praça.

Nos primeiros dias de suas aulas, já na USP, ela se colocava ao lado de um piano pequeno, como se estivesse num grande salão, e dizia: *para meus amigos, uma chávena de chá. Para meus inimigos, um pinico de mijo.*

Por força do destino e de algumas línguas desocupadas, quando nós ocupávamos o Teatro

Elenco na EAD

Sérgio Cardoso num evento em comemoração aos 50 anos da morte de Lorca (o Rotunda com o espetáculo *Caminhos* da Renata Pallottini em uma sala e ela em outro espaço), a Maria José rompeu comigo para sempre, sem que eu jamais soubesse o por quê. Para mim, foi uma grande perda.

Mas enfim, a EAD. Para o dr. Alfredo, a formação de ator era uma coisa monástica, era como se estivesse se formando para padre, e quando passou para a USP, a soberania do dr. Alfredo caiu. A EAD passou a ser um equipamento estadual, um curso técnico profissionalizante.

E veio também a grande força da televisão, que instalou na cabeça dos alunos de teatro esse imediatismo, *eu preciso fazer, eu preciso ser ator, eu preciso ir embora*. Tanto assim que muitos atores que estão fazendo novela hoje nem acabaram o curso na Escola de Arte Dramática.

Não posso dizer se o nível de ensino, depois que saiu da Av. Tiradentes melhorou ou piorou, o que mudou, com certeza, foram as cabeças das pessoas, que não acreditam mais numa escola de teatro.

Logo depois que a EAD foi para a USP, a Cândida se retirou e eu fiquei no lugar dela como professora de interpretação.

Missão de teatro
Na década de 70, o Ernesto Vivona, que tinha feito Teatro do Estudante comigo, me chamou para ir a São Sebastião, onde era delegado de polícia, para fazer um festival de teatro. Foi quando voltei a conviver com os caiçaras.

Já no fim dos anos 70, apresentei para a Comissão Estadual de Teatro da Secretaria de Cultura de São Paulo, um projeto chamado "missão de teatro no litoral", com alguns remanescentes da Escola de Arte Dramática de São Paulo, que foram meus alunos.

O projeto consistia em estágios de duas semanas em cada cidade do litoral norte – São Sebastião, Caraguatatuba, Ilhabela e Ubatuba. Apresentávamos uma peça infantil, uma peça para adultos e realizávamos oficinas. O legal dessa experiência foi a resposta que as pessoas mais simples, que não tinham contato com a vida da cidade grande, davam aos nossos apelos.

A gente vivia numa verdadeira comunidade, na casa da Hilda Hilst, em Caraguá – cozinhava, limpava a casa, fazia compras. As quatro cidades se envolveram nesse processo e cada qual entrava com uma coisa – a carne vinha de Caraguá, a gasolina era de São Sebastião, as frutas eram de Ubatuba, e por aí afora.

Uma noite, um dos meninos do elenco que tinha se anexado recentemente à turma, saiu para comprar cigarro e simplesmente sumiu. Só que no dia seguinte tinha o espetáculo *Pluft, o Fantasminha*. Que fazer? Não podia suspender o espetáculo, frustrar expectativas, interromper o projeto.

Tinha um amigo caiçara em São Sebastião, que fazia teatro comigo, e pensei *é ele*. Peguei o carro no meio da noite, fui para São Sebastião, acordei o moleque, levei para Caraguá, ensaiamos à noite inteira e no dia seguinte ele estava fazendo *Pluft, o Fantasminha*. Era o contra-pino.

Logo, eu não tenho medo de ator, na virada da noite eu faço um espetáculo novo. A gente tem que ter coragem para vencer os empecilhos.

O bacana dessa experiência foi que, em algumas cidades, o pessoal deu continuidade aos trabalhos, mesmo depois de nossa saída.

Nos anos 80, voltei para São Sebastião e fizemos um trabalho muito bom com o pessoal da cidade, que formou um grupo muito competente – o Saquaritá. Esse trabalho durou muitos anos e foram produzidos bons espetáculos.

Infelizmente, com as mudanças políticas – sempre existe aquele prefeito que quer destruir o que o antecessor ajudou a construir – o Saquaritá (e seus filhotes, o Saquaritinho e o Saquatitelho, respectivamente grupos formados por crianças e adolescentes) perdeu todo apoio e desmantelou-se. Mas ainda torcemos para que esses grupos possam se reerguer e ter continuidade, especialmente numa cidade tão carente de atividades culturais como é São Sebastião e todo litoral.

E como não podia deixar de ser... a censura
Quando veio o golpe de 64, estávamos fazendo com o TEC o "teatro domicílio", onde apresentávamos espetáculos em reuniões e festas particulares. Claro que durou pouco, pois nossos

espetáculos não eram propriamente "digestivos" para serem apresentados à sobremesa de jantares da sociedade campineira. Mas em locais mais politizados, dava certo.

Lembro que nessa época estávamos fazendo o espetáculo *O Natal de Jesus Severino* no sindicato da construção civil em Campinas. Era um texto com forte carga social, sobre um menino nordestino que nasce na antiga rodoviária de São Paulo e morre numa oficina mecânica. No meio do espetáculo, chegou um cara esbaforido, dizendo que "os homens" estavam chegando para dar uma geral no sindicato. Saímos todos correndo, carregando o que podíamos de figurinos e adereços, desabalados pela Rua Barão de Jaguara. Foi nosso primeiro choque com a nova realidade política do país. Depois, vieram outros.

Como a maioria dos grupos teatrais e artísticos que atuaram nos anos 60 e 70, também tivemos nossas celeumas com a censura.

Uma delas, foi incrível!

Tribobó City
Estávamos apresentando o espetáculo infantil *Tribobó City* de Maria Clara Machado, no então teatro Anchieta, em São Paulo. A temporada estava indo muito bem, tínhamos um elenco de

primeira, de ex-alunos da EAD, entre eles o Edwin Luigi, que assinava também a coreografia, e a Elizabete Savala. O cenário delicioso, que remetia aos filmes de bangue-bangue era do Geraldo Jurgensen, a direção musical do Paulo Herculano, com a trilha original do Murilo Alvarenga.

As crianças adoravam, era um espetáculo divertido, como tudo que a Maria Clara propõe. Até que um dia, a Associação Paulista Pré-primária recebeu uma denúncia anônima de que o espetáculo era impróprio para crianças.

Essa associação encaminhou a denúncia para a censura federal, que suspendeu o espetáculo até que os censores fizessem nova avaliação.

O espetáculo foi novamente avaliado e só seria liberado se tomássemos as seguintes providências: dos revólveres de brinquedos deveriam sair fitas coloridas; a personagem "Joana Charuto" deveria ser "feminilizada", ou seja, deixasse de ser mandona e parasse de fumar, pois estaria estimulando o "homossexualismo feminino"; o personagem "prefeito" fosse menos canalha, e que as dançarinas do *saloon* fossem "menos sensuais".

Até que conseguimos reverter as absurdas condições impostas, incorporando as alterações com bastante humor, fazendo com que se tornassem

Tribobó City *no Anchieta*

1º elenco de Tribobó City

benéficas ao espetáculo. E seguimos em frente, da maneira que era possível na época.

O Calvário do Zé da Esquina

O Calvário do Zé da Esquina foi outro espetáculo polêmico, que gerou embates com a censura. Era um roteiro que organizei a partir de exercícios de improvisação sobre cada estação da Via-sacra, retratando o sofrimento do excluído social. Abordávamos a tortura, a guerra, a discriminação racial, todos os temas "complicados" para a época – era 1973.

O único material de cena que a gente tinha era um pedaço de tronco de árvore de uns 2 metros ou mais, que voava em cena entre as mãos dos atores.

Na hora da crucificação, o Warteloo Gregório, ator negro, era pendurado naquele tronco como se estivesse num "pau-de-arara".

Fizemos o espetáculo na EAD e depois seguimos viagem. Mas claro que a censura "fisgou" o espetáculo. O texto ficou três meses na censura, saiu de lá todo riscado, cortado com o temível lápis vermelho.

Mas pior sorte teve *Topografia de um Desnudo* de Jorge Diaz, que ficou 15 anos na censura!

Sociedade Brasileira de Autores Teatrais

Fundada em 27 de Setembro de 1917 — Reconhecida como de Utilidade Pública Federal pelo Dec. 4.092, de 4-8-1920
Filiada à Confederação Internacional das Sociedades de Autores e Compositores
Sede: Av. Almirante Barroso, 97 - 3º andar — End. Teleg. SBAT-RIO
Rio de Janeiro — Brasil.

SÃO PAULO, 1 de OUTUBRO de 19 73

Sr.
CHEFE DO SERVIÇO DE CENSURA DE DIVERSÕES PÚBLICAS DO D.P.F.
Brasília, D.F.

Saudações

Com a presente, temos a honra de encaminhar a V.S.,
para fins de CENSURA (3) cópias da peça:
"CALVÁRIO DO ZÉ DA ESQUINA"

DE: TERESA AGUIAR

próxima apresentação da SOCIEDADE CULTURAL TEATRO ROTUNDA

no Teatro TENIS CLUBE DE CAMPINAS

com estréia marcada para o dia 15 DE NOVEMBRO DE 1973

Sem outro assunto, subscrevemo-nos, com a maior consideração,

A PRESENTE AUTORIZAÇÃO SERVE APENAS E EXCLUSIVAMENTE PARA EFEITO DE CENSURA DE PEÇA.

SOCIEDADE BRASILEIRA
DE AUTORES TEATRAIS
★ 1 - OUT 1973 ★
SUCURSAL SÃO PAULO
Visto:

MINISTÉRIO DA JUSTIÇA
DEPARTAMENTO DE POLÍCIA FEDERAL

	DISTRIBUIÇÃO
CALVÁRIO DÔZE DA ESQUINA	
TERESA AGUIAR	
Ministério da Justiça Departamento de Polícia Federal CENSURA FEDERAL Certificado Nº 3465/73 Impropriedade: 16 anos 4C	

Of. 880/73 - SCTC/SC/DCDP

24/09/73

Of. 1212/73 - SCTC/SC/DCDP - 29/11/73

CÁLVARIO

DO

Zé

DA

ESQUINA

por teresa aguiar

Ministério da Justiça
Departamento de Polícia Federal
CENSURA FEDERAL
Certificado Nº 5165/73
Impropriedade: 16 anos de

CALVÁRIO DO ZÉ DA ESQUINA

Autora - Teresa Aguiar

O espetáculo tem início com todos os atores em cena, de preferência 6 homens e 4 mulheres jovens. Alguns brincando com uma bola de gás, outros dançando. Criando, enfim, um ambiente completamente descontraído e muito alegre. Durante todo ésse tempo, o ator 1 ficará fora da brincadeira, distante dos demais, segurando um pedaço de madeira roliço, bem mais alto que êle no sentido vertical. O ator 1 interrompe a brincadeira. Vai em direção ao ator 2, derrubando-o no chão, onde fica subjugado pela madeira. Tôda a ação se interrompe. Qualquer ator anuncia:

- PRIMEIRA ESTAÇÃO: JESUS É CONDENADO À MORTE.

Outro ator comenta:

- Em um mundo de desconhecidos, aquele que é capaz de amar, incomoda as pessoas que se organizam para silenciar o amor.

(A ação recomeça)

Atriz 3 - O que aconteceu?

Ator 4 - Você ficou louco?

Atriz 1 - Você está brincando?

Ator 1 - Eu não estou brincando. Saia daqui.

Ator 6 - Você veio estragar a brincadeira.

(Tôdas essas falas são dirigidas ao ator 1)

Ator 3 - (para ator 2) Nós sempre fomos amigos. Porque êle agrediu logo você?

Ator 2 - Foi porque eu quiz amar um pouco mais vocês.

Ator 3 - Você pensa que sou bobo? Isso não é motivo para êle agredir você. Você estragou a brincadeira, e por isso tem que ir embora.

(Atores 1 e 3 seguram ator 2)

Ator 2 - Antes de ir embora, eu quero despedir-me ao menos de um deles.

(Dirige-se a um dos atores e abraça-o)

Ator 1 - Já chega.

(Ator 3 arrasta ator 3)

Ator 3 - (para o ator 5) Ei, você, venha ajudar.

(Todo o elenco se manifesta contra)

Atriz 3 - Não vai.

Ator 4 - Ele é nosso amigo.

Ator 6 - Não vá.

Ator 5 - Eu vou, porque tenho medo.

(Ator 2 é pendurado na madeira, como se fosse um animal acabado de ser caçado. Atores 3 e 5 apoiam a madeira nos ombros)

Atriz 1 - Não Precisa tratá-lo assim.

Ator 3 - Saia daí. Não atrapalhe.

(Atores 1, 2, 3 e 5 saem de cena, voltando apenas os atores 1, 3 e 5 permanecendo o ator 2 fora de cena)

Ator 1 - (voltando) Agora podemos recomeçar a brincadeira.

Ator 4 - Ninguém aqui tem mais vontade de brincar.

Atriz 4 - Estava tudo tão bem. Você só veio prá atrapalhar tudo.

Ator 3 - Vamos continuar a brincar sim. (jogando a bola de gás)

Atriz 1 - Ninguém vai mais brincar. (estoura a bola)

(Ator 2 entra e grita)

Ator 2 - Parem.

Qualquer ator enuncia:

- SEGUNDA ESTAÇÃO: JESUS ACEITA SUA CRUZ

Outro ator comenta:

- Todas as pessoas têm uma cruz gravada no peito. Uma simples troca de olhar pode torná-la mais leve.

Atriz 1 - O que foi? Não estou entendendo. Você acabou de ser levado

Esse negócio de apanhar numa face e oferecer a out re.

Atriz 2 - Você não entende que nós estamos brigando por sua causa?

Ator 4 - Nós queremos defender vocês.

ATOR 2 - O que adianta isso agora? Porque vocês não fizeram nada antes? A partir do momento em que vocês se omitiram, ajudaram a me levar.

Ator 6 - Mas você não pode julgar a gente só por isso.

Atriz 3 - Você voltou diferente, triste.

Ator 1 - Você está estranho, esquisito, ô cara.

Ator 4 - Você voltou diferente, agredindo a gente.

Atriz 1 - Conte prá gente o que é isso que você tem nas costas.

Ator 3 - (emparrando ator 2) É mesmo, o que é isso?

Ator 2 - (com a madeira atravessada nos ombros) Isso é uma cruz.

(Momento de transição de todo o elenco, da estranheza para a gozação)

Ator 6 - Que é isso cara? Esse negócio de cruz não existe mais.

Todos - Uma cruz? Que é isso? Que absurdo!

(Emparram ator 2 pela cruz e dançam em volta)

Ator 2 - Sim é uma cruz. Ou será que vocês não sabem que todos nós temos uma cruz. (para atriz 1) Você já pensou nisso? Você que parece não ter problemas. E se você tivesse que ganhar a vida fazendo ponto nas calçadas da cidade? Se você fosse uma menina dessas? Como seria sua vida daqui por diante? Como é que você ia encarar sua família?

Ator 1 - (para atriz 1) Corta essa. Sai dessa.

Ator 5 - Não encuca, que essa não é a sua.

Ator 2 - (atirando a cruz para a atriz 1) Vamos. Sinta o peso dessa cruz.

Atriz 1 - (segurando a cruz por alguns momentos) É, mas a verdade é que eu não sou nada disso. Não tenho nada a ver com isso. (atira a cruz de volta para o ator 2).

Todos — (para o ator 2) Êle não está bom. Enlouqueceu de vez. Deixa êle prá lá e vamos continuar nosso jogo.

Ator 1 — GENTE, vamos deixar disso e continuar a brincadeira.

Ator 2 — (para ator 1) Não. Agora o jogo é outro. Você é um aleijado. (prendendo-o com a cruz) Seria ótimo para você depender a vida inteira de alguém, não seria? Ser um inútil.

Atriz 3 — (para ator 1) Sai dessa. Você está perfeito.

Ator 1 — (desvencilhando-se da cruz) Eu estou perfeito. Não tenho nada com isso. Não tenho nenhum defeito físico.

Atriz 3 — É isso mesmo.

Ator 6 — Vamos brincar de João-bobo.

Ator 2 — (para ator 6) Não. A brincadeira agora é de guerra. Você foi convocado. Agora é a sua vez. (atira a cruz para o ator 6, que a segura como se fosse uma metralhadora).

Ator 6 — Mas eu nunca peguei numa arma. Nem sei como se segura isso.

Ator 2 — Você aprende matando.] Corte

Ator 6 — Eu não quero deixar minha família e meus amigos. Não quero morrer nem matar. Tome isso, eu não vou. (devolve a cruz ao ator 2)

Todos — Assim não dá mais. Êle está atrapalhando tudo. Será que não percebe que não queremos encucar nada. (fazem uma roda em volta do ator 5 perguntando) E agora, do que vamos brincar?

(Quando o ator 5, que deve ser negro, vai começar a falar, é interrompido pelo ator 2)

Ator 2 — Só que desta brincadeira você está fora. Isso porque você é negro. (jogando a cruz) Sinta o peso do preconceito.

Todos — É. Até que o cara tem razão. Nós não tínhamos prestado atenção nisso. Já pensou no que vão falar por termos um negro naturma? Até que enfim você deu uma dentro. Não está tão louco assim.

Ator 4 — Ei. Você! O que está fazendo aqui?

Ator 1 — É o que você é, né?

Atriz 3 — Negro.

(Atriz 4, que deve ser negra, vai ajudá-lo na cruz)

Ator 5 - Nós não vamos dizer-lhe que somos gente como vocês. Vocês sabem disso.

Atriz 4 - Não vamos dizer-lhes que em nossas veias é também vermelho o sangue que corre. Vocês sabem disso.

Ator 5 - Também não vamos dizer que a solidão que sentimos é igual à sua. Que a angústia, que a revolta que sentimos são a mesma solidão, angústia e revolta que vocês sentem. Disso vocês também sabem.

Atriz 4 - Tampouco diremos que um dia se envergonharão dessa sua atitudeagora, nem diremos que é opressão vocês pretenderem nos impedir de sermos o que somos por não termos a mesma cor que a sua.

Todos - Negros. Negros. Negros. Negros.

Ator 5 - O que temos a dizer é que mesmo não tendo um lugar em suas casas, é garantido nosso lugar na vida. Que é vã sua tentativa de nos impedir ocupar esse lugar. Êle é nosso e nos o ocuparemos.

Atriz 4 - Êle é nosso e com todo de nós o defenderemos. E mesmo que, por sermos mais fracos e indefesos, tivermos de recuar,não pensem que ocuparão o lugar. Não se iludam.

Ator 5 - Êle permanecerá vazo. Esteril aguardando a chegada de seus verdadeiros donos.

Atriz 4 - Silencioso, denunciando que ali também há homens acossados por homens.

Ator 5 - Ainda é o que temos a dizer: um homem é um homem e o lugar dêle é debaixo do sol.

(Todos se encaminham para a cruz, um a um, desenvolvendo uma dança circular e ritmada. Qualquer ator enuncia)

- TERCEIRA ESTAÇÃO: JESUS CAI PELA PRIMEIRA VEZ

Outro ator comenta:

- Jornal da Tarde de 20 de março de 1973: "Numa cela da ... pública de S. João do Meriti na baixada fluminense,

onde as precárias condições, a total falta de segurança
e o excesso de presos permitem que êles próprios esta-
leçam suas normas disciplinares, criando um clima de violência, foram assassinados à facadas e pauladas, pelos
seus próprios companheiros de cela, José Marques ~~Sil~~
va, 26 anos, e Adalberto SOUZA Jardim, 25 anos.

(os atores estão espalhados pelo chão)

Atriz 2 - Eu estou com frio.

Atriz 4 - Eu quero sair daqui. Que sujeira!

Ator 2 - Eu quero minha comida. Estou com fome.

Atriz 1 - Eu quero sair daqui. Que lugar húmido!

Atriz 3 - Eu não aguento esse ar. Eu quero respirar.

Ator 6 - Eu quero sair daqui. Não aguento mais isso.

Ator 5 - Que frio, que fome que eu estou.

ATOR 1 - Carcereiro! Carcereiro!

Atriz 1 - Carcereiro! Tem gente morrendo aqui!

Ator 3 - Alguém tem um cigarro?

Ator 2 - Quem roubou o dinheiro que eu estava guardando pré mandar
pré minha família?

Atriz 2 - Como é que você conseguiu dinheiro aqui dentro?

Ator 3 - (para o ator 2) Você é dedo-duro e dedo-duro aqui tem que
levar ferro.

Ator 5 - Vai lá. Pega êle. Pega!

(atores 4 e 3 brigam)

Atriz 4 - Parem com isso! Parem com isso! Carcereiro! Tem gente se
matando aqui.

(a briga se generaliza)

Qualquer ator enuncia:

- QUARTA ESTAÇÃO: JESUS ENCONTRA-SE COM SUA MÃE

Outro ator comenta:

- No mundo inteiro, morrem centenas de crianças por dia. Em são mais variadas.

(as mulheres ficam deitadas, como se estivessem feridas)

Ator 2 - (dirigindo-se à atriz 2) Quem bateu nela? Vejam gente, ela
está grávida!

Ator 4 - Você aí, cadê alguém que possa te ajudar.

Ator 1 - Ela deve ter alguém responsável por ela.

Ator 6 - Onde está seu marido?

Atriz 2 - Eu não tenho marido.

Ator 1 - E o sustento?

Ator 6 - E o sobrenome?

Ator 1 - Como vão fazer prá sobreviver?

Ator 2 - Já pensou na educação que vai dar prá esse filho?

ATOR 5 - É. Já pensou nisso tudo?

Ator 1 - Mas e o sustento dessa criança?

Atriz 2 - Eu não tenho culpa que não exista trabalho para mulheres
grávidas.

Atriz 1 - (aproximando-se da atriz 2) Eu ajudo sustentar o filho dela.

Ator 3 - Eu sei porque você está interessada no filho dela.

Ator 1 - Conta, conta prá gente.

Atriz 1 - Cala a boca você. Fecha essa boca.

Ator 3 - Você está interessada no filho dela, porque não pode ter
um seu. Você é esteril.

Atriz 1 - É mentira. Mentira.

Atriz 3 - (aproximando- se das atrizes 1 e 2) Parem. Parem.

Ator 4 - A história dessa eu conheço.

Atriz 3 - Você não vai contar nada.

Ator 4 - Vou sim. Ela deu o filho dela como se fosse um cachorrinho.

Atriz 3 - Como um cachorrinho não. Eu o amava.

Ator 6 - Amava, mas deu seu filho.

Atriz 1 - (para atriz 3) Vem. Vem ajudar.

(Ator dirige-se até atriz 4, que se distanciara de todos)

Ator 3 - E você. Porque se esconde? Está com mêdo que eu também con
te sua história?

Atriz 4 - Cala essa boca.

Ator 1 - (para ator 3) Você sabe a história dessa também? En conta

Atriz 4 - Você não vai contar nada. Fique quieto.

Ator 3 - Você saiu de sua casa pela manhã, e quando voltou à noite, encontrou seu filho morto.

Atriz 4 - Eu precisava trabalhar. O que você queria que eu fizesse?

Ator 4 - Você matou seu filho.

Atriz 4 - Eu não tive culpa.

Atriz 1 - Infames. Porque não ajudam a gente?

Ator 1 - Nós os infames? Pois eu vou lhe mostrar o que se faz com mães do tipo de vocês.

(Os rapazes aplicam golpes de judô nas mulheres, que voltam ao chão. Qualquer ator enuncia)

- QUINTA ESTAÇÃO: SIMÃO CIRINEU AJUDA JESUS A CARREGAR SUA CRUZ.

Outro ator comenta:

- Deixar de prestar assistência, quando possível fazê-lo sem risco pessoal a criança abandonada ou estraviada, ou a pessoa inválida ou ferida, ao desamparo ou em grave e iminente perigo; ou não pedir nesses casos o socorro da autoridade pública-:Pena - detenção de um a seis meses, ou multa de trezentos cruzeiros a dois mil cruzeiros. Parágrafo único - A pena é aumentada de metade se da omissão resulta lesão corporal de natureza grave, e triplicada, se resulta em morte.

(Os 5 atores andam por entre as mulheres caídas no chão, cada um preocupado com alguma coisa. O Ator 5, carregando a atriz 1 nos ombros, chama cada um dos outros atores, sem obter resposta. Depois de colocar a atriz 1 no chão, volta a pedir ajuda)

Ator 5 - (para o ator 2) Venha ajudar depressa.

Ator 2 - Não posso. Te ho horário a cumprir. Pego à 8 no serviço.

Ator 5 - (para ator 4) Eu preciso de sua ajuda.

Ator 4 - Meu negócio é ganhar dinheiro.

Ator 5 - (para o ator 3) Venha ajudar. Elas estão precisando.

Ator 3 - Eu não posso. Preciso ir para a bolsa. Minhas ações são mais importantes.

Ator 5 - (para ator 6) Você. Me ajude. É só um instante.

Ator 6 - Nunca ninguém me ajudou. Agora eu não vou ajudar ninguem.

Ator 5 - (para ator 1) Você então. Me ajude.

Ator 1 - Fala de uma vez o que é que há. Eu tenho mais o que fazer.

Ator 5 - Mas elas estão soltando sangue pela boca.

Qualquer ator enuncia:

- SEXTA ESTAÇÃO: VERÔNICA ENCHUGA O ROSTO DE JESUS.

Outro ator comenta:

- Somente quando é Natal, e os computadores programam o ato da caridade, as pessoas se lembram do próximo.

(Todos os atores, com exceção do ator 3, vão cuidar das mulheres feridas)

Ator 3 - (para ator 1) que é que você está fazendo aí, rapaz. Não entre nessa. Não se envolva.

ATOR 1 - Pelo menos é uma tentativa.

Ator 3 - Tentativa de que? Só se for de arrumar confusão, pois elas já estão quase mortas.

Ator 6 - Pelo menos elas não morrem sozinhas.

Ator 4 - Por que é que em vez de ficar falando, você não vem ajudar?

Ator 3 - Eu nunca precisei de ninguém.

Ator 5 - Mas um dia vai precisar.

Todos atores - SANGUE. Vida. ELAS ESTÃO soltando sangue pela boca. Elas estão soltando a vida pela boca.

(Os rapazes tiram as camisas, enchugando o ferimento das mulheres. Depois, como Verônica, abrem as camisas para o público, e em seguida vestem as camisas.

Ator 5 - (olhando estranho para todos os lados)

Ator 2 - (para ator 5) O que é que está acontecenco?

Qualquer ator enuncia:

Outro ator comenta:

        - Grande parte das vítimas de guerra, são menores
        que apenas querem viver.

(Todos os atores, como estranhos, olham uns para os outros, se escondendo e recuando)

Todos - Eu não conheço você. O que é que você quer de mim? Eu nunca
vi você antes. Eu acho melhor você ir embora daqui. Eu nunca
estive aqui antes. Eu não entendo nada o que você fala. Eu
falo e você não me entende. Por que é que você me olha assim?
Eu não quero você perto de mim. Eu não quero ninguém perto
de mim. Eu quero ficar só. Eu tenho medo.

Ator 2 - (para ator 5) Fala. Que silêncio é esse? Explica prá nos.

ATOR 5 - Você não percebeu ainda?

Ator 2 - Percebeu o que?

Ator 5 - Está se aproximando.

Ator 2 - Mas o que é que está se aproximando?

Ator 5 - Vem vindo de todos os lados.

Ator 2 - Mas o que é que vem de todos os lados.

Ator 5 - Vem do alto também e vai acabar com a gente. Está chegando.

Ator 2 - Fala. Ninguém aguenta mais.

Ator 5 - É a guerra.

(Explode a guerra com barulho de bombas. Os atores correm e caem)

Atriz 4 - Eu sou muito jovem. Quero viver.

Ator 1 - Tudo, menos isso.

Ator 5 - Eu não quero morrer.

Ator 4 - Eu quero voltar para minha casa.

Atriz 2 - Eu tenho medo de matar e de morrer.

Ator 2 - Essa guerra não é minha.

Atriz 3 - Eu tenho apenas vinte anos.

Atriz 1 - Eu quero ter direito à minha vida.

Ator 6 - Eu não quero matar ninguém.

Qualquer ator enuncia:

— OITAVA ESTAÇÃO: JESUS CONSOLA AS MULHERES DE JERUSALÉM

Outro ator comenta:

- No mundo inteiro, milhares de mulheres choram a perda de
  seus maridos e filhos.

(As mulheres procuram seus parentes no campo de guerra cheio de mortos ou de homens agonizando)

Ator 1 - Companheiro! Companheiro!

Ator 5 - Eu não quero morrer aqui.

Ator 4 - Mãe, me tira daqui.

Atriz 2 - Me ajudem.

Atriz 4 - Filho, levanta.

Ator 2 - (chora).

Ator 3 - Pelo amor de Deus me ajuda. Tenho sêde.

Atriz 1 - (arrastando ator 1) Eu tenho que tirar êle daqui. Me ajudem
          a tirá-lo daqui.

Ator 1 - (apoiado na atriz 1) Não é pela gente que vocês têm que cho
         rar. Vocês têm que chorar pelos filhos de vocês. Os que es
         tão nascendo.

(Uma última bomba cai e todos morrem.)

Qualquer ator enuncia:

    — NONA ESTAÇÃO: JESUS CAI PELA TERCEIRA VEZ.

Outro ator comenta:

    - O homem perante a fome, a fome mais funda e sem solução,
      desce ao nível das feras.

(As mulheres debruçadas sôbre os homens mortos, choram por alguns momentos, passando para o riso, examinando o ambiente, começam a saquear os mortos)

ATRIZ 1 - Eu preciso disso mais do que você.

Atriz 4 - Você não precisa mais disso.

Atriz 3 - Isso é meu. Fui eu quem achou.

ATRIZ 2 - É meu.

Atriz - 3 Eu tenho filhos pré criar.

Atriz 2 - Eu não tenho filho, mas tenho fome, e a questão é sab
mais desonesto que os outros.

Atriz 1 - Via roubar o que é teu.

Atriz 4 - É isso mesmo.

(Os atores vão se levantando, sem serem percebidos)

Ator 1 - Ratas. Roubando no campo da morte.

Ator 3 - Pega.

Ator 2 - Tragam-nas para cá.

(As mulheres depois de presas, são amarradas ao pedaço de madeira, co
mo no tronco. Ator 2 chama atriz 4.)

Atriz 4 - Eu estava com fome.

(Ator 2 chama o ator 6, que executa atriz 4. Ator 2 chama atriz 2)

Atriz 2 - Os culpados por essa situação são vocês mesmos.

(Ator 2 chama ator 1, que executa atriz 2. Ator 2 chama atriz 1)

Atriz 1 - Ratos humanos. Vocês...

(Ator 2 chama ator 3, que executa atriz 1. Ator 2 chama atriz 3)

Atriz 3 - A terra está seca. Depois da guerra tudo ficou seco.

(Ator 2 chama ator 4, que executa atriz 3. Ator 5, que estava distante, retira a madeira onde estavam presas as mulheres, que caem no chão.

Ator 1 - (espantado, para ator 5) O que é isso agora?

Qualquer ator enuncia:

- DÉCIMA ESTAÇÃO: JESUS É DESPIDO DE SUAS VESTES.

Outro ator comenta:

- "O Jornar Washington Posta, de 28 de janeiro de 1974, notí-
ciou o seguinte acordo entre o Governo do Haiti e a Indústria
Hemo-Caribbean: Durante dez anos a Indústria está autorizada
a operar no Haiti, coletando 600 mil litros de sangue humano,
que é vendido por haitianos famintos".

Ator 6 - Qual é, ô meu? Não gostou da brincadeira?

Ator 5 - Não. Não gostei.

Ator 3 - Corta essa de desmancha prazer.

Ator 5 - Prazer...

Ator 1 - Trava gostoso brincar.

Ator 5 - Está muito séria essa brincadeira.

Ator 2 - Brincadeirinha...

Ator 5 - Violência.

Ator 6 - E O QUE ELAS FAZIAM? Não era violência? Existe maior violência que saquear os mortos?

Ator 5 - Mais violento que saquear os mortos, é se ver forçado a sa-
queá-los para saciar a fome. Mais violento é assistir impas
sível a degradação de um ser humano a esse ponto. Mais violento é matá-las sem ao menos lhes perguntar porque saquea-
vam. Mais violento é tirá-las da degradação para jogá-las
na fogueira, e ainda para o cúmulo da comodidade, tapar-lhes
os gritos com uma mordaça. Essa é a pior violência.

Ator 4 - Querendo dar uma de bonzinho é?

Ator 1 - (emparrando ator 5 para o meio de uma roda que se formou)
Vamos tirar a roupa dêle.

(Tiram a camisa do ator 5 e jogam entre êles, brincando de barata-voa.)

Qualquer ator enuncia:

- DÉCIMA PRIMEIRA ESTAÇÃO: JESUS É PREGADO NA CRUZ.

Ator 1 - agora, o que se faz com êle?

Todos - Pendura êle na cruz.

(Ator 5 joga capoeira com os atores que o atacam, sendo finalmente sub
jugado e preso à madeira. Uma dança afro acontece em volta dêle e atra
vés de mímica êle é morto. Esta cena simboliza a Décima segunda estação:
Jesus morre na cruz.)

Décima terceira Estação: Jesus é descido da cruz e entregue à sua mãe.

(A atriz 4, que esteve distante da sequência final, retira o ator 5
da cruz (o ator 5 está caído no chão em cima da cruz) e o coloca em seu
colo.

- Décima quarta Estação: Jesus é sepultado.

(Atriz 4 apanha a madeira "a cruz" e vai para um canto, enquanto todos os atores carregam o ator 5 e o colocam no meio de uma fila de dois)

RESSURREIÇÃO

O Ator 5 é colocado no ombro de todos os atores que estão em fila dupla, de onde se levanta saltando para o chão. Todos os atores fazem essa sequência, cantando ALELUIA.

FIM

Uma quase tragédia grega

Quando eu estava preparando a estréia do Rotunda, que seria *Electra* de Sófocles, tive a oportunidade de ir para a Europa e, claro, dei um jeito de ir à Grécia. Tinha que conhecer, me preparar, sentir o clima, me inspirar.

No dia que eu estava voltando para a Itália, saí para dar uma última volta e tive a sorte de encontrar, numa casa de disco, os monólogos interpretados pela Irene Papas. Comprei o disco e fiquei em estado de graça, andando com ele nas mãos. E nesse clima todo, resolvi visitar pela última vez as ruínas do Parthenon. Entre os turistas, me chamou a atenção uma senhora de óculos escuros, que apesar do calor tórrido, usava um grande capote.

Quando passei por ela, sua bolsa caiu no chão, eu peguei e ela agradeceu em inglês, com uma voz profunda e rouca. Mais tarde, no mesmo dia, encontrei essa mesma senhora num museu. Nos cruzamos e ela me cumprimentou.

Cheguei em Roma, peguei um taxi – sempre com o disco nas mãos – e segui para o hotel. No caminho, abri um jornal e vi . Era nada mais nada menos que Greta Garbo, que estava visitando a Itália e Grécia!!!! Eu tinha segurado a bolsa do grande ídolo de minha vida!

Saí do carro em transe, com o jornal nas mãos, e só quando cheguei ao apartamento percebi que tinha esquecido o disco no taxi. E minha estada toda em Roma foi para recuperar o bendito disco. Fiquei tão enlouquecida que fiz tudo o que se pode imaginar, fui até na polícia.

Minha última cartada foi procurar o consulado da Grécia em Roma, onde eu expliquei para o responsável pelas relações culturais toda a minha tragédia. Chorei feito uma louca, falei que o disco era o meu grande trunfo da montagem da minha tragédia, que o espetáculo era a estréia do nosso grupo Rotunda, que eu não me perdoaria jamais por ter esquecido no taxi, que era fundamental para os atores ouvirem a musicalidade da Irene Papas....

Ele ficou tão assustado com meu desespero em conseguir o disco que se comprometeu a procurar outro quando fosse para a Atenas. Eu quis deixar um dinheiro, mas ele pediu apenas o endereço, pois não sabia se ia encontrar.

Fui embora, seguindo minha viagem, desanimada da vida. Afinal, tinha trocado um sonho pelo outro – o encontro com a Greta Garbo me fez perder a Irene Papas.

Mas para grande surpresa minha, quando cheguei ao Brasil, dois meses depois, já estava na minha casa um embrulho. Era o disco, acompanhado de uma carta muito gentil do funcionário do consulado grego, dizendo que ele tinha a grande honra de poder participar do meu espetáculo com um pequeníssimo presente. Essa foi uma das coisas mais gentis que me fizeram. E o melhor "presente de grego" que alguém já recebeu!

Algumas experiências internacionais
Na década de 70, Renata Pallottini, Elza Vincenzo e eu fizemos um curso na Sorbonne, composto de vários módulos, e alguns foram muito interessantes, muito valiosos. Nesse mesmo período, por interferência de uma amiga comum, conseguimos acompanhar os ensaios de uma peça do Becket dirigida por um argentino que estava começando a trabalhar em Paris, Laveli.

Os ensaios eram num clube noturno, chamado Bataclã. O Laveli tinha ao lado dele o cenógrafo, tinha o diretor musical, o preparador de voz, além, claro, dois assistentes e equipe técnica, que corriam de um lado para outro, o tempo todo.

Uma coisa que me chamou muito a atenção foi a importância dada ao preparo físico dos atores. Laveli tinha um preparador físico que ensinava o elenco a jogar futebol americano. Os exercícios eram bem violentos e, às vezes, até assustava.

E outra experiência mais recente que eu tive fora, também em Paris, foi quando acompanhamos, Ariane Porto e eu, o ciclo de palestras e cursos *le siècle* Stanislavski. Foi uma experiência muito rica, pois tivemos contato muito próximo com as várias vertentes de trabalho desenvolvidas a partir do método Stanislavski, em espaços consagrados como o *Actor's Studio* nos Estados Unidos (Stela Adler, Lee Straberg), e o Teatro de Arte de Moscou.

Num dos cursos, foi dado um exercício pelos professores russos, que para o meu gosto era perigoso demais. Para estimular o reflexo, ele colocava uma caixa de fósforo na boca do palco e, ao seu sinal, as pessoas se jogavam em cima

Carteira de Estudante do Curso

UNIVERSITY OF BIRMINGHAM

INSTITUTE OF LOCAL GOVERNMENT STUDIES

THIS IS TO CERTIFY THAT

Theresinha Do Menino Jesus Figueira De Aguiar

COMPLETED AN ADVANCED PRACTICAL
COURSE OF STUDY AND FIELD WORK IN
LOCAL GOVERNMENT AND ADMINISTRATION

1 MARCH, 1966 - 1 JULY, 1966

REGISTRAR

DIRECTOR
INSTITUTE OF LOCAL
GOVERNMENT STUDIES

para tentar pegar a caixa, como se fossem cachorros selvagens disputando um pequeno osso. Ele queria demonstrar a importância do preparo físico, da agilidade e da concentração, mas eu ainda acho que *a vida é muito mais importante que o teatro*.

Esse tipo de preparo eu acompanhei também na Inglaterra, quando estagiei em Bristol no *Old Vic School*, a escola que preparava os atores para o *Old Vic Theater*. Lá, como na EAD, os alunos tinham aula de esgrima.

Encerramento de curso

Eu também considero o preparo físico importante, tão importante quanto o preparo intelectual. O ator tem que ser bem informado, ligado ao cotidiano, ao mundo. Ter a mente aguda e um corpo preparado para responder aos estímulos desse cotidiano. Porém, a sensibilidade também tem que ser estimulada, trabalhada. Enfim, o trabalho do ator é múltiplo e cotidiano.

Cabe ao diretor reger o ator, e isso é uma coisa que faço, desde o começo de minha carreira, de forma intuitiva. Eu rejo os atores nos ensaios todos, desde a leitura de mesa e, durante os espetáculos, eu tenho que me segurar para não ficar pulando na frente do palco.

Na materialização dessa "regência" tive o prazer de acompanhar em Paris, no *Beau Bourg* com o grande Tadeus Kantor, que apresentou o espetáculo *Je ne Reviendrais Jamais*, do qual ele participava ativamente, regendo em cena os atores, com vigor e sensibilidade. Enfim, inesquecível, um espetáculo dentro do outro!

Capítulo IX

Em busca de um espaço

O Circo do Vento Verde

O grande problema da minha geração em Campinas era a falta de espaço para trabalhar. A gente "roubava" o espaço do Conservatório Carlos Gomes para poder ensaiar mais, ensaiar o que queria.

Além da carência de espaço para ensaiar, evidentemente que havia a carência de locais para apresentações. Até que foram criados dois teatros – o Centro de Convivência e o Castro Mendes. Mas é claro que o problema não se resolveu, pois continuamos sem ter espaços para amadurecer os espetáculos, tanto no período dos ensaios quanto das apresentações – nunca dava para fazer grandes temporadas. Logo, chegamos à conclusão que teríamos que ter um espaço próprio. Mas como?

Nessa época – anos 80 – fazia parte do grupo um ator, o Marco Guillarde, figura bastante controvertida, tipo "ame-o ou deixe-o". Ele tinha uma chácara perto da lagoa do Taquaral, e resolvemos comprar um circo dos irmãos Almeida e montar nesse espaço, e batizamos de Circo do Vento Verde. Só que com o tempo descobrimos o óbvio – circo é para cirqueiro: chove, venta, faz sol, enfim, uma tragédia para quem não era do ramo, como nós.

Mas mesmo assim foi uma experiência incrível. Um dos espetáculos mais bonitos e singelos é ver o circo subir. Ele fica com o pano estendido no chão e o cirqueiro amarra o encordoamento naqueles paus, que ficam deitados – os paus de roda. E de repente, num passe de mágica, o cirqueiro puxa uma corda, que dá início a um verdadeiro balé – os paus vão subindo, um a um, e levantam a lona e em instantes lá está ele, em pé – o circo!

Mas infelizmente, não era só colocar o circo em pé e sair fazendo belos espetáculos. Tínhamos que contornar questões burocráticas, tais como – alvará de funcionamento.

Como eu tinha sido advogada da Prefeitura de Campinas muito tempo, lá fui eu com a pastinha embaixo do braço falar com o setor competente, sem me apresentar como ex-procuradora, claro. Cheguei na seção e expliquei para um dos advogados que tínhamos um circo, que precisávamos do alvará para fazer espetáculos, etc, etc.

De cara, ele já me tratou supermal – *fazer teatro no circo?* Eu insistia, dizia que tínhamos um teatro de repertório, mas ele ficou irredutível – *não tem como.*

É claro que fui ficando irritada, ele nem olhou a documentação e já disse de cara que não, me despachando com a maior falta de educação. Com a minha insistência, ele foi falando cada vez mais alto – e eu também. Até que uma hora ele pegou o telefone e falou (sei lá se para o segurança): *olha, desce aqui e dá um jeito na mulher do circo que eu não agüento mais, ela está me chateando. Quero que a mulher do circo vá embora, tira a mulher do circo daqui.*

Esse desrespeito pelo circo, uma das artes mais nobres, me irritou de tal maneira que fui até a sala da Secretária dos Negócios Jurídicos, dra. Lísia, que tinha sido minha assistente. Contei o fato, disse que tinha um louco lá embaixo que destratava as pessoas. Na hora ela deu um telefonema para ele – não para liberar o alvará, mas para que se portasse como advogado.

Enfim, isso pra dizer que eu já fui chamada de "a mulher do circo" – o que na verdade me encheu de orgulho!

Depois de muita confusão, começamos a fazer espetáculos no cair da tarde – porque não tínhamos muita luz. E dava certo, tinha público, coisa muito louca. Num desses dias desesperadores, onde se percebe bem a diferença entre ser ou não do ofício, chovia para caramba e a gente estava fazendo *O Crime da Cabra*. Mas chovia tanto, tanto que os atores que tinham que esperar a vez para entrar em cena do lado de fora, entravam pingando! E claro que ia água no público, pois não sabíamos desempoçar a água acumulada na lona. Enfim, não era fácil, e desistimos do circo.

Mas os problemas não acabaram aí. O que fazer com o circo? O Marco Guilharde não queria mais que ele ficasse na chácara, eu morava em São Paulo, o que fazer? Num momento de loucura, pegamos a lona do circo, colocamos em cima de uma variant 79 (aquela que resgatei do empenho

O Crime da Cabra, *no circo do Vento Verde*

e que tenho até hoje!) e fomos por Campinas afora, com aquela lona amassando o teto do carro, e deixamos por um bom tempo na sala da casa da Vera Porto, mãe da Ariane. Depois, esse circo foi para São Sebastião e ficou lá armado um tempão, até que se deteriorou.

Apesar das dificuldades que enfrentamos enquanto donos de circo, sentimos o gostinho de ter um local próprio para fazermos o que desse vontade. E saímos em busca de um novo espaço. E assim nasceu o TAO.

Um novo espaço – o Teatro de Arte e Ofício

Depois da experiência do circo, começamos a procurar um espaço de alvenaria para ser nossa sede – menos romântico, mas seguro e fácil de controlar. Até que a Vera Porto achou um pequeno barracão que estava para alugar, na Vila Nova (um bairro entre o Taquaral e o Castelo).

Fizemos umas poucas adaptações nesse pequeno barracão (Ariane Porto, Marcos Tadeu e eu), e em dezembro de 1984 abrimos as portas do Teatro de Arte e Ofício.

Nesse espaço, fizemos temporadas incríveis de nossos espetáculos, até que no ano seguinte vagou um barracão maior ao lado, de 30 x 10 m, e decidimos encarar o desafio. Conseguimos apoio de uma fábrica de blocos (Tatu) e da Lix da Cunha (através do pai de um amigo da Ariane que trabalhava lá, sr. Lacombe) que deu o concreto, com o que construímos o desnível da platéia.

Nessa época – estávamos quase terminando as reformas do barracão – encontrei-me com um amigo em São Paulo, numa reunião da Apetesp, o Henrique Suster. Ele estava muito chateado, porque tinha a concessão pelo Estado do estúdio São Pedro (que funcionava com o teatro São Pedro) mas estava com dificuldades para receber as subvenções. Enfim, estava todo chateado, dizendo que iria fechar e com os equipamentos do teatro, faria uma grande fogueira na Praça da Sé.

Eu contei que estava construindo um teatro em Campinas, e como ele não conseguiu me dissuadir da idéia, ficamos de fazer uma visita ao São Pedro para ver o que poderia interessar. Depois da visita, combinamos um preço baratinho, ele deu a chave e fomos com um caminhão buscar tudo que tinha lá. Inclua nisso cadeiras, ciclorama, luminárias, refletores, cofre e até uma mesa de luz maravilhosa, que foi importada para a montagem nos anos 50 de *My Fair Lady*. Claro que foram necessárias várias viagens São Paulo/ Campinas para transportar tudo, mas garanto que valeu a pena.

Lembro que, quando chegaram as cadeiras, velhas, sujas, algumas podres, foi a maior festa. Colocamos todas na rua, em frente ao teatro, e a molecada da vizinhança ajudou a lavar. Afinal, a rua toda estava em festa, pois íamos ter um novo teatro.

O novo TAO foi inaugurado pelo Paulo Autran, que "batizou" o palco com poemas e um monólogo lindo de Marco Antônio nos funerais de César, parte do espetáculo *Liberdade, Liberdade* do Millôr Fernandes e Flávio Rangel.

Produzimos, para a temporada de estréia, o espetáculo *Quarta-feira, Sem Falta, lá em Casa* de Mário Brassini.

E nisso, foram-se mais de 21 anos!

Em dezembro de 2005, fizemos uma festa linda para comemorar nossa maioridade, e nosso palco foi "batizado" novamente, desta vez por outra querida e grande atriz – Regina Duarte –, que apresentou poemas de seu espetáculo *Coração Bazar*.

Nesse tempo, seguimos numa batalha sem trégua, lutando para construir e manter um espaço sério, dedicado ao espetáculo de qualidade. Infelizmente, com muito pouca ajuda, pouco financiamento. Mas temos orgulho de nosso espaço.

Hoje, o Teatro de Arte e Ofício não é apenas sede do Rotunda. É um espaço aberto para todos, um abrigo para a experimentação, para o novo, para todas as formas de expressão artística. E se depender de nós, vai continuar assim por muitas e muitas décadas!

Reforma do barracão. Hoje Teatro de Arte e Ofício

Festa 21 anos do TAO

Regina Duarte e Teresa nos 21 anos do TAO

T.A.O., Sala Grande.

TAO palco

Fachada do Teatro de Arte e Ofício.

A fachada do TAO

A fachada do TAO - Hoje - 2007

Platéia do TAO

Capítulo X

Algumas incursões pelas outras artes

A música
Além da brevíssima carreira de atriz (uma única e desastrosa apresentação como *O Outono*, aos 7 anos de idade), tive também uma outra "quase carreira" no mundo das artes – "quase" fui pianista.

Quando morei em Sorocaba, estudei no mesmo colégio que Maria Alice Vergueiro (grande atriz!). Era um colégio de freiras alemãs, o Santa Escolástica. E como era costume entre as "famílias de bem", as meninas tinham que tocar algum instrumento. E lá fomos nós duas para o conservatório do próprio colégio, estudar piano. Eu devia ter no máximo 8 anos de idade.

Mas, na verdade, a gente achava aquilo uma chatice. Pudera, era um grande corredor em "L", com várias "baias" e em cada qual tinha um piano e uma menininha sofredora, que passava horas a fio estudando. E no fim do corredor, pendurado na parede, um grande relógio, que marcava o tempo da sessão de tortura.

Lembro bem da sensação: aquelas tardes infinitas, quentes, sonolentas, aquelas musiquinhas enjoadas, mal tocadas, enfim, um horror. E para completar o quadro, tinha uma freira de plantão, que ficava percorrendo aquele corredor, de um lado para o outro.

Ficamos lá um tempo, não lembro quanto, mas o suficiente para sermos convidadas para tocar na rádio, a famosa PRD7 de Sorocaba. Eu toquei uma musiquinha chamada *My Pole Dance*, e todos da família estavam vislumbrando uma grande carreira como concertista.

Um dia, eu e Maria Alice combinamos que, quando a freira tivesse desaparecido na ponta do "L", a gente ia adiantar o relógio para acabar com a aula mais cedo. E quando a freira passou pela nossa "baia", saímos rapidamente e fomos até o relógio. Como eu era menor que Maria Alice, subi no ombro dela, abri o relógio com dificuldade e, quando estava colocando o "dedinho gordo" pronto para adiantar a hora, a freira voltou e nos flagrou cometendo um grave delito.

Fomos as duas expulsas do conservatório e acabou-se a carreira de uma grande concertista. Que perda para o Brasil!

O desenho
Também eu tive uma incursão por outra arte – mas dessa vez ninguém me expulsou de lugar nenhum – o desenho.

Eu já era adolescente, gostava de desenhar e me sentia muito atraída pela dramaticidade das figuras humanas em preto-e-branco, expressões marcadas pelo jogo de luz e sombra. Durante um tempo, me dediquei ao estudo dessas figuras, e cheguei a fazer uma série de desenhos que fizeram um grande sucesso com minhas amigas – todas queriam cópias. Hoje, olhando esses desenhos, percebo que na verdade eram exercícios de iluminação. Eu trabalhava com luz e sombra criando expressões, como faço com os atores, em busca do melhor clima para o personagem.

Story Bord Auto da Compadecida

Story Bord A Moratória

Story Bord Boi e o Burro no Caminho de Belém

Story Bord Um Gesto por Outro

Story Bord A Bruxinha que Era Boa

A crítica teatral
Eu tenho para mim que a crítica de teatro tem um norte: Décio de Almeida Prado. A pessoa que tiver o cuidado e a oportunidade maravilhosa de ler uma crítica do Décio de Almeida Prado terá uma aula. Não é como a maioria dessas críticas de hoje, incapazes de uma análise mais profunda, cuidadosa, de situar o autor, a época.

Quando o Rotunda estreou com *Electra*, o Décio de Almeida Prado foi até São Carlos e fez uma crítica de meia página no Estadão. Felizmente, ele gostou do espetáculo. Quando levamos a montagem para São Paulo, no Anchieta, tivemos a oportunidade de ter o espetáculo analisado

Teresa com Cacilda Becker e Walmor Chagas

Teatro das Segundas-feiras com Rubens de Falco, Ziembinski, Raul Cortez e Dinah Lisboa

Rubens de Falco e Teresa Aguiar

Sentados: Cèlia Biar, Tarcísio Meira, Berta Zemel e Nydia Licia; em pé, entre outros, Wanda Cosmos e Marina Freire

Grupo de artistas do TBC, falando ao Diário do Povo. Entre outros, Elísio de Albuquerque, Stênio Garcia, Cleyde Yaconis e Teresa Aguiar

Tônia Carrero em Tiro e Queda, *de Marcel Achard - Teatro das Segundas-feiras no Municipal*

Cleyde Yaconis quando falava à Teresa Aguiar, durante uma reportagem

Adolfo Celi e Teresa Aguiar

Teresa Aguiar com Ziembinski

Teresa Aguiar com Paulo Autran

Teresa Aguiar com Dinah Lisboa

Teresa Aguiar com Walmor Chagas

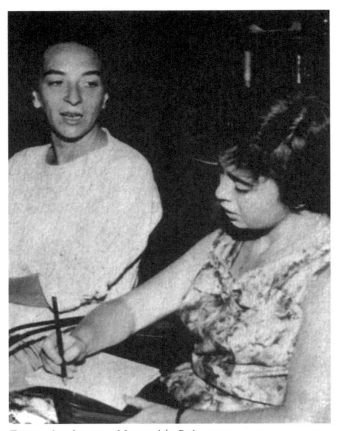
Teresa Aguiar com Margarida Rei

Teresa Aguiar com Nydia Licia

Teresa Aguiar com João Fida e Rosa Camargo

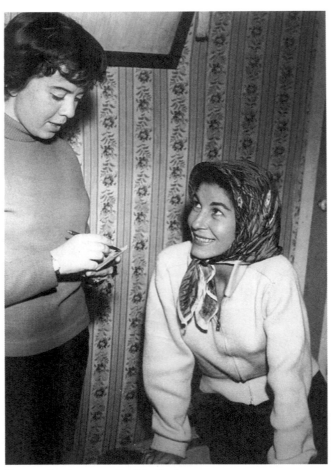

Teresa Aguiar com Cacilda Becker

pelo Sábato Magaldi, que também gostou e fez uma crítica muito interessante. É claro que é maravilhoso o fato desses dois críticos conceituados terem gostado, mas, sinceramente, o mais importante foi a possibilidade de diálogo com pessoas como eles, criteriosas e construtivas.

Sempre procurei seguir os caminhos propostos pelo Décio no período que (não me lembro bem porque cargas-d´águas) exerci a função de crítica de teatro no jornal *Diário do Povo*, de Campinas.

Nesse tempo, segui também outro exemplo – Paschoal Carlos Magno – e busquei sempre uma conversa com os participantes do espetáculo a ser

Carteira do Jornal Diário do Povo

Tempos - de Crítica!

Rua César Bierrenbach, 72
Fones 8-9586 e 8-3631
Caixa Postal, 106 - Telex 025.835
CAMPINAS

EMPRESA JORNALISTICA

DIÁRIO DO POVO

LIMITADA

Rua 24 de Maio, 250
9.o And. - Conj. 902 - Fone 34.2237
Telex 021.372
SÃO PAULO

D E C L A R A Ç Ã O

Declaramos para os devidos fins que a Sra. Therezinha F. de Aguiar foi nossa colaboradora com uma seção em nosso jornal com o "Titulo "FALANDO DE TEATRO" no periodo de 01 de Março de 1953 a 18 de Dezembro de 1964, sem qualquer vinculo empregaticio.

Campinas, 07 de Março de 1972

Diretor-José Augusto Roxo Moreira

analisado, discutindo sobre o autor, a época, o estilo, enfim, tornando a crítica um processo de reflexão e, por que não, de aprendizado. Tanto assim que preferi dar à minha coluna o nome "Falando de Teatro". Foi um momento interessante, um pouco "o avesso do espelho". Por que para nós, artistas, o "julgamento" de nossa obra é sempre algo esperado e temido, porém, necessário, se feito com competência.

A luz e o espetáculo

"Seu" Manuel Erbolato e sua esposa, dona Isabel, moravam no Teatro Municipal de Campinas. O teatro era, literal e literariamente falando, a casa dele. Por mais complexo que pudesse ser a estrutura do municipal, seu Erbolato, mágico, conseguia transformar em algo simples, acessível. Tanto assim que foi lá que eu aprendi as técnicas de construção de cenário, de pintura, tudo que envolvia a cenotécnica. E com "seu" Elias, eletricista e iluminador do municipal, entrei no mundo da luz.

Hoje olho essas mesas computadorizadas, e lembro do seu Elias. Ele controlava a intensidade de luz com um método incrível. Tinha, ao lado de sua cabine, um barril de água com uma solução à base de sal em que ele mergulhava um fio – que tinha ligação com os outros fios dos refletores – e as luzes subiam e desciam, em resistência.

Ele dizia *mergulha tudo!* e a luz ficava intensa. Depois, ele ia retirando suavemente, sentindo o ritmo da cena, com sensibilidade, e a luz ia diminuindo. Acho que foi aí que me interessei pela iluminação, e até hoje sou eu que concebo a luz de todos os meus espetáculos. E gosto também de operar.

Por isso, sou muito exigente com meus sonoplastas e iluminadores. Já vi muitas vezes a técnica derrubar o elenco. Todos devem estar no mesmo clima de concentração, pois acredito demais na ligação entre palco e técnica, na energia que deve rolar, no respeito. Afinal, o espetáculo não acontece só no palco. Somos todos parte de uma só equipe.

Teresa Aguiar com Sr. Erbolato e Sra. Izabel no Municipal

A poesia

Bom, assim como toda torcida do Corínthians, eu também escrevi poemas. Mexendo nas caixas e caixas de papelão em busca de fotos e memórias, achei algumas. Sabe que até que tem umas que acho bacaninhas? Por exemplo:

Poema de repartição

Mobília entalhada, de estilo
Quadros incompreensíveis
- Alô? O chefe ainda não chegou, meu senhor.
Clipes, lápis, processos, tinta vermelha e azul
O chefe da seção de expediente, com sono mórbido, olha
Mata-borrão usado e um carimbo de pernas para o ar
A escriturária padrão bolha mórbida, com sono
Surge uma bandeja repleta de café fraco
É o contínuo – preto, gozado, relaxado, escangalhado.
Protocolado número 2.320 de 3 do 4 de 56 – "urgente"
Requeiro, a bem do serviço público,
Sepultura perpétua, para meu último sonho
Que morreu na porta da repartição"
(anos 50)

Rua da infância

Como deve ser bom poder evocar a rua primeira,
Rua da infância
O casarão antigo que foi do avô
O cheiro de mofo que foi do avô
Quadros, bibelôs, tapetes gastos
Cadeira de pau marfim que foi de meu pai
Meu pai criança como eu
Preta velha constante fazendo coisas,
Dizendo coisas
Cômoda escura de espelho oval
Que guardou para sempre a cara clara
Da antiga avó do meu pai
De repente, abrimos a porta da rua,
Grande, pesada, entalhada
E saímos pelas calçadas da Rua da infância
Brincando de roda e cantando modinhas
Meu pai, meu avô e eu
Todos crianças
Crianças felizes
Sem passado e sem saudade.
(anos 50)

O bonde

O bonde saci-pererê vem descendo a ladeira
Devagar, fazendo muxoxo, olho inchado
Cara de quem chorou
Não olha pros lados, não pisca pra gente

Só canta baixinho segredos da tarde
Passa rua, passa esquina, passa gente
Mas ele continua melancólico e quieto
A tarde é bonita, com resto de sol vermelho
Com árvores se esparramando pelas calçadas
O cheiro é de outono
Já descobri, é uma tarde de maio
Por isso, o bonde saci-pererê esqueceu as caretas
de capeta
Não ginga nem dança batuque
Ele desce a ladeira devagar
Fazendo muxoxo
Cantando baixinho segredos de amor.
(anos 50)

Bagdá

Renata
Desabrocha do teu casaco de outono
Faz um poema.
Tento me lembrar das galinhas futuristas
Do meu quintal de antes
Mas só o mar é que me conforta
Seu Maneco, viúvo, queria casar comigo
(homem sozinho não tem serventia)
Eu tinha um amigo alucinado
Que copiava poemas dos outros
E era feliz, poeta.
Ontem
Houve um amanhecer sépia em Bagdá

Deus esteve aqui comigo um pouco
E estava triste, triste
Tenho medo de morrer e não me ver sangrar
Pego minhas tábuas,
Minha paixão, minha loucura
E saio por aí, com as sete mulheres capitais
Bagdá não vai ter mais
Só que lá vai estar sempre amanhecendo.
(anos 2000)

Enfim, tentar, bem que tentei. Mas o que ficou mesmo, foi o teatro. E que viva Dionísio!

E agora, o cinema

...E agora o cinema, não... E agora a imagem e o som! No Centro Cultural São Sebastião tem Alma, temos mais de centenas de horas gravadas, documentando a vida, tão diversificada e linda dos povos do mar. Parte desse material foi veiculada pela Band Vale, depois pela TVS, como TV Povos do Mar.

Na área infantil, começamos com o telefilme *Guaiá dos Mares*, um embrião do *Rapaterra*. O Guaiá ainda é, no litoral, um sucesso permanente para crianças pequenas. Na seqüência veio a série televisiva *Assembléia dos Bichos*, onde animais e mitos da região querem salvar o bicho homem. Projeto tido pelo Fundo Nacional do Meio Ambiente como uma referência. Isso tudo ainda com uma câmera U-Matic, que na época era um sucesso!

Depois, na já era do DVCAM, os documentários *A Mulher e o Mar I, II* e *III*, que, com um pouco de exagero, percorrem o mundo! O primeiro documentário dessa série foi finalizado em 35 mm, através de um prêmio da Secretaria de Estado da Cultura.

Antes de tudo isso, quando da montagem da peça *Topografia de um Desnudo*, de Jorge Dias, tivemos experiências muito bem-sucedidas com o velho e bom Super-8. Atores interagiam com as cenas filmadas, projetadas no cenário.

Agora sim... o cinema.

Meu primeiro contato com o *set* de filmagem foi em *A Ilha do Terrível Rapaterra*, com direção de Ariane Porto, onde fiz direção de atores. Aí sim, o bicho pegou. Porque filmar no mato, no mar e na praia, com atores como Lima Duarte, Arlete Salles, Tadeu Mello, Augusto Pompeu e levando "os meninos de Campinas", mais 12 crianças caiçaras e dois índios de verdade (que saudade deles – Poti e Karay), foi um batismo de fogo.

Agora sim – *Topografia de um Desnudo*, meu primeiro longa.

Em 2000, estávamos em Paris, Ariane e eu, na casa de uns amigos. Estávamos trabalhando no projeto do longa-metragem *Topografia de um Desnudo* e visualizando algumas possibilidades de parcerias internacionais.

Estávamos naquela ansiedade de ouvir pessoas, críticas, que avaliassem o projeto, opinassem. Era um roteiro complicado, adaptado de uma peça teatral, que embora fosse baseada em fatos reais, tinha um tratamento um tanto quanto surreal.

Já que estávamos em Paris, pensamos *por que não procurar logo a melhor opinião? Vamos falar com Jean Claude Carrière.*

Nosso amigo francês, Vincent, é dialoguista e fã de carteirinha do Carrière. Assim que falamos isso, ele começou a rir. *vocês estão brincando!* Eu disse *não, vamos ligar e ver o que acontece.*

Ariane conseguiu o telefone – nossos amigos começaram a ficar nervosos – e ligou para a casa dele. Ele mesmo atendeu, ela se identificou, disse que queria uma opinião sobre um roteiro que estava escrevendo, etc, etc.

Nesse ponto, nossos amigos tinham-se escondido no quarto, mortos de vergonha pela nossa cara-de-pau.

Teresa Aguiar com Ney Latorraca nas filmagens de Topografia de um Desnudo

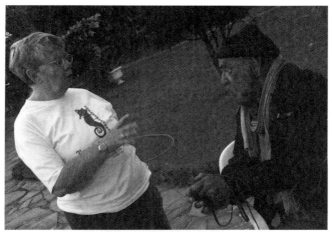

Teresa Aguiar com Lima Duarte, nas filmagens de Topografia de um Desnudo

Dirigindo Topografia de um Desnudo

Dirigindo Topografia de um Desnudo

No set de filmagem de Rapaterra

Ele pediu que mandássemos a sinopse, argumento, o que tivéssemos, por fax que depois ele daria retorno. Mandamos, sem botar muita fé que o retorno viria. Era uma quarta-feira. Qual não foi nossa surpresa quando, na sexta-feira, Carrière ligou! Nosso amigo não acreditou, e confesso que eu mesma custei a acreditar. Afinal, essas coisas não acontecem assim, muito menos na França – tem que ter alguém influente que apresente, marcar com uma superantecedência...mas o fato é que ele ligou e marcou um encontro em sua casa para o domingo. Como nosso amigo Vincent trabalha com cinema e tv, falamos para ele ir junto. Mas ele entrou em pânico: *Eu, na casa do Carrière, mas nunca, nunca na minha vida, ele é meu ídolo!*.

E chegou domingo. Compramos uma caixa de bombons e pegamos o metrô, Ariane e eu, com o roteiro embaixo do braço. Não falamos nada durante todo o trajeto até Pigalle. Estava um dia lindo, um domingo radiante, e Guga tinha ganho o torneio de Roland Garros. Pensamos *bom, a maré está boa para os brasileiros, vamos em frente!*

Chegamos finalmente. Tocamos a campainha, o portão de madeira abriu-se e entramos num pátio que dava para vários apartamentos com sacadas. Era um prédio antigo, claro, com um grande pátio central. O pátio era cheio de árvores, flores, com passarinhos cantando. Um lugar especial.

Ficamos um instante perdidas sem saber para onde ir, até que vimos Carrière, sentado no jardim em frente a seu apartamento, acenando. E o passarinho cantando foi uma "deixa": *mas você tem um jardim com sol e passarinhos!* Falei. Ele riu e disse: *esse passarinho canta a hora que eu quiser.* E daí começamos a falar de passarinhos e gatos. Sim, porque na sala/escritório em que nos recebeu, tinha uma grande mesa lotada de papéis, livros, caneta, caneca com fim de café e um gato.

Quando a Ariane foi entregar os bombons, a caixa caiu e os bombons se espalharam pelo chão. O gato achou que era uma brincadeira e correu atrás dos bombons, enfim, uma confusão.

Afinal sentamos e mostramos para ele o argumento, que ele deixou de lado, dizendo: *falem. Contem sua história.*

E com nossos recursos lingüísticos, contamos nossa adaptação de *Topografia de um Desnudo*, obra de Jorge Diaz que nos acompanha há décadas (primeiro no teatro e agora no cinema).

Ao final, ele disse: *sim, vocês têm uma história pra contar.* Com essa frase/veredicto, sentimos como se ele estivesse abençoando o projeto. E só aí começamos a respirar.

Na verdade, existia um ponto no roteiro que não estava bem resolvido, que quando fizemos a adaptação, não ficamos satisfeitas. Então, aproveitamos para trocar idéias, discutir possíveis soluções. E com uma irresistível modéstia ele falou *bom, eu contaria isso assim...* E pegou uma folha de papel, uma caneta, e numa única página resolveu a questão, escrevendo uma sinopse como se o filme estivesse dentro da cabeça dele, sendo amadurecido há anos.

Conversamos por horas – não sei dizer quantas – até que a esposa dele apareceu, disse *bonjour* com um lindo sorriso e entendemos a senha – era hora de irmos. Afinal, era um domingo lindo, radiante, que merecia ser aproveitado pelo casal.

Nos levantamos e ele falou *quando vocês estiverem na última versão, que forem filmar, mandem pra mim, se tiver tempo...*

Claro que não imaginamos que ele terá tempo. Mas o pouco tempo que Carrière dedicou a nosso projeto, com tanta generosidade, atenção e simpatia, valeu por anos!

Câmera...ação!
Eu tenho uma ligação muito grande com a Teresa da época da Escola de Arte Dramática, onde ela foi minha professora. As pessoas de quem você gosta, a distância não atrapalha. O que determina é o respeito que eu tenho pelos profissionais. Ariane é uma pessoa de quem eu só ouço falar coisas boas, é super respeitada, e isso corre dentro do meio. Um vai falando pro outro, o Lima Duarte fala, a Joana Fomm fala, e vai formando uma corrente. Eu tenho ligação com Teresinha, eu acredito nisso, nessas coisas dos deuses do teatro, dos deuses do cinema. Para mim o mais importante é a pessoa, antes do roteiro mesmo, e da história vêm Ariane e a Teresinha. O cinema é entrega, ela vai filmar minha alma.

Ney Latorraca
depoimento ao *Correio Popular*, Campinas, 2004

É uma história que precisa ser contada, uma história que não quer calar, uma história dos mendigos mortos no rio Guandu e rio da Guarda, no Rio de Janeiro, por volta de 1960. E nós estamos aqui, tratando de contar essa história.

Lima Duarte

Achei muito bom, uma troca muito boa, Teresinha é ótima diretora. O Ebert, eu conhecia, do filme que fiz muito tempo atrás, O Rei da Vela do Zé Celso. *Eu achei o clima do trabalho muito bom, porque a turma toda, inclusive a figuração, vem de oficinas, são estudantes, estagiários.*

Maria Alice Vergueiro

A participação no filme foi maravilhosa. Eu conhecia o texto, desde o comecinho dele, várias etapas, várias mudanças, vários roteiros que foram feitos, eu fui acompanhando, e isso foi muito bom. O roteiro é de uma importância incrível, mesmo porque é tão atual o tema ainda. Eu acho que nós precisamos olhar com mais firmeza para tudo aquilo que o roteiro coloca.

Rafaella Puopolo

Eu acho que a melhor coisa que existe para um artista é ele conseguir realizar o seu sonho. Foi o que aconteceu aqui. Essa é uma história que eu conheci com a Teresa em 69, no Festival de Teatro de Manizales na Colômbia. Tinha uma peça baseada nesse fato verídico. E nós estamos aqui, rodeados de uma equipe técnica genial, de um excelente roteiro, apostando na inteligência do público. Acho que o melhor espelho para uma cidade e para um país é a cultura. Eu estou muito feliz fazendo este filme.

Ney Latorraca

Desde a primeira vez, quando elas me deram o roteiro para ler, eu adorei. Fiquei muito feliz da minha queridíssima Teresa Aguiar, minha amiga de tantos anos, me chamar para fazer o filme.

Kito Junqueira

Estou aqui no lixão, feliz da vida de estar fazendo esse filme, com a Teresa na direção. Acho que a gente tem um grande filme na mão. O povo brasileiro tem que conhecer sua história, e eu acho que essa história contada no filme é muito importante.

Gracindo Jr.

Eu acho fantástica essa história, acho fantástica! Tudo muito bem colocado, personagens muito claros. Só não vai entender esta história quem não quiser, por que ela é bem reconhecível, em varias situações brasileiras.

Nilda Maria

A lembrança da vida da gente se guarda em trechos diversos, cada um com seu signo e sentimento, uns com os outros nem não se misturam. Eu concordo plenamente com Guimarães Rosa, o sábio.

Assim, lembro-me de meu primeiro contato com o cinema. Eu era tão minúscula que via o mundo debaixo para cima. Fui ver um filme com Shirley Temple. Ela sapateava, dançava, tinha cachinhos e covinhas no rosto. Noutro trecho da lembrança, já eram águas da prata onde minha família passava férias. Já não era tão minúscula, mas não entendia muito o cinema, que uma vez por semana projetava filmes nos fundos de um armazém. Às vezes, vinha com a voz desanimada o dono – a grande decepção – *o rato roeu outra vez o fio que fala!*

Depois já vêm as matinês de domingo no cine Caracante em Sorocaba, onde o cinema se confunde com as luzes apagadas e mãos dadas com o primeiro namorado. Apesar do namorado, me lembro de *Tarzan* com John Weismuller – lindo – *Flash Gordon*, etc, etc, etc.

O caminho da vida no interior era permeado pelo cinema. Não havia teatro, e nós tivemos televisão muito tarde. A televisão não faz parte, nem depois, da minha juventude em Campinas. Nos pensionatos e casas de família onde morei, não havia televisão. A televisão não faz parte da minha história.

Como disse, o cinema sim. Tenho até uma lista de meus preferidos, que talvez não mereça as bênçãos do meu amigo Rubens Ewald Filho, e que aqui vai:

– *No Mundo de 2020* de Richard Fleischer

– *Onde Sonham as Formigas Verdes* de Werner Herzog

– *Madre Joana dos Anjos* de Jerzy Kawalerowicz

– *Delírio de Amor* de Ken Russel

– *Meu Passado me Condena* de Basil Dearden

– *Zorba o Grego* de Michael Cacoyannis

– *Casablanca* de Michael Cacoyannis

– *M. Butterfly* de David Cronenberg

Isso, além de tudo que Greta Garbo e Dick Bogard fizeram.

Porém, como pretensão e água benta cada um usa o que quer, meu predileto do momento é *Topografia de um Desnudo*, meu primeiro longa, inédito. Antes disso, alguns super-8, inclusive aquele que projetávamos no cenário da peça do Desnudo, onde atores interagiam com as imagens do lixão real e seus moradores.

Depois, fiz durante muito tempo documentários para tv no centro cultural São Sebastião tem alma e até mesmo um telefilme de infantil de média metragem, *Guaiá dos Mares*, que é um perene sucesso entre a criançada.

Topografia de um Desnudo. Desde 1985, temos uma vontade enorme de contar essa história para mais gente, como também de experimentar uma nova linguagem – a magia do cinema.

Esse projeto tão antigo me levou a visitar alguns sets de filmagens. Confesso que depois disso quase desisti da idéia – aquela multidão e a máquina ali, soberana.

Mas enfrentei mesmo o *set* na filmagem de *A Ilha do Terrível Rapaterra* de Ariane Porto, rodado em São Sebastião e Caraguatatuba, quando fiz direção de atores. Aí senti na pele o tamanho do drama. A máquina soberana entrelaçando fios, várias equipes das mil e tantas áreas, seus diretores, assistentes e assistentes de assistentes. Responsabilidade final e permanente é do diretor, que nesses momentos é estraçalhada como caleidoscópio contra a luz.

O *Desnudo*, para um primeiro longa, foi o verdadeiro batismo de fogo. Como locação tivemos rios, matagais, perseguição de carros, lançamento de corpos no rio (dublês), porões soturnos para cenas de torturas e espancamentos, ambientação em prédios públicos (difícil). Tudo ao estilo do começo dos anos sessenta, com direito a passeata de estudantes com cavalaria quase pisoteando pessoas e câmeras, com mais 100 figurantes. Figurinos para policiais, mendigos, pessoal do palácio, gente comum. Surgia sempre uma voz inoportuna para dizer: *gente, mas isso não é dos anos sessenta*.

Nas filmagens do *Rapaterra* tinha conhecido Carlos Ebert, que no *Desnudo* foi o profissional de primeira, trabalhando com o carinho de um amigo muito querido. Desenhou toda a luz, foi ótimo. Só ficava muito bravo, irreconhecível mesmo, quando o sol teimava em se pôr, levando no seu bocejo a "hora mágica" tão esperada.

Grande parte das filmagens foi feita em um lixão cinematográfico, enorme, "montanhas" de material de demolição, depois "maquiado" com lixo orgânico – que sumia toda noite!

Uma jornalista/atriz que participou do filme, Delma Medeiros, fez uma matéria no *Correio Popular* de Campinas intitulada "encontro de amigos" referindo-se ao elenco, porque – Ney Latorraca, quando meu aluno na EAD (Tiradentes) viu comigo a peça que deu origem ao filme em Manizales, na Colômbia; José de Abreu ensaiou o *Novo Sistema* de Hilda Hilst e depois fez *Electra* de Sófocles no Teatro Anchieta; Kito Junqueira também fez *Electra* – quando conheceu Ariclê Perez, que tanta falta nos faz; com Nilda Maria fiz um Lorca inesquecível; Maria Alice Vergueiro – minha amiga de infância na longínqua Sorocaba – trabalhou comigo em várias ocasiões, em São Paulo; Rafaella Puopollo – minha aluna EAD-USP é a Lela, amiga de décadas de vários trabalhos; com o Lima Duarte já tinha trabalhado em *A Ilha do Terrível Rapaterra*...

Lima Duarte, parágrafo à parte. A grande expectativa de todos, porque a ele estavam reservadas as mais cruéis cenas do filme: afogado no rio, saindo do rio enlameado e sujo, embaixo d'água – sem respirar por um bom tempo – para fazermos seu rosto de afogado, espancado, correndo por um milharal seco, cheio de abelhas, enfim isso tudo e um pouco mais. Porém, a cara fechada da chegada abria-se em sorriso para toda a equipe. A disponibilidade e a inteireza com que o Lima encarou todos esses percalços foi exemplar. Quando ele chegava ao *set*, perguntava: *O que de pior vocês vão conseguir fazer comigo hoje?* E fazia tudo bem. Simplesmente porque é um ator que, apesar da televisão, mantém intacto o seu "drama interior". Com o Lima eu tinha certas preocupações, mas como foi bom trabalhar com ele! Também era uma covardia. Antes das filmagens falávamos sobre Guimarães Rosa e ele dizia trechos do poeta da jagunçada brava. Que delícia!

A grande surpresa do superelenco ocorreu por conta de Gracindo Jr. Todos conheciam seu talento. Disponível com o trabalho, bom ator como todos, porém o último gentleman. Como é bom, de repente, um cavalheiro! Isso sem desmerecer ninguém! Nunca tínhamos trabalhado juntos. Conheci o Gracindo pessoalmente há mais de um ano, antes da filmagem, durante um encontro de elenco que fizemos no Rio. Depois só por telefone.

Robson Moreira – o louco do lixão que compunha com Maria Alice Vergueiro o núcleo chamado "feliniano" do filme, foi amor à primeira vista. Assisti o Robson fazendo o "Ovo" (que depois levei para o TAO) e fiquei encantada com seu trabalho. Eu o conhecia como diretor de programação da STV, onde apresentávamos a TV Povos do Mar, coisa formal. Acho que ele deve ter ficado assustado, quando depois do espetáculo, o convidei para fazer um louco poeta no filme que eu ia rodar!

Aliás, que elenco disponível, bom e inteiro, porque antes dos ajustes de praxe, veio a adesão ao projeto.

Para mim seria desconfortável falar sobre Ariane Porto, porque trabalhamos juntas e somos amigas há muitos anos. Injusto seria silenciar sobre seu comportamento profissional e capaz como atriz, produtora e roteirista. Só!

"Os meninos de Campinas" (e meninas) como era chamado meu elenco de apoio (a maior parte fazendo *João Guimarães – Veredas*) enfrentou o *set* com galhardia. O mais antigo de todos, Metralhinha – que fez curso comigo quando tinha 15 anos – hoje homem feito, nunca me desapontou. É um ator. O nome dele é Joel Barbosa.

Entre os atores campineiros, Tatiana Conde, Dirceu de Carvalho e Jaque Qamar protagonizaram o grupo dos estudantes, liderados pelo jovem e talentoso Germano Pereira, ator de teatro em São Paulo – outra surpresa boa do filme!

Mas, voltando aos meninos e meninas de Campinas e à comissão de frente, como era chamada a primeira leva do lixão, conseguimos bons resultados, porque ensaiamos muito tempo, alguns meses e outros quase um ano .

A turma de crianças do lixão, bem, essas ficaram por conta de Pedro Molfi. Minha cota esgotou-se no *Rapaterra*!

Fizemos várias oficinas de interpretação para atores em Paulínia, dezenas dos quais foram aproveitados.

Agora Paulínia, e porque Paulínia.
Devemos a realização do sonho de filmar o Desnudo a um anjo da guarda, um pouco grande demais e barbudo demais para exercer tal função. Mas foi ele – Rubens Ewald Filho. Parceiro do primeiro ao último momento, apresentou o projeto para a Secretária de Cultura de Paulínia – Tatiana Stefanni Quintella – que com o "sim" do prefeito Edson Moura passou à ação.

Achar um projeto maravilhoso é fácil, com o elenco que oferecemos, mais fácil ainda.

Agora, transformá-lo num filme, é saber fazer. Aí a roda pega. Ou você encara o trabalho de frente e põe literalmente a mão na massa ou nada acontece. E como é difícil encontrar parceiros que se juntem a você para fazer.

Enquanto filmávamos, acontecia na cidade um evento gigantesco – Magia do Cinema, com filmes projetados todas as noites para a comunidade, com nosso elenco fazendo uma espécie de *actor's studio* com o Rubens, para toda aquela gente.

Vamos criar em Paulínia um pólo de produção cinematográfica disse o prefeito Edson Moura. E criou, incentivando a realização do Desnudo. Aos que vierem depois de nós, pensem em

Paulínia Magia do Cinema

nós com bondade. De nossa parte, abrimos um caminho difícil.

Não sei se será possível, mas a depender de mim, o filme terá sua cartela inicial assim: Paulínia Magia do Cinema apresenta *Topografia de um Desnudo*. Agradecemos em seguida o apoio de todos, inclusive a Prefeitura de Campinas que cedeu alguns espaços de Estação Cultura para as filmagens. Mas lá no fundo, eu queria mesmo era fazer o que um amigo meu fazia com o programa de seus espetáculos – listar na tela todas as estatais e empresas que procuradas disseram, por mil motivos "não" – tais e tais empresas não apoiaram esse filme!

Tudo fizemos para que o filme desse certo. Nós todos, com nossos erros e acertos, sabemos disso.

Uma palavra para os produtores que vão filmar fora do eixo São Paulo – Rio, nas cidades do interior onde existem belas locações. Existem também atores, técnicos, mão-de-obra de qualidade que deve ser convocada, ajudando e muito o pessoal de fora.

E a última palavra para os diretores: exijam um período de ensaio com seu elenco e figurantes. Respeite o tempo interior do ator antes de dizer *ação* e respeite esse mesmo tempo antes de dizer *corta*. Mesmo que a equipe técnica te olhe com olhos de *vamos lá, corta*. O drama interior de cada ator tem que ser respeitado por toda a equipe. Ele está tentando entregar para o filme o personagem, obra de arte, criada com sua alma.

Tenho muito que aprender. Mas acho que o ator é o foco principal, de todas as nossas lentes.

Capítulo XI

Resumindo a ópera

Um amigo me perguntou qual a sensação de "se ver" ou melhor, "se rever" nas páginas de um livro. Sei lá. Não existe uma sensação, mas um emaranhado delas. Na verdade, tudo começa quando você sabe que vai "virar livro" (como disse um aluno meu), você fica em estado de alerta e se preparando para o que virá – o famoso "agüenta, coração!"

Minha dissertação de mestrado na USP, quando analisei a trajetória do Teatro do Estudante de Campinas até o Rotunda, andou um pouco por aí. Só que havia um distanciamento necessário, como convém a um trabalho acadêmico. Desta vez, não. A gente percorre um caminho longo e diversificado e se assusta, quando se vê protagonizando tanta aventura.

Eu me confesso em estado de graça. Quanta coisa foi feita, que multidão de pessoas, lugares diametralmente opostos, cada situação e principalmente – quanta coragem, rebeldia e indignação, abrindo caminho para ações concretas. Isto está no meu teatro, na minha interferência social, política, nos meus tempos de UCES/UNE, nos campos de batalha em que atuei e atuo, nos quais abri mão tranqüilamente de integrar poderes executivos e legislativos.

Percebi, ainda muito cedo, que era necessário questionar, se rebelar, dizer *não* aos poderes instituídos. Isso aconteceu logo no momento em que eu aprendia a ler. Eu morava ainda em Sorocaba e tinha ganho de presente um livro de Monteiro Lobato, *Viagem ao Céu*. Um belo dia – não, um horrível dia –, os alunos receberam uma ordem – entregar todos os livros de Monteiro Lobato que tivessem em casa. Como minha intuição sempre foi maior do que eu, não queria levar meu livro. Mas tive que levá-lo.

Acreditem, foi armada uma imensa fogueira no pátio do colégio, onde devíamos jogar, para fazer arder no fogo do inferno, os livros de Monteiro Lobato (um autor proibido pela Igreja Católica).

Claro que resisti o quanto pude, devo ter chorado, não sei. Perguntei o porquê daquilo tudo, disse que não queria jogar meu livro, que ia contra a minha vontade. Até hoje tenho taquicardia quando me lembro da fogueira da inquisição queimando os bruxos do mal, e principalmente, meu livro.

Essa rebelião solitária/infantil me rendeu um castigo: durante algumas aulas de aritmética, eu ia para uma sala isolada preencher cadernos de

Primeira Comunhão - no Colégio das Freiras

caligrafia! E o pior, com a mão direita (eu, que era canhota, assim como minha avó e minha irmã, fui proibida de escrever com a mão esquerda). O resultado pode ser visto ainda hoje – tenho uma letra péssima e sou ruim para fazer contas.

O episódio da fogueira era o espetáculo do horror. Mas era um espetáculo. Só sei que aquela fogueira acendeu em mim uma chama que eu carrego até hoje, abrindo caminho pelo mundo afora, na tentativa de ser livre. Essa atitude tem me colocado, inclusive o meu teatro, na contramão dos ditames da época, dos modismos e do que é "politicamente correto".

Jogar meu livro na fogueira, nunca mais! Talvez por isso tudo não me envergonho nem me arrependo dos espetáculos que fiz, como do resto das minhas ações pela vida afora. Me arrependo sim de algumas coisas que não fiz – talvez por medo da sala solitária, dos cadernos de caligrafia, da fogueira no pátio.

Até agora, consegui escapar da fogueira da inquisição. Vai ser difícil me pegar. Sou "peixes com ascendente em peixes", só que não morro pela boca. Sou caiçara de corpo e alma.

Cronologia e fichas técnicas

Espetáculos produzidos pelo TEC
(1948 a 1976)

1948
As Artimanhas de Scapino
De Moliére
Elenco: Horácio Righeto, Edgar Antonelli, Eneide Scarboloto, Duílio da Silva, Fernando Catani, Teresinha Dutra, Jamil Chati e Geraldo Alves Côrrea Neto
Direção: Georges Readers

1949
Flores de Sombra
De Cláudio de Souza
Elenco: Edgar Antonelli, Miguel Francisco Carichio, Duílio da Silva, Lenita Habice, Maura Marcondes Machado, Alda Mausback, Eneida Bonzato e Flávia Salete Tomáz de Aquino
Direção: Georges Readers

1953
A Comédia do Coração
De Paulo Gonçalves
Elenco: Maria Luiza Avezani Arruda, Diná Höfling, Nelson Duarte, Jeanette Godoy, Maria Rosa Moreira Ribeiro, Marina Costa Couto, Pedro Paulo, Fernando Catani e Helena Santos

Ponto: Paulo Amaral
Cenários e figurinos: Freton
Vestido: Nieta Junqueira
Direção de montagem: Manoel Erbolato
Decoração: S. Guimarães
Efeitos de luz: José Elias
Contra-regra: Amilcar Teixeira
Direção: Carlos Maia

1957
Festival "Jean Tardieu"

Há Recepção no Solar

Senhor Ego

Osvaldo e Zenaide

Um Gesto por Outro

Elenco: José Geraldo Jampaulo, Célia P. Amaral, Maria Aparecida de Paula, Edwiges Pereira, Sérgio Paulo Borges de Moraes, Laura de Barros, Fernando Maris Pinto, José Gustavo Vasconcellos, Maria Aparecida Silveira, Ernesto Vivona, Luiz Gonzaga Toledo, Sérgio Sampaio Laffranchi, Regina de Sequeira, Zaimann de Brito Franco, Carmen Cinira Guimarães, Ângelo Tiziani, Carin Deuber, Marília de Brito Franco e Antônio Celso Macedo
Contra-regra: Iraldo Bernardi e Almicar
Eletricista: José Elias

Maquiagem: Jade
Assistente de direção: Teresa Aguiar
Direção: Cândida Teixeira

1958
I Festival Paulista de Teatro de Estudantes

O Chapéu de Fortunatus

Jeu – as Esposas Confundidas ou os Maridos Refundidos

A Bruxinha que Era Boa

O Chapéu de Fortunatus
Elenco: Maria Aparecida Silveira, Miriam Gozzi, Maria Aparecida de Paula e Edwiges Pereira

Jeu – as Esposas Confundidas ou os Maridos Refundidos
Elenco: José Gustavo Vasconcellos, Antônio Celso Macedo, Maria Aparecida de Paula, Vitória Canelini e Ernesto Alves Vivona

A Bruxinha que Era Boa
De Maria Clara Machado
Elenco: Carmem C. Lacerda Guimarães, Edwiges Pereira, Maria Aparecida de Paula, Miriam Gozzi, Célia Pizza do Amaral, José Gustavo Vasconcellos, Antonio Luiz Januzelli e Antônio Celso Macedo
Cenário: Irenio
Maquiagem: Jade

Luz: Elias
Contra-regra: Ernesto Vivona e Maria Helena
Som: Luiz/ Mário Stuart
Montagem: Erbolato
Guarda-roupa: Cândida Teixeira e Mário Stuart
Ensaios: Teresa Aguiar
Orientação: Cândida Teixeira

O Boi e o Burro no Caminho de Belém
De Maria Clara Machado
Elenco: Tabajara Alves de Oliveira, Edson Geraldo
Barbosa, Carmem C. Guimarães, Spencer Puppo
Nogueira, Fernando Catani, Ney Pereira, Antonio
Luiz Januzelli, Sadao, Edwirges Pereira, Maria
Aparecida Silveira, Kimi Ono, Marcia Célia Sicht,
Maria José Otranto, Lucy, Lúcia Helena, Edna,
Marly e Elizabeth M. Thereza
Contra-regra: Luiz G. Soares
Som: Mário Stuart
Luz: Paulo Liebsman
Montagem: Erbolato
Diretor de cena: Laerte Morrone
Assistente de direção: Teresa Aguiar
Direção: Cândida Teixeira

1959
Alô! Ô de Fora
De William Saroyan
Elenco: Edson Barbosa, Maria José P. Nogueira,
Eunice Rodrigues, Tabajara de Oliveira, José Gilberto Jampaulo e Francisco Assis Filho

Os da Mesa Dez
De Osvaldo Dragun
Elenco: Nilza Pegorari, Spencer P. Nogueira, Wanda Penna Firme, Tabajara A. de Oliveira, José Gilberto Jampaulo, Sérgio Piccolotto e Antonio Luiz Januzelli
Iluminação: Paulo lieber
Contra-regra e sonoplastia: Mário Stuart
Cenários: Eduardo M. Curado e Geraldo Jurgensen
Execução: Teatro Cultura Artística de São Paulo e Manoel Erbolato
Direção: Eduardo Manoel Curado

Três Peraltas na Praça
De José Valluzzi
Elenco: Nicinha França, Edson G. Barbosa, Wanda Penna Firme, Gustavo Vasconcellos e Mário Stuart
Maquiagem: Teresa Aguiar
Luz e som: Avelino Lemos Couto
Contra-regra: Teresa Aguiar
Direção: Avelino Lemos Couto

1960
Jenny do Pomar
De Charles Thomas
Elenco: Affonso Claudio Figueiredo, Wanda Penna Firme, Zezinha Pupo Nogueira e Antonio Luiz Januzelli

Viajantes para o Mar
De John Synge
Elenco: Nilza Pegorari, Eunice Rodrigues, Rosa Camargo, Fernando Catani, Mário Stuart, Edson Barbosa, Clóris Camargo, Alice e Zaim
Cenário: Geraldo Jurgensen
Montagem: Equipe do TEC sob orientação de Manoel Erbolato
Direção: Eduardo Manoel Curado

O Demorado Adeus
De Tennessee Williams
(tradução – José Renato)
Elenco: Eduardo Curado; Sérgio Paulo Teixeira Pombo, Mário Maccari Filho, Eunice Rodrigues, Edson G. Barbosa e Mara Silveira
Técnica: Fernando Catani e Mário Gustavo Stuart
Maquiagem: Teresa Aguiar
Direção: Eduardo Manoel da Silva Curado

A Moratória
De Jorge Andrade
Elenco: Zezinha Pupo Nogueira, Mara Silveira, Gracinha Fernandes, Edson G. Barbosa, Sérgio Paulo Teixeira Pombo e Fernando Catani
Técnica: Mário Stuart, Mário Maccari Filho, Ronaldo Baroni e Teresa Aguiar
Direção: Eduardo Manoel Curado

1961
O Auto da Compadecida
De Ariano Suassuna

Elenco: Regina Duarte, Edson G. Barbosa, Fábio Ferreira, Mário Sérgio d'Ottaviano, Romeu Zuliani, Ronaldo Baroni, Ariovaldo Afonso Elia, Beatriz Beneti, Mário Maccari Filho, Alexandre P. e Silva Nucci, Fernando Catani, Francisco D. Silva, Arnaldo de Freitas e Zezinha Pupo Nogueira
Técnica: Francisco D. Silva e Mário Stuart
Maquiagem: Teresa Aguiar
Cenários: Geraldo M. Jurgensen
Assistente de direção: Edson Barbosa
Direção: Fernando Catani

1962
A Via-sacra
De Henri Ghéon
(tradução – D. Marcos Barbosa)
Elenco: Sérgio Paulo Teixeira Pombo, Ana Lúcia Teixeira Vasconcellos, Ronaldo Baroni, Regina Duarte e Lucy Mistura
Produção: Maria Luiza Vasconcellos
Seleção musical: Léa Ziggiatti
Luz: Amadeu Tilli
Som: Luiz Langoni
Cenários e figurinos: Equipe do TEC
Montagem: Joaquim Fortunato
Assistente de direção: Lucy Mistura
Direção: Teresa Aguiar

II Festival Paulista de Teatro de Estudantes:
O Sr. Leônidas Enfrenta a Reação
De Ion Luca Caragiali

Elenco: Saulo Fabro, Doroti Aparecida Gouvêia e Silvia Conceição Passos
Cenário: Geraldo Jurgensen
Música: Sérgio Aranha
Técnica: Luiz Langoni, Emílio Peixeiro e Francisco da Silva
Assistente de direção: Doroti Aparecida Gouvêia
Direção: Fernando Catani

1963
O Tempo e os Conways
De J. B. Priestley
Elenco: Regina Duarte, Emília Polato, Saulo Fabro, Eunice Rodrigues, Maria Luiza Vasconcellos, Lucy Mistura, Ronaldo Baroni, Ana Lúcia Vasconcellos, Cândido Toledo Leite e Vicente de Paula Conti
Cenário: Geraldo Jurgensen
Figurinos: Maria Luiza Vasconcellos
Som e luz: Luiz Langoni
Execução de cenários: Joaquim Fortunato
Produção: Mário Stuart
Assistente de direção: Saulo Fabro
Direção: Teresa Aguiar

Natal de Jesus Severino
De Áurea Andrade e Derly Barroso
Elenco: Sônia Hirsch, Ronaldo Baroni e Vicente Conti
Direção: Teresa Aguiar

1964

Gifredo, o Anjinho das Reformas
De Léa Maselli Ziggiatti
Elenco: Sônia Hirsch, Elizabeth Arruda, José de Oliveira, Nélson L. Faria, Heraldo Curti, Paulo de Tarso Sans, Heloisa Arruda, Mário L. Serra, Altair Perez, Denise O. Lima e Regina Duarte
Direção: Teresa Aguiar

Rapunzel
De adaptação – Léa Ziggiatti
Elenco: Regina Duarte, Ana Lúcia Vasconcellos, Antonio Célio, José de Olvera, Sônia Hirsch, Antonio Luiz Januzelli, Joya Elezer, Sandra Palermo Tânia Coelho e Angélica Cardelli
Cenário: Geraldo Jurgensen
Figurino: Equipe do TEC
Direção: Teresa Aguiar

O Delator
De Bertolt Brecht
(tradução – Mário da Silva)
Elenco: Ana Lúcia Vasconcellos, Ronaldo Baroni, Paulo Vasconcellos e Elizabeth Arruda
Cenários e iluminação: Equipe do TEC com a colaboração de Luiz Langoni e Joaquim Fortunato
Direção: Teresa Aguiar

Natal na Praça
De Henri Ghéon
(tradução – D. Marcos Barbosa)

Elenco: Lucy Mistura, Sérgio Pombo, Regina Duarte e Amadeu Tilli
Produção: Maria Luiza Vasconcellos
Assistente de produção: Sônia Hirsch
Cenários: Geraldo Jurgensen
Som e luz: Luiz Langoni
Figurinos: Equipe do TEC
Execução dos cenários: Joaquim Fortunato
Assistente de direção: Ronaldo Baroni
Direção: Teresa Aguiar

1965
A Lição
De Eugène Ionesco
(tradução – Maria José de Carvalho)
Elenco: José de Oliveira, Altair Perez e Lucy Mistura
Produção: Maria Luiza Vasconcellos
Cenário e figurino: Equipe do TEC
Luz e som: Amadeu Tilli
Direção: Teresa Aguiar

Somos como Éramos
De Arthur Adamov
(tradução – Margherita Corinaldi)
Elenco: Sérgio Paulo Teixeira Pombo, Ana Lúcia Vasconcellos e Lucy Mistura
Direção: Teresa Aguiar

Pluft, o Fantasminha
De Maria Clara Machado
Elenco: José Vasconcellos, Nelson Luiz Faria, Paulo Vasconcellos, Amadeu Tilli, Sandra Palermo

Isabel Correa Vieira, José de Oliveira, Ronaldo Baroni e Marlene Tilli
Produção: Teresa Aguiar
Cenário e figurino: Equipe do TEC
Luz e som: Mário Serra
Direção: Maria Luiza Vasconcellos

O Boi e o Burro no Caminho de Belém
De Maria Clara Machado
Elenco: José Domingos Vasconcellos, Amadeu Tilli, Paulo Vasconcellos, Maria Eugenia de Lima, Rosa Maria Cagliari, Luiz Antônio Laderosa, Teresa Cristina Silva Melo, Cristina de Barros Carvalho, Maria José de Lima, Ana Lúcia F. Costa, Marco Antônio Lucarelli, Rafael Vasconcelos e Marlene Tilli
Direção: Amadeu Tilli

1966
O Rapto das Cebolinhas
De Maria Clara Machado
Elenco: Ronaldo Baroni, Rosa Maria Cagliari, Paulo Vasconcellos, José Domingos Vasconcellos, José de Oliveira, Amadeu Tilli, Altair Perez e Antonio Luiz Januzelli
Direção: Ronaldo Baroni

1967
O Cavalinho Azul
De Maria Clara Machado

Elenco: Abílio Guedes, Amadeu Tilli, Luiz Antônio Iaderosa, Maria José de Lima, João Moreira de Paula, José Domingos Vasconcellos, Nélson Faria, Paulo Vasconcellos, Alice Dedecca, Marise A. Cruz, Antonio Guedes Pinto, Eliana Penido, Carlos Mota, Marlene Tilli, Rafael Vasconcelos e Marco Antônio Lucarelli
Direção: Maria Luiza Vasconcellos

1972
A Via-sacra Hoje
De Teresa Aguiar
Elenco: Nanci Torres, Valderez Borges, Manuel Antualpe, Ricardo Nunes, Luiz Otávio Burnier, Marilce B. Santos, Cristina Silva Melo, Elza Haddad, Suzelei, Beto Vieira, Atabaque e Hamilton
Direção: Teresa Aguiar

1973
O Aprendiz de Feiticeiro
De Maria Clara Machado
Elenco: Edgar Rizzo, Amadeu Tilli, Heloisa Arruda, Fernando Roberto, Ricardo Nunes e Márcia Coelho
Cenários e adereços: Geraldo Jurgensen
Sonoplastia: Elaine Zanatta
Iluminação: Jota Oliveira
Contra-regra: Mônica Almeida
Assistente de direção: Edgar Rizzo
Direção: Amadeu Tilli

Sabe-tudo, o Espião
De Ricardo Gouvêia
Elenco: Alberto Camareiro, Amadeu Tilli, Arlinete Vicentini, George Otto, Maria do Carmo Breda, Beto Fray, Maria Helena Cruz e Fernando Grecco
Cenários e figurinos: Alberto Camareiro
Direção: Abílio Guedes

1974
Maroquinhas Fru-fru
De Maria Clara Machado
Elenco: Edgar Rizzo, José de Oliveira, Marilene Lopes, Arlinete Vicentini, Roberto Fray, Márcia Regis, Adilson Ribeiro, Fernando Roberto, Maria Helena Cruz, Valderez Gomes, Maria do Carmo Breda, Marco Ghiliardi e Abílio Guedes
Músicas: Raul do Valle
Coreografia: Yolanda Amadei
Orientação vocal: Milene Pacheco
Figurinos: Fernando Roberto
Execução: João Pinheiro
Direção musical: Vilma Brandenburgo
Arranjos florais: Hilda Fagnani
Assistente de direção: Elza de Oliveira
Direção: Amadeu Tilli

1976
Libel, a Sapateirinha
De Jurandir Pereira
Elenco: Amadeu Tilli, Mariluce Lopes e Marilce B. Santos
Direção: Amadeu Tilli

**Espetáculos produzidos pelo Rotunda
(1967 a 2007)**
São Paulo/Campinas

1967
Electra
De Sófocles
(tradução – Mário da Gama Kury)
Elenco
Protagonistas: José de Oliveira, Sérgio Pombo, Sérgio Grimaldi, Ana Lúcia Vasconcellos, Cristina Mello, Cecília Penteado, Silvia Sampaio, Ronaldo Baroni e Ariclê Perez
Coro: Ana Lúcia Dacosta: Elza Haddad, Elza Pinheiro, Maria José de Lima, Maria Luiza Vasconcellos e Rosamaria Gagliari
Produção: Titi Conti
Cenários: Geraldo Jurgensen
Execução de cenários: Joaquim Fortunato
Montagem: Gianni
Figurinos: Ana Lúcia Vasconcellos
Confecão de figurinos: Madame Selica
Iluminação: Amadeu Tilli
Máscaras: Lélio Coluccini
Seleção de músicas: Teresa Aguiar
Preparação de voz: Nilza de Castro Tank
Perucas: Elvis
Cartazes: Edgar Francisco
Direção: Teresa Aguiar

Montagem de São Paulo (alterações no elenco): Kito Junqueira, José de Abreu e Lourdes de Moraes

1969
O Cavalinho Azul
De Maria Clara Machado
Elenco: Ney Latorraca, Carlos Alberto Ricceli, Ariclê Perez, Júlio César, Waldirez Bruno, Amilton Monteiro, Carlos Silveira, José Luiz Rodi, Irene Tereza, Vicente de Luca, Maria Eugênia de Domênico, Ana Lúcia Vasconcellos, Célia Olga, Ronaldo Baroni e Maria Alice Faria
Direção: Teresa Aguiar

João Guimarães – Veredas
De Renata Pallottini
Elenco: Jofre Soares, Nydia Licia, Otávio Marinho, Petrúcio de Araújo, Alceu Nunes, Emanuel Cavalcanti, Alexandre Dressler, José Marinho, Neri Vitor, Affonso Cláudio e Sônia Samaia
Cenário, slides e fotos: Maureen Bissiliat
Filme incidental: Roberto Santos
Música e orientação musical: Emanuel Cavalcanti
Direção: Teresa Aguiar

O Novo Sistema
De Hilda Hilst
Direção: Teresa Aguiar

1970
Festival da Comédia Brasileira

Uma Comédia sem Título, Martins Penna

O Oráculo, Arthur Azevedo

Uma Vendedora de Recursos, Gastão Tojeiro

A Prima-dona, José Maria Monteiro
Elenco: Carlos Silveira, Fabio Camargo, Maura Arantes, Jacob Hitler, Maraia Morais e Leonardo Neto
Direção: Teresa Aguïar

Pedro Macaco, o Repórter Infernal
De Armando Couto
Elenco: Fábio Camargo, Maraia Morais, Leonardo Neto, Carlos Silveira e Maura Arantes
Cenário: Geraldo Jurgensen
Figurino: Fábio Camargo
Som: Jacob Hitler
Assistente de direção: Carlos Silveira
Direção: Teresa Aguiar

1971
A Via-sacra
De Henri Ghéon
(tradução – D. Marcos Barbosa)
Elenco: Ana Lúcia Vasconcellos, Célia Olga, Ronaldo Baroni e Carlos Arena
Direção: Teresa Aguiar

Vida e Obra de Garcia Lorca
De Renata Pallottini
Elenco: Carlos Arena, Célia Olga, Adilson Wlady-
mir e Ana Lúcia Vasconcellos
Direção: Teresa Aguiar

1972
Hipólito
De Eurípides
(tradução – Eudinyr Fraga)
Elenco
Protagonistas: Lourdes de Moraes, Rofran Fernan-
des, Adilson Wladymir, Alexandre Dressler, Selma
Pelizon, Fernando Roberto e Marilce Baltazar
Coro: Ana Medici, Elcita Cascelli, Heloisa Arruda,
Márcia Rodrigues, Márcia Régis, Marilce Balta-
zar, Mônica Normanha, Amadeu Tilli, Fernando
Roberto Grecco, George Matthes, Rene Leitão,
Roberto Fray, Romeu Montaldi, Nélia Puccini,
Cintia Carvalho e Moacir Souza
Coreografia: Yolanda Amadei
Preparação vocal: Milene Pacheco
Figurinos, tocheiros, bilhas: Geraldo Jurgensen
Produção: Lourdes de Moraes e Teresa Aguiar
Direção: Teresa Aguiar

O Rato no Muro
De Hilda Hilst
Direção: Teresa Aguiar

1973

Os Perigos da Bondade
De Chico de Assis
Elenco: Ângela Rodrigues, George Otto, Rosalina de Moraes Fiusa, Osnir Santiago, Reinaldo Santana e Luiz Freire
Direção: Teresa Aguiar

Pluft, o Fantasminha
De Maria Clara Machado
Elenco: Ângela Rodrigues, Osnir Santiago, George Otto, Rosalina de Moraes Fiusa, Reinaldo Santana e Luiz Freire
Direção: Teresa Aguiar

O Calvário do Zé da Esquina
De Teresa Aguiar
Elenco: Ângela Rodrigues, Lúcio Navarro, Benê Rodrigues, Robson Lustosa, Mauro de Almeida, Rosalina de Moraes Fiusa, Waterloo Gregório, Magali Santos, Osnir Santiago e Nélia Puccini
Direção: Teresa Aguiar

1974

Tribobó City
De Maria Clara Machado
Elenco: Edwin Luisi (depois Eurico Martins), Mauro Almeida, Lucélia Machiaveli, Maria Vasco, Lenah Ferreira, Nélia Puccini (depois Miriam), Cláudio Lucchesi, Ângela Rodrigues, Lilita de Oliveira Lima (depois Benê Rodrigues), Lúcio Navarro (depois Robson Lustosa), Magali Santos

Silva, Marília Reis e Wanderley Martins
Músicas: Murillo Alvarenga
Direção musical: Paulo Herculano
Cenários: Geraldo Jurgensen
Figurinos: Cláudio Lucchesi
Coreografia: Edwin Luisi
Direção: Teresa Aguiar

Pedro Pedreiro
De Renata Pallottini
Elenco: Roberto Vieira, Rosa d´Poggetti, Mário Sérgio Farci, Joel Barbosa, Gracinda Matos, Fernando Grecco, José Barbosa, Rivaldo Machado, Ricardo João, José Mauro Padovani, José de Oliveira, Nélson Braga e Mariluce Lopes
Cenografia: Geraldo Jurgensen
Costuras: Hilda Fagnani
Assistentes: José Mauro Padovani e Elza de Oliveira
Iluminação: Amadeu Tilli e Nelton Lopes
Direção: Teresa Aguiar

O Crime da Cabra, o Circo, o TAO
De Renata Pallottini
Elenco: Joel Barbosa, Ricardo Nunes, Marcos Tadeu, Ariane Porto, Rubens Cavalheiro, Rose Aimèe Temperani, Beto Fray, Arthur Rodrigues, Carlos Molf, Lúcia Chirieleison, Irani Medeiros, Mário Serra, Delma Medeiros, Sara Lopes, José de Oliveira, Geraldo Franco, Cristina
Direção: Teresa Aguiar

1975

Doutor Zote
De Neri Gomes de Maria
Elenco: Paulo Hesse, Rofran Fernandes, Armando Azzari, João Batista Acaibe, Marlene Marques, Angela Rodrigues, Ademilton José e Herson Capri
Figurinos: Claúdio Lucchesi
Cenário: Geraldo Jurgensen
Coreografia: Júlio Vilan
Iluminação: Fausto Fuser
Assistente de direção: Gileno del Santoro
Direção: Teresa Aguiar

1976

Laço de Sangue
De Athol Fugard
(tradução – Rofran Fernandes)
Elenco: João Acaiabe e Rofran Fernandes
Cenários e figurinos: Geraldo Jurgensen
Iluminação: Chico Pardal
Cenotécnico: Joaquim Fortunato
Assistente de direção: Benê Rodrigues
Direção: Teresa Aguiar

O Crime da Cabra
De Renata Pallottini
Elenco: Zezé Lima, João Lauria, José Barbosa, Ronaldi Moreno, Mauro Voigt, Alfredo Ribeiro, Joel Barbosa, Ricardo Nunes, José de Oliveira, José Mauro Padovani, Mário Sérgio Farci, Lúcia Martini, Giselle Gallant e Adilson Miagrus

Cenários: Geraldo Jurgensen
Assistente de direção: Mariluce Lopes
Direção: Teresa Aguiar

Pedro Pedreiro
De Renata Pallottini
Direção: Teresa Aguiar

1977
Romeu e Julieta
De William Shakespeare
(tradução – Onestaldo de Pennafort)
Elenco: Lúcia Maritini, Joel Barbosa, José de Oliveira, Mariluce Lopes, Jonas Lemos, Ricardo Nunes, Marco Ghiliardi, Roberto Rossi, Adilson Miagrus, Zezé de Lima, João Lauria, Ronaldi Moreno, Mauro Voigt, Jorge Ruy, Alfredo Ribeiro, Jucan, Bob Orsolano, Marcos de Almeida, Helena Bearzotti e Silmer Gonçalves
Cenários: Geraldo Jurgensen
Figurinos e adereços: Fernando Grecco
Estilo: Yolanda Amadei
Expressão corporal: Yara Machado
Esgrima: András Károly Vörös
Preparação física: Jonas Lemos
Assistente de direção: Edgar Rizzo
Direção: Teresa Aguiar

1978
Olá! Herói
De Neusa Doretto
Elenco: Lúcia Maritini, Mauro Voigt, Neusa Do-

retto, Adilson Miagrus e Giselle Gallant
Cenários e figurinos: Jucan
Som, luz e maquiagem: Amadeu Tilli
Direção: Teresa Aguiar

A Cantora Careca
De Eugène Ionesco
Elenco: Mariluce Lopes, Zezé Lima, Lúcia Martini, Marco Ghilardi, João Lauria, Jota de Oliveira, Zeza Amaral e Joel Barbosa
Direção: Jonas Lemos

1979
Libel, a Sapateirinha
De Jurandir Pereira
Elenco: Amadeu Tilli, Mariluce Lopes e Zezé Lima
Direção: Amadeu Tilli

Dindi
De Fernando Limoeiro
Elenco: Marlene Fortuna, Indalécio Santana e Paulo Adloff
Direção: Teresa Aguiar

As 3.650 Noites do Rotunda
De Teresa Aguiar
Elenco: Adilson Miagrus, Alfredo Ribeiro, Amadeu Tilli, Ana Mello, Antonio Edson, Belkis, Beto Terra Nova, Carlos Lima, Fabiana Britto, Fernando Grecco, Giselle Gallant, Iara Salles, Jêsus Seda, Joel Barbosa, José Roberto Ibanhez, Jucan, Jurema Guijen, Kinda, Laércio Campos, Lúcia Martini, Mariluce Lopes,

Marcus de Almeida, Mário Farci, Mauro Voigt, Ruth Elizabeth, Veloso, Zezé de Lima e Zezé Fassina
Direção musical: Paulo Herculano
Preparação musical: Lúcia Martini
Expressão corporal: Yara Machado
Coreografia: José Roberto Ibanhez
Cenografia e figurinos: Jucan
Adereços: Fernando Grecco e Jucan
Assistente de cenografia: Jêsus Seda
Preparação vocal: Mariluce Lopes
Assistente de direção: Mariluce Lopes
Administração: Ana Mello
Direção: Teresa Aguiar

1980

Bye Bye, Pororoca
De Timochenco Webbi e Mab Lully
Elenco: Zezé Lima, Adilson Miagrus, Rosa d'Poggetti, Joel Barbosa, Ana de Mello e Mariluce Lopes
Coreografia: Zeca Ibanhez
Cenários e figurinos: Jucan
Supervisão: Teresa Aguiar
Direção: Zeca Ibanhez

Um Elefantinho Incomoda Muita Gente
De Oscar Von Phful
Elenco: Jêsus Seda, Amadeu Tilli, Jerônimo Lima, Ruth Elisabeth, João Lauria, Maria do Carmo Breda e Paulo Sérgio Pires
Iara Sales
Direção: Amadeu Tilli

A Lição
De Eugène Ionesco
Elenco: Mariluce Lopes, Marco Ghilardi, Ruth Elzabeth
Direção: Jonas Lemos

1981
O Superpirata Erva-doce
De Jurandir Pereira
Elenco: Marcos Almeida, João Lauria, Valdo de Mattos e Valéria Ceschi
Direção: Mariluce Lopes

Fala, Poesia
Poemas de: Ilka Brunbilde Laurino, Neide Archan-jo, Olga Savary e Renata Pallottini
Roteiro Renata Pallottini
Elenco
Atrizes: Danúbia Machado e Isadora de Faria
Cantoras: Bete Sá e Marilene Costa
Direção musical: Filó
Direção geral: Teresa Aguiar

1982
Tribobó City
De Maria Clara Machado
Elenco: Ariel Moshe, Barbara Thiré, Celso Batista, Ceres Vittori, Gustav Lang, Julian Gomes, Ne-reides Bonamigo, Noemi Gerbelli, Sérgio Buck, Ricardo Mello, Rafaela Puopolo, Tadeu Aguiar e Teresa Convá

Direção: Teresa Aguiar

Morre o Rei
De Ionesco
(tradução – Laura Amélia Vivona)
Elenco: Jandira Martini, Francarlos Reis, Marcos Caruso, Noemi Gerbelli, Danúbia Machado e Ariel Moshe
Cenários: Campello Neto
Figurinos: Kalma Murtinho
Sonoplastia: Fávia Calabi
Assistente de direção: Zeca Ibanhez
Direção: Teresa Aguiar

O Baú da Inspiração Perdida
De Benê Rodrigues
Elenco: Amadeu Tilli, Joel Dornellas, Paulo Bearzote, Beto Regina, Maria do Carmo Breda, Paulo S. Pires, Gerônimo de Lima, Valéria Ceschi, João Lauria, Irau de Lima, Renata Urbach, Eli Galvani Ferraz e Flávia Urbach
Direção: Amadeu Tilli

1984
Liberdade, Liberdade
De Millôr Fernandes e Flávio Rangel
Elenco: Marco Ghilardi, José de Oliveira, Delma Medeiros e Ariane Porto
Músicas e coro: José Henrique, Hacib Hamdan, Flávio de Figueiredo, Isa Taube, Irani Medeiros, Joel Barbosa e Simoni Boer
Cenografia: Thomaz Perina

Direção musical: Marcos Tadeu
Direção: Teresa Aguiar

O Crime da Cabra
De Renata Pallottini
Elenco: Joel Barbosa, Ricardo Nunes, Marcos Tadeu, Ariane Porto, Rubens Carvalheiro, Rose Aimèe Temperani, Beto Fray, Arthur Rodrigues, Carlos Molf, Lúcia Chirieleison, Irani Medeiros, Mário Serra, Delma Medeiros, Sara Lopes, José de Oliveira, Geraldo Franco, Cristina
Direção: Teresa Aguiar

1985
Ah! Se Todos Cantassem de Manhã
De Zaga Ribeiro
Elenco: Lúcia Chirieleison, Rubens Carvalheiro, Geraldo Franco, Wagner Teixeira e Eduardo Bearzotti
Direção: Marcos Tadeu

Poema Recheado
De Humberto de Almeida e Helio Lette
Elenco: Arthur Rodrigues, Carla Grama, Marisa Buzon, Delma Medeiros e Ariane Porto
Direção: Ariane Porto

5 Noites de Violão, Cachaça e Poesia
Coordenação: Teresa Aguiar

Topografia de um Desnudo
De Jorge Diaz
(tradução – Renata Pallottini)

Elenco: Ariane Porto, Carla Grama, Arthur Rodrigues, Márcio Cruz, Renato Ferreira, Delma Medeiros, Malu Pimenta, Isval de Pinto e Flávio de Castro
Alterações no elenco – temporada São Paulo: Mariluce Lopes e Valdo de Mattos
Cenários e figurinos: Jucan
Músicas: Wladimir Capella
Filme: Marcos Craveiro e André Ciolfi
Preparação corporal: Mário Cruz
Assistente de direção: Ariane Porto
Direção: Teresa Aguiar

Maria Minhoca
De Maria Clara Machado
Direção: Teresa Aguiar

1986
Tobi, o Vira-lata
De Marcos Tadeu
Elenco: Marcos Tadeu, Wagner Teixeira, Helena Lima e Wilson Silva
Direção: Marcos Tadeu

Caminhos que Fazem o Darro e o Genil até o Mar
De Renata Pallottini
Elenco: Carlos Arena, Nilda Maria, Rofran Fernandes, Ariane Porto, Renato Ferreira, Márcio Cruz e Arthur Rodrigues
Cantoras: Rosa Yagüi e Elvira Perpinya
Direção: Teresa Aguiar

1987

Artigo 59
De Carlos Áureo
Elenco: Edmilson Ortolan, Luís Sigrist e Nilson Barbosa
Coro: Dora Lima, Helena Lima e Marcos Tadeu
Músicos: Marcos Tade, Siriri e Zeca de Souza
Preparação vocal: Mariluce Lopes
Direção: Marcos Tadeu

Quarta-feira sem Falta, lá em Casa
De Mário Brasini
Elenco: Danúbia Machado e Ariane Porto
Cenário: Geraldo Jurgensen
Figurinos: Danúbia Machado
Assessor de maquiagem: Alberto Camareiro
Direção: Teresa Aguiar

1988

Pingo d´água
De Pedro Molfi
Elenco : Henrique Dutra, Pedro Molfi, Fabrício Rocha, Natália Kwast, Lurdes Rodrigues
Cenário: J. Roverato
Figurino: Carmem Castanho
Adereços: Jésus Sêda
Arte: Marco Martinez
Coreografia: Ramiro Lopes
Música Original: César D'Avinha
Técnica: Rose D'Pogetti
Direção: Pedro Molfi

1989
Zum ou Zois
De Carlos Meceni e José Mauro Padovani
Elenco: Valdo de Mattos, Rosana Bernardo
Figurinos: Fernando Grecco
Som e Luz: Eduardo Vasconcellos
Trilha Sonora: Amadeu Tilli
Arte Gráfica: Adriana Justi
Direção: Malú Lopes

1994
Sonho de uma Noite de Verão
De W. Shakespeare
Tradução Bárbara Heliodora
Elenco: Ariane Porto, Arlineti Vicentini, Júlio Moretto, Alessandro Marson, Khá Machado, Ramiro Lopes, Marcos de Almeida, Beto Regina, Fernando Silvestre, Elidalvani Ferraz, Renata Cristóvam, Isval do Pinho, Jaqueline, Yeda Bocaletto, Tânia Laura, Angela Rocha e Juliana Schiel
Ambientação: Teresa Aguiar
Figurinos: Arthur Rodrigues
Trilha sonora: Khá Machado
Adereços: Jêsus Seda
Iluminação: Miromar Santos e Eduardo Schiavone
Produção executiva: Ariane Porto
Direção: Teresa Aguiar

1996

A Cantora Careca
De Eugène Ionesco
Direção: Teresa Aguiar

Pic-nic no Front / Cantora Careca
De Fernando Arrabal / Eugène Ionesco
Direção: Teresa Aguiar

2004

Prá lá de Bagdá
De Ariane Porto
Ficha técnica
Elenco: Fabrício Rocha, Pedro Molfi, Rafael Belletti, Ariane Porto, Tatiana Conde, Caue Nunes e Pedro Struchi
Produção: Rosi Luna
Programação visual: Kid
Cenário: Victor Akkas
Figurino e trilha sonora: Teresa Aguiar
Montagem, produção e operação de slide: Pedro Struchi
Iluminação: Teresa Aguiar
Montagem da iluminação: Fabrício Rocha
Operação de luz: Prata
Operação de som: Rose d`Poggetti

Pic-nic no Front
De Fernando Arrabal
Direção: Teresa Aguiar

2006

João Guimarães – Veredas
De Renata Pallottini
Produção executiva: Ariane Porto
Assistente de produção: Luiza Pasim
Fotos: Isval Marques de Pinho e Ronaldo Oyafuso
Administração e pesquisa: Reginaldo Menegazzo
Gerente do espetáculo: Luiz Terribele Jr.
Cenário e adereços: Victor Ackkas
Concepção de iluminação: Carlos Ebert
Música de cena: Kha Machado e Nelson Pinton
Maquiagem: Luis Galdino
Elenco: Pedro Molfi, Joel Barbosa, Jackeline Qamar, Silvio Favaro, Sérgio Ferreira, Cláudia Menezes, Luis Galdino, Ramiro Lopes, Isval Marques de Pinho, Marcelo Andrade, Ronaldo Oyafuso e Luiz Terribele Jr.
Assistente de direção: Pedro Molfi
Direção geral: Teresa Aguiar

2007

Cadê o Saci
De Ariane Porto
Produção Executiva: Ariane Porto
Assistente de Produção: Reginaldo Menegazzo
Elenco: Claudio Menezes, Jackeline Qamar, Ronaldo Oyafuso, Luiz Terribele Jr
Cenário e Figurino: Helô Cardoso
Concepção de Luz: Silvio Favaro

Trilha Sonora: Gustavo Rimoli
Direção: Pedro Molfi
Coordenação Geral: Teresa Aguiar

* (Depoimentos gravados para Teresa Aguiar para dissertação de mestrado defendida na ECA/USP em 1983)

Ariane Porto e Teresa Aguiar

Índice

Apresentação - Hubert Alquéres   5

Introdução - Ariane Porto   11

Depoimentos sobre Teresa...   15

Teatro do Estudante, Teatro Amador,
Teatro Profissional. Mas sempre teatro.   21

Sobre os atores   25

    Paulo Autran   25

    Regina Duarte   28

    Luís Otávio Burnier   31

    A todos os atores   32

Influências - para começar, um pouco de família   35

Outras influências   51

    Paschoal Carlos Magno   51

    A Via-sacra   53

    Hilda Hilst   58

    TBC e Abujamra   61

    Passagem pelo Sesi   67

    O mar e sua gente   70

Um pouco de história - O teatro em Campinas   77

O Teatro do Estudante   79

    O Teatro do Estudante do Brasil   79

    O Hamlet de 48   83

O Teatro do Estudante de Campinas	89
Assumindo os destinos do TEC	99
A nova fase do TEC – Alfredo Mesquita e Paschoal Carlos Magno	102
Ciclo Cândida Teixeira	103
Ciclo Eduardo Curado	114
Os festivais de Teatro do Estudante	120
Ciclo Teresa Aguiar	139
Nasce o Rotunda	149
O espetáculo	165
Electra, de Sófocles	167
Hipólito, de Eurípides	173
O Crime da Cabra, de Renata Pallottini	181
Doutor Zote, de Neri Gomes de Maria	182
Laço de Sangue, de Athol Fugard	184
Romeu e Julieta, de Shakespeare	186
Fala, Poesia, de Renata Pallottini	194
Morre o Rei, de Eugene Ionesco	196
Liberdade, Liberdade, de Millôr Fernandes e Flávio Rangel	200
Topografia de um Desnudo, de Jorge Diaz	203
Caminhos que Fazem Darro e o Genil até o Mar, de Renata Pallottini	208

Quarta-feira, sem Falta, lá em Casa
de Mário Brassini 210

Sonho de uma Noite de Verão,
de Shakespeare 213

Prá lá de Bagdá, de Ariane Porto 216

João Guimarães – Veredas, de
Renata Pallottini 219

Passagens, lugares, pessoas 223

Conservatório Carlos Gomes 223

A EAD 227

Missão de teatro 231

Tribobó City 234

O Calvário do Zé da Esquina 237

Uma quase tragédia grega 255

Algumas experiências internacionais 257

Em busca de um espaço 263

O circo do vento verde 263

Um novo espaço – o Teatro de Arte e Ofício 267

Algumas incursões pelas outras artes 275

A música 275

O desenho 276

A crítica teatral 283

A luz e o espetáculo 296

A poesia	298
E agora, o cinema	201
Câmera...ação!	310
Agora Paulínia, e porque Paulínia.	320
Resumindo a ópera	323
Cronologia e fichas técnicas	327

Crédito das fotografias

Todas as fotografias utilizadas neste volume pertencem ao acervo de Teresa Aguiar.

Coleção Aplauso

Série Cinema Brasil

Alain Fresnot – Um Cineasta sem Alma
Alain Fresnot

Anselmo Duarte – O Homem da Palma de Ouro
Luiz Carlos Merten

Ary Fernandes – Sua Fascinante História
Antônio Leão da Silva Neto

Bens Confiscados
Roteiro comentado pelos seus autores Daniel Chaia
e Carlos Reichenbach

Braz Chediak – Fragmentos de uma Vida
Sérgio Rodrigo Reis

Cabra-Cega
Roteiro de Di Moretti, comentado por Toni Venturi
e Ricardo Kauffman

O Caçador de Diamantes
Roteiro de Vittorio Capellaro, comentado por Máximo Barro

Carlos Coimbra – Um Homem Raro
Luiz Carlos Merten

Carlos Reichenbach – O Cinema Como Razão de Viver
Marcelo Lyra

A Cartomante
Roteiro comentado por seu autor Wagner de Assis

Casa de Meninas
Romance original e roteiro de Inácio Araújo

O Caso dos Irmãos Naves
Roteiro de Jean-Claude Bernardet e Luis Sérgio Person

Como Fazer um Filme de Amor
Roteiro escrito e comentado por Luiz Moura e José Roberto Torero

Críticas de Edmar Pereira – Razão e Sensibilidade
Org. Luiz Carlos Merten

Críticas de Jairo Ferreira – Críticas de invenção:
Os Anos do São Paulo Shimbun
Org. Alessandro Gamo

Críticas de Luiz Geraldo de Miranda Leão –
Analisando Cinema: Críticas de LG
Org. Aurora Miranda Leão

Críticas de Ruben Biáfora – A Coragem de Ser
Org. Carlos M. Motta e José Júlio Spiewak

De Passagem
Roteiro de Cláudio Yosida e Direção de Ricardo Elias

Desmundo
Roteiro de Alain Fresnot, Anna Muylaert e Sabina Anzuategui

Djalma Limongi Batista – Livre Pensador
Marcel Nadale

Dogma Feijoada: O Cinema Negro Brasileiro
Jeferson De

Dois Córregos
Roteiro de Carlos Reichenbach

A Dona da História
Roteiro de João Falcão, João Emanuel Carneiro e Daniel Filho

Fernando Meirelles – Biografia Prematura
Maria do Rosário Caetano

Fome de Bola – Cinema e Futebol no Brasil
Luiz Zanin Oricchio

Guilherme de Almeida Prado – Um Cineasta Cinéfilo
Luiz Zanin Oricchio

Helvécio Ratton – O Cinema Além das Montanhas
Pablo Villaça

O Homem que Virou Suco
Roteiro de João Batista de Andrade, organização de Ariane
Abdallah e Newton Cannito

João Batista de Andrade – Alguma Solidão
e Muitas Histórias
Maria do Rosário Caetano

Jorge Bodanzky – O Homem com a Câmera
Carlos Alberto Mattos

José Carlos Burle – Drama na Chanchada
Máximo Barro

Luiz Carlos Lacerda – Prazer & Cinema
Alfredo Sternheim

Maurice Capovilla – A Imagem Crítica
Carlos Alberto Mattos

Narradores de Javé
Roteiro de Eliane Caffé e Luís Alberto de Abreu

Pedro Jorge de Castro – O Calor da Tela
Rogério Menezes

Ricardo Pinto e Silva – Rir ou Chorar
Rodrigo Capella

Rodolfo Nanni – Um Realizador Persistente
Neusa Barbosa

Ugo Giorgetti – O Sonho Intacto
Rosane Pavam

Viva-Voz
Roteiro de Márcio Alemão

Zuzu Angel
Roteiro de Marcos Bernstein e Sergio Rezende

Série Crônicas

Crônicas de Maria Lúcia Dahl – O Quebra-cabeças
Maria Lúcia Dahl

Série Cinema

Bastidores – Um Outro Lado do Cinema
Elaine Guerini

Série Ciência & Tecnologia

Cinema Digital – Um Novo Começo?
Luiz Gonzaga Assis de Luca

Série Teatro Brasil

Alcides Nogueira – Alma de Cetim
Tuna Dwek

Antenor Pimenta – Circo e Poesia
Danielle Pimenta

Cia de Teatro Os Satyros – Um Palco Visceral
Alberto Guzik

Críticas de Clóvis Garcia – A Crítica Como Oficio
Org. Carmelinda Guimarães

Críticas de Maria Lucia Candeias – Duas Tábuas e Uma Paixão
Org. José Simões de Almeida Júnior

João Bethencourt – O Locatário da Comédia
Rodrigo Murat

Leilah Assumpção – A Consciência da Mulher
Eliana Pace

Luís Alberto de Abreu – Até a Última Sílaba
Adélia Nicolete

Maurice Vaneau – Artista Múltiplo
Leila Corrêa

Renata Palottini – Cumprimenta e Pede Passagem
Rita Ribeiro Guimarães

Teatro Brasileiro de Comédia – Eu Vivi o TBC
Nydia Licia

O Teatro de Alcides Nogueira – Trilogia: Ópera Joyce – Gertrude Stein, Alice Toklas & Pablo Picasso – Pólvora e Poesia
Alcides Nogueira

O Teatro de Ivam Cabral – Quatro textos para um teatro veloz: Faz de Conta que tem Sol lá Fora – Os Cantos de Maldoror – De Profundis – A Herança do Teatro
Ivam Cabral

O Teatro de Noemi Marinho: Fulaninha e Dona Coisa, Homeless, Cor de Chá, Plantonista Vilma
Noemi Marinho

Teatro de Revista em São Paulo – De Pernas para o Ar
Neyde Veneziano

O Teatro de Samir Yazbek: A Entrevista – O Fingidor – A Terra Prometida
Samir Yazbek

Série Perfil

Aracy Balabanian – Nunca Fui Anjo
Tania Carvalho

Ary Fontoura – Entre Rios e Janeiros
Rogério Menezes

Bete Mendes – O Cão e a Rosa
Rogério Menezes

Betty Faria – Rebelde por Natureza
Tania Carvalho

Carla Camurati – Luz Natural
Carlos Alberto Mattos

Cleyde Yaconis – Dama Discreta
Vilmar Ledesma

David Cardoso – Persistência e Paixão
Alfredo Sternheim

Emiliano Queiroz – Na Sobremesa da Vida
Maria Leticia

Etty Fraser – Virada Pra Lua
Vilmar Ledesma

Gianfrancesco Guarnieri – Um Grito Solto no Ar
Sérgio Roveri

Glauco Mirko Laurelli – Um Artesão do Cinema
Maria Angela de Jesus

Ilka Soares – A Bela da Tela
Wagner de Assis

Irene Ravache – Caçadora de Emoções
Tania Carvalho

Irene Stefania – Arte e Psicoterapia
Germano Pereira

John Herbert – Um Gentleman no Palco e na Vida
Neusa Barbosa

José Dumont – Do Cordel às Telas
Klecius Henrique

Leonardo Villar – Garra e Paixão
Nydia Licia

Lília Cabral – Descobrindo Lília Cabral
Analu Ribeiro

Marcos Caruso – Um Obstinado
Eliana Rocha

Maria Adelaide Amaral – A Emoção Libertária
Tuna Dwek

Marisa Prado – A Estrela, O Mistério
Luiz Carlos Lisboa

Miriam Mehler – Sensibilidade e Paixão
Vilmar Ledesma

Nicette Bruno e Paulo Goulart – Tudo em Família
Elaine Guerrini

Niza de Castro Tank – Niza, Apesar das Outras
Sara Lopes

Paulo Betti – Na Carreira de um Sonhador
Teté Ribeiro

Paulo José – Memórias Substantivas
Tania Carvalho

Pedro Paulo Rangel – O Samba e o Fado
Tania Carvalho

Reginaldo Faria – O Solo de Um Inquieto
Wagner de Assis

Renata Fronzi – Chorar de Rir
Wagner de Assis

Renato Consorte – Contestador por Índole
Eliana Pace

Rolando Boldrin – Palco Brasil
Ieda de Abreu

Rosamaria Murtinho – Simples Magia
Tania Carvalho

Rubens de Falco – Um Internacional Ator Brasileiro
Nydia Licia

Ruth de Souza – Estrela Negra
Maria Ângela de Jesus

Sérgio Hingst – Um Ator de Cinema
Máximo Barro

Sérgio Viotti – O Cavalheiro das Artes
Nilu Lebert

Silvio de Abreu – Um Homem de Sorte
Vilmar Ledesma

Sonia Oiticica – Uma Atriz Rodrigueana?
Maria Thereza Vargas

Suely Franco – A Alegria de Representar
Alfredo Sternheim

Tatiana Belinky – ... E Quem Quiser Que Conte Outra
Sérgio Roveri

Tony Ramos – No Tempo da Delicadeza
Tania Carvalho

Vera Holtz – O Gosto da Vera
Analu Ribeiro

Walderez de Barros – Voz e Silêncios
Rogério Menezes

Zezé Motta – Muito Prazer
Rodrigo Murat

Especial

Agildo Ribeiro – O Capitão do Riso
Wagner de Assis

Carlos Zara – Paixão em Quatro Atos
Tania Carvalho

Cinema da Boca – Dicionário de Diretores
Alfredo Sternheim

Dina Sfat – Retratos de uma Guerreira
Antonio Gilberto

Eva Todor – O Teatro de Minha Vida
Maria Angela de Jesus

Eva Wilma – Arte e Vida
Edla van Steen

Gloria in Excelsior – Ascensão, Apogeu e Queda do Maior Sucesso da Televisão Brasileira
Álvaro Moya

Lembranças de Hollywood
Dulce Damasceno de Britto, organizado por Alfredo Sternheim

Maria Della Costa – Seu Teatro, Sua Vida
Warde Marx

Ney Latorraca – Uma Celebração
Tania Carvalho

Raul Cortez – Sem Medo de se Expor
Nydia Licia

Sérgio Cardoso – Imagens de Sua Arte
Nydia Licia

Formato: 12 x 18 cm

Tipologia: Frutiger

Papel miolo: Offset LD 90g/m^2

Papel capa: Triplex 250 g/m^2

Número de páginas: 376

Tiragem: 1.500

Editoração, CTP, impressão e acabamento:
Imprensa Oficial do Estado de São Paulo

© **imprensaoficial** 2007

Dados Internacionais de Catalogação na Publicação
Biblioteca da Imprensa Oficial do Estado de São Paulo

Porto, Ariane
    Teresa Aguiar e o Grupo Rotunda: quatro décadas em
cena /Ariane Porto. - São Paulo : Imprensa Oficial do Estado
de São Paulo, 2007.
    376p. : il. – (Coleção aplauso. Série teatro Brasil /
coordenador geral Rubens Ewald Filho)

    ISBN 978-85-7060-533-7 (Imprensa Oficial)

    1. Dramaturgos brasileiros 2. Teatro – Brasil – São Paulo –
História 3. Aguiar, Teresa I. Ewald Filho, Rubens. II.Título.
III. Série.

CDD 792.092 81

Índices para catálogo sistemático:
1. Teatro brasileiro : história
869.920 9

Foi feito o depósito legal na Biblioteca Nacional
(Lei n° 10.994, de 14/12/2004)
Direitos reservados e protegidos pela lei 9610/98

Imprensa Oficial do Estado de São Paulo
Rua da Mooca, 1921   Mooca
03103-902 São Paulo SP
www.imprensaoficial.com.br/livraria
livros@imprensaoficial.com.br
Grande São Paulo SAC 11 5013 5108 I 5109
Demais localidades 0800 0123 401